公文写作
（第三版）

淳于淼泠　冯春　祝伟 ◎主编

图书在版编目(CIP)数据

公文写作/淳于淼泠,冯春,祝伟主编.—3版.—北京:北京大学出版社,2019.3

ISBN 978-7-301-30319-1

Ⅰ.①公… Ⅱ.①淳… ②冯… ③祝… Ⅲ.①公文—写作—教学参考资料 Ⅳ.①H152.3

中国版本图书馆CIP数据核字(2019)第034630号

书　　名	公文写作(第三版) GONGWEN XIEZUO (DI-SAN BAN)
著作责任者	淳于淼泠　冯　春　祝　伟　主编
责任编辑	武　岳(wuyue@pup.cn)
标准书号	ISBN 978-7-301-30319-1
出版发行	北京大学出版社
地　　址	北京市海淀区成府路205号　100871
网　　址	http://www.pup.cn
新浪微博	@北京大学出版社　　@未名社科-北大图书
微信公众号	北京大学出版社　北大出版社社科图书
电子邮箱	编辑部 ss@pup.cn　　总编室 zpup@pup.cn
电　　话	邮购部 010-62752015　　发行部 010-62750672 编辑部 010-62753121
印刷者	河北滦县鑫华书刊印刷厂
经销者	新华书店
	730毫米×980毫米　16开本　21.25印张　294千字 2013年6月第1版　2015年3月第2版 2019年3月第3版　2024年1月第10次印刷
定　　价	59.00元

未经许可,不得以任何方式复制或抄袭本书之部分或全部内容。
版权所有,侵权必究
举报电话:010-62752024　电子邮箱:fd@pup.cn
图书如有印装质量问题,请与出版部联系,电话:010-62756370

目　　录

第一章　党政公文概述 …………………………………………… 1

第二章　法定公文写作 …………………………………………… 30
　第一节　决议 …………………………………………………… 30
　第二节　决定 …………………………………………………… 36
　第三节　命令（令） …………………………………………… 48
　第四节　公报 …………………………………………………… 54
　第五节　公告 …………………………………………………… 60
　第六节　通告 …………………………………………………… 66
　第七节　意见 …………………………………………………… 74
　第八节　通知 …………………………………………………… 81
　第九节　通报 …………………………………………………… 94
　第十节　报告 …………………………………………………… 110
　第十一节　请示 ………………………………………………… 123
　第十二节　批复 ………………………………………………… 134
　第十三节　议案 ………………………………………………… 142
　第十四节　函 …………………………………………………… 150
　第十五节　纪要 ………………………………………………… 159

第三章　事务性公文写作 ………………………………………… 170
　第一节　计划 …………………………………………………… 170

第二节　总结 …………………………………………… 183
　　第三节　简报 …………………………………………… 198
　　第四节　调查报告 ……………………………………… 214
　　第五节　领导讲话稿 …………………………………… 230

第四章　申论基础知识 …………………………………… 242
　　第一节　申论概述 ……………………………………… 242
　　第二节　申论能力培养 ………………………………… 251
　　第三节　申论复习与应试方法 ………………………… 255

第五章　申论答题的技巧与方法 ………………………… 259
　　第一节　阅读理解的技巧与方法 ……………………… 259
　　第二节　概括题解题技巧与方法 ……………………… 270
　　第三节　原因分析题解题技巧与方法 ………………… 277
　　第四节　对策题解题技巧与方法 ……………………… 281
　　第五节　理解分析题、阐述题解题技巧与方法 ……… 287
　　第六节　公文的解题技巧与方法 ……………………… 291
　　第七节　申论作文的写作技巧与方法 ………………… 294

附录一　党政机关公文处理工作条例 …………………… 305

附录二　党政机关公文格式（国家标准） ……………… 313

后　记 ……………………………………………………… 333

第一章　党政公文概述

党政公文是党的机关与政府机关发文的统称。党和政府历来非常重视党政公文的规范化管理。1951年9月29日,政务院(国务院前身)首次颁布《公文处理暂行办法》,规定了我国行政公文为7类12种。1957年,国务院秘书厅又发布了《关于对公文名称和体式问题的几点意见(稿)》,对部分公文文种作了调整,但仍是7类12种。1981年2月,国务院颁布《国家行政机关公文处理暂行办法》,重新规定了行政公文的文种为9类15种。1987年2月18日,国务院办公厅颁布《国家行政机关公文处理办法》,正式规定行政公文的种类为10类15种。1993年11月,国务院对《国家行政机关公文处理办法》进行了修订,规定文种为12类13种。2000年8月,国务院对《国家行政机关公文处理办法》再次进行了修订,规定公文种类为13种,于2001年1月1日起施行。

在1989年以前,党的机关和行政机关所使用的公文没有严格区分,统称为公文。行政公文以国务院颁布的《国家行政机关公文处理办法》作为法规依据;党的机关公文沿用的是行政公文的文种。但是,行政机关所使用的个别公文文种不适用于党的机关,譬如"命令""公告""通告"。为了提高党内公文处理的规范性、科学性,中共中央办公厅于1989年4月25日首次发布《中国共产党各级领导机关文件处理条例(试行)》,并于1996年5月3日发布了重新修订后的《中国共产党机关公文处理条例》。

随着社会形势的不断变化和中国经济的快速增长,特别是网络信息技术的发展推动了电子政务的产生和发展,给党政机关的工作在内容和形式上都带来了巨大的变化。党政机关电子政务及办公自动化程度的不断提高,都需要对公文文种和处理方法不断地进行调整和完善。

为了适应中国共产党机关和国家行政机关的工作需要,推进党政机关公文处理工作科学化、制度化、规范化,中共中央办公厅、国务院办公厅于 2012 年 4 月 16 日联合印发《党政机关公文处理工作条例》(中办发〔2012〕14 号)(以下简称新《条例》)。根据新《条例》的规定,由中国标准化研究院、中共中央办公厅秘书局、国务院办公厅秘书局、中国标准出版社共同起草的《党政机关公文格式》(中华人民共和国国家标准 GB/T 9704-2012,以下简称新《格式》)于 2012 年 6 月 29 日发布,并宣布代替原有的公文格式(中华人民共和国国家标准 GB/T 9704-1999)。

上述两个关于公文处理的规范性文件均于 2012 年 7 月 1 日起施行,同时废止了《中国共产党机关公文处理条例》和《国家行政机关公文处理办法》。

一、党政公文的含义与特点

公文是公务文书的简称,其含义有广义和狭义之分。广义的公文泛指各种机关、社会团体、企事业单位等在各自的公务活动中形成的,用以表达自己意图、代表自身权威、具有特定体式的各种类型的应用文书。因此,广义的公文既包括党政机关正式发布的法定公文,也包括各种机关、社会团体、企事业单位常用的应用文书,往往又被称为"机关应用文""事务文书"等。

狭义的公文,即法定公文,是党政机关按法律法规所规定的、具有特定效力和规范体式的公务文书。新《条例》第三条规定:党政机关公文是党政机关实施领导、履行职能、处理公务的具有特定效力和规范体式的文书,是传达贯彻党和国家方针政策,公布法规和规章,指导、布置和商洽工作,请示和答复问题,报告、通报和交流情况等的重要工具。因此,狭义的公文(法定公文)主要包括新《条例》第八条所规定的15种公文种类：决议、决定、命令(令)、公报、公告、通告、意见、通知、通报、报告、请示、批复、议案、函、纪要。

党政公文是各级党委和政府进行政治及其他公务活动的工具和载体，是各级党政机关行使法定职权、实施有效管理的重要工具，具有很强的现实效用性。党政公文不仅明显地区别于其他各种文体，也不同于一般的应用文，这是由其性质与作用决定的，其特点主要表现在以下几个方面。

（一）政治性

党政公文是党和政府行政机关的指挥意志、行动意图、公务往来的严肃郑重的文字记录，直接反映党和国家的政治意向和根本利益，具有鲜明的政治色彩。党政公文象征着党和政府的公权力、公信力，代表着发文机关的权威。在中国社会转型中，党政公文是传达党和国家的路线、方针、政策、法律、法规和规章，实施领导与管理的重要工具，其政治性更为突出。

（二）法定性

党政公文的法定性主要体现在以下四个方面。

1. 有法定的作者

党政公文不是谁都可以任意制发的，而是由法定的作者制成和发布的。这是党政公文不同于一般文章作品的又一个显著特点。所谓法定的作者，就是指依据宪法和其他有关法律、章程、规定成立的，并能以自己的名义行使法定的权力和担负一定的职能义务、任务的机关、组织或代表机关组织的负责人。在中国，只要是依据宪法和其他有关的法律、条例的规定并经过一定的审批程序建立和存在的各级党政机关、社会团体、企事业等单位都是法定的作者，它们都有独立对外行文的资格。《中国共产党章程》《中华人民共和国宪法》和《中华人民共和国地方各级人民代表大会和地方各级人民政府组织法》等相关法律、法规规定了这些机关组织制定和发布公文的权限。如各级党的组织、人民代表大会、人民政府及其部门是根据《中国共产党章程》《中华人民共和国宪法》以及有关的组织法建立的。

需要指出的是,党政公文有法定的作者指的是发文的名义。也就是说,党政公文主要是以机关的名义或机关的某一部门的名义制发的。例如,国务院文件、某省人民政府文件是以机关的名义制发的;某省人事厅文件、某县县委组织部文件是以机关的某一个部门的名义制发的;工会、共青团、妇联的文件是以社会团体的名义制发的;工厂、学校、科研单位的文件是以企事业单位的名义制发的。这些能在自己的职权范围内制发文件的机关、部门或单位,称为行文单位。党政机关的发文有时也用机关领导人或机关首长的名义。如中华人民共和国主席令、国务院总理令以及机关首长对所属工作人员的任免令(或任职通知)等。用领导人作为发文的名义,并不是以他个人的名义出现,而是代表他所在的机关的身份来发文的,也是法定的作者。这是领导人行使自己法定职权的一种表现。必须说明的是,以领导者个人的名义发文,在个人名字前面都应冠以机关的名称与职务。如中华人民共和国主席×××,某市中级人民法院院长×××,某大学校长×××等。一旦这些人不再担任这一职位,也就失去了这一法定作者的地位。比如公安部部长发布命令,所代表的是公安部,而不是公安部部长个人。

2. 有法定的权威

党政公文是代表各级党政机关意志、意图的,一经正式发布,就具有该机关权限内的强制执行性和约束力,有关单位和个人就要遵照执行。例如,中共中央文件具有党中央的法定权威,全党都必须遵照文件的精神贯彻执行。又如,国务院是全国最高行政机关,它所制定和颁发的文件,代表中央人民政府的职能和职权范围,具有行政领导和行政指挥的权威等。这种法定的权威性,也叫作法规的强制力。如国家领导机关发布的命令、法令、法规等,是通过一定的立法程序产生的,是要强制执行的,违反了是要依法予以行政制裁或移送司法机关追究其法律责任的。

3. 有法定的效力

党政公文的法定效力是制发机关的法定地位所赋予的。从每一份具体的公文来说,都代表其制发机关所赋予的法定效力和作用。比如,党政领导机关所发出的每一项指示、每一项决定,都要求所属机关认真贯彻、坚决执行。即使是一份通知,同样要求地方收文机关阅知和办理;下级机关的一份报告、一份请示也同样要求上级领导机关阅知和批复等。

4. 有法定的制发程序

党政公文的制发程序,由相关的法律法规所规定。有关党政公文处理的法定程序,既是工作的准则,也是实现其权威性和法定效力的保证。所以,党政公文的制发和办理都必须经过规定的公文处理程序。如公文的制发,一般应经过起草、核稿、签发的程序。只有经过机关领导人签发的文稿才能印刷、用印和传递。几个机关的联合发文必须履行完备的会签程序;重要的政策性文件还需报请上级机关审批或由主管部门批准等。对收文的办理,一般应包括签收登记、分办、批办、承办、催办等程序;任何人不能违反公文办理程序擅自处理。只有这样严格党政公文的行文程序,才能维护党政公文的严肃性,才能实现党政机关文书工作的科学化、规范化、制度化和提高党政机关工作效率。

(三) 时效性

党政公文是服务于党和政府工作需要的,是在现行工作中形成和使用的。因此,时效性是党政公文的又一个显著特点。党政公文的时效性包含三个方面的内容。

一是当代性。紧密联系当前工作实际,发布党和政府的各项方针政策,满足时代发展的需要。二是及时性。党政公文有很强的实用性和时间性,要求及时制发,及时办理,迅速产生效用,实现其发文宗旨和目的,不容许拖沓延误。三是效用的期限性。党政公文一经正式发布,即产生法定效用。不过,这种法定效用是有期限性的。也就是说,当某项工作已经完成,某一公共政策目标已经达成,或某一问题已经解决,由此形成并使用的党政公文的作用也随之结束。当然,党政公文的有效期限是不等的。工作规划长远的、宏观的纲领性文件或法规性文件时效较长,一些具体的、微观层面的则时效较短。这些公文一旦完成了现行使命,其中那些对日后工作有查考利用价值的文件材料就被存档保存,在以后的工作中发挥查考凭证的作用。

(四) 规范性

党政公文的地位、作用决定了其从起草到成文,从收发、传递、分办、立卷、归档到销毁等,都有一套制度化、规范化的处理程序。为了维护党政公文的法定性、权威性和便于进行公文处理,在党和国家有关部门发布的关于公文处理的一系列规范性文件中,对党政公文的体式做出了统一的规定,提出了统一的要求。新《条例》规定了党政机关公文的主要文种和体例;新《格式》规定了党政机关公文格式各要素的区域、大小和方位。这些特定要求,是公文严肃性、规范化的重要标志。各级党政机关、社会团体、企事业单位制发文件都应当按照规定的体式(包括文体、文面格式和版面形式)办理,不能随心所欲,各行其是。

二、党政公文的作用与分类

(一) 党政公文的作用

在党政机关的日常工作活动中,公文处理的工作量是相当大的。党政机关要履行自己的管理职能,必须保证组织内外公务信息的畅通,其使用最广泛和频繁的是书面方式,即依靠公文往来及时、规范、准确、可靠、便利地传递信息。在国家机关管理体系内部以及各社会组织之间公务信息的沟通中,党政公文发挥着重要的基础性作用,构成了党政机关工作的重要组成部分,是实现党政机关管理职能的重要工具。充分认识党政公文的作用是用好这一工具的前提。

党政公文的作用主要表现在以下几个方面。

1. 领导与指导作用

党政公文主要用于传达贯彻党和国家的方针政策与各项指令,在国家政治生活和政府行政管理中起着领导与指挥的作用。党和国家机关为了行使管理国家的职权和处理社会事务的职能,往往是通过制发公文来部署各项工作,传达自己的意见和决策,对下级机关或部门的工作进行具体的领导与指导。正是党和政府机关制发公文的性质和职能决定了党政公文的领导与指挥作用；党政公文在客观上的领导指导作用也是上下级机关本来具有的领导指导关系的一种体现。我们国家的许多法律、法规和规章，都是党的政策的具体化。因此，党的政策性文件，代表党的权威，各级党政机关组织都要贯彻执行，并作为领导和指导各项工作的依据。例如，党中央领导机关通过它所制发的各项指示、决议等重要公文，阐明重大方针政策、战略措施和工作步骤，用以领导和指导下级机关或下级业务部门的工作，发挥着领导和指导的作用。

2. 行为规范作用

党政公文的行为规范作用又被称为法规约束作用。国家的各种法规和规章是都是以公文的形式制定和发布的。这些规范性公文一经发布生效就具有法规约束作用，就成为全社会的行为规范，无论社会组织或个人都应当依照执行；法规文件在没有修改和宣布作废之前，始终有效，不可违反。如国家行政机关发布的命令、公告、通告、决定，或制定的章程、条例、规定、办法、细则等。

党政公文具有的行为规范作用，是由公文本身所具有的强烈政治性与法定的权威性等特点赋予的。它使国家各项管理活动有法可依、有规可循，在维护正常社会秩序、安定社会生活、保障人民的合法权益等方面发挥着规范化的作用。必须指出的是，规范性公文的行为规范作用与社会道德规范不同，违反社会公德将受到舆论的谴责，而党政公文的行为规范作用是带有强制性的。国家以强制手段保证它的权威，谁违反了法律、法规或规章，就要受到相应的法律制裁和行政处分或经济处罚。

3. 信息沟通作用

党政公文是传递信息的重要渠道。党政各级机关在日常工作中，其决策、方针、设想和意图等政务信息，常常是通过公文的传递来实现的；上下级以及横向的有关单位沟通信息、解决问题也要经常利用公文。例如，上级领导机关通过批阅下级机关送来的报告、请示、汇报、调查报告以及简报、总结汇报材料等,就可以及时掌握下级机关的工作动态。这就为上级机关了解下级单位的工作情况和指导工作以及进行各项决策提供了客观依据。而下级机关通过上级机关的指示、决议、通报、通知等文件,就能及时掌握上级机关下达的工作指示和上级的信息动态,根据这些指示、信息,下级机关就可以及时开展工作和完成上级的任务。至于平级和不相隶属的机关之间相互使用的"函件"等文件,更是在沟通信息、协调工作、交流经验等方面发挥着不可或缺的作用。

现代社会的一大特点是分工细化而又彼此紧密合作联系。各机关、团体的工作不是孤立进行的,有时需要向上级领导机关报告情况、请示问题;有时需要与一般机关单位就工作业务进行商洽、询问、交流情况;有时要与有关企业、部门或单位签订合同、协议书等。公文在同一系统的上下级机关之间、平级机关之间以及不相隶属的机关之间,都能够起到沟通情况、商洽工作、协调关系等方面的作用。

4. 凭证记载作用

党政公文是机关公务活动的真实记录,它记录着各种公务活动的性质、过程、结果等情况,具有重要的凭证作用。这是因为,每一份文件都反映了制发机关的意图,那么,对收文机关来说,就可将文件作为安排工作、处理问题的依据。有些文件,凭证作用则更为突出。如合同、协议书等文件,它的凭证作用是作为证实签约双方曾经许诺和承担责任、义务的依据,是解决矛盾、澄清是非的凭证。谁违反了协议和合同的条款,就要追究谁的责任。可以说,形成这类文件的目的,就是为了作文字凭证的。

而会议记录、电话记录、会议纪要、机关大事记、值班日记、各种登记等,则具有明显的记载作用。它们都是机关工作活动的真实记录,是日后的工作档案和历史资料。

党政公文不仅是各级党政机关公务活动的真实文字记录,还是史料的积累,是若干年后编史修志的重要依据。公文立卷归档后,还具有文献的作用,是今后查考工作、研究历史的重要凭证。所以,每一份对日后工作具有查考价值的公文在完成其现实使命以后,都要整理归档保存,以备查找利用。例如,制定一项新的政策,为了保持政策的连续性,还要参考过去制发的有关这方面内容的公文;机构调整、人事任免、调解矛盾、落实政策等也需要查看过去的有关文件规定,以做参考。因此,公文作为历史事件的记载与查找的依据,其凭据作用是不可忽视的。

除上述的作用外,党政公文还有知照作用、协调作用、宣传教育作用等。党政公文的主要作用往往体现在一份具体的文件中。当然,某一份公文的作用也并不是单一的,需要我们根据具体情况来分析。

(二)党政公文的分类

党政公文的应用范围非常宽泛,文种也繁多,其实用性和多样性导致某些公文一方面具有种种共同的属性,另一方面又存在着明显的差别。区分这种差别并以此对公文进行科学的分门别类,将有助于我们更恰当地使用公文,发挥公文的最大作用,提高工作效率。

依据不同的标准,我们可以从不同的角度对公文进行分类。常见的、基本的公文的分类,主要是从行文关系、公文的来源、公文的秘密程度和阅读范围、公文制发机关的性质、公文内容的性质与作用等方面来划分的。

1. 从公文的行文关系上来划分

行文关系指的是发文机关同收文机关之间的公文往来关系。这种关系是根据党政机关的组织系统、领导关系和职权范围确定的。从一个单位的对外文件来说,可以按照它们的行文关系、文件的去向,划分为上行文、平行文和下行文三类。

(1)上行文。上行文就是指下级机关、下级业务部门向它所属的上级领导机关和上级业务主管部门所发出的公文,是自下而上的行文,故称上行文。比如,国务院各部、委,各省、自治区、直辖市给国务院所报送的工作报告和请示;各省、自治区、直辖市有关委、办、厅(局)向国务院有关部、委所报送的工作报告和请示,就是上行文。一般地说,上行文是下级机关向上级领导机关,下级业务部门向上级业务主管部门汇报工作、请示问题、请求给予领导和业务指导的文件。

（2）平行文。平行文就是指同级机关或者不相隶属的、没有领导与指导关系的机关之间的一种行为。比如，中共中央各个部之间，国务院的各个部、委、局之间，各个省（自治区、直辖市）委之间，省（自治区、直辖市）人民政府之间，各个县委之间，县人民政府之间，都是平级平行机关。再如，省军区和省人民政府之间，学校和工厂之间，没有领导和指导关系，是一些不相隶属的机关。上述这些机关之间，在相互联系或协商工作问题时，一般都适宜于使用函来行文。

（3）下行文。下行文就是指上级领导机关对所属的下级机关的一种行文。比如，党中央给各个省、自治区、直辖市党委，国务院给各省、自治区、直辖市人民政府的文件就是下行文。党中央、国务院有关部委办给各省、自治区、直辖市党委，政府对口的有关部、委、办、厅（局）所发的文件，也是下行文。下行文一般常用指示、决定、意见、通知、批复等。

下行文是上级机关对下级机关、上级业务主管部门对下级业务部门实施领导与业务指导责任的重要工具，对下级机关与业务部门来说，是重要的收来文件。一些面向群众的公告、通告、通知等文件，也是下行文。

2. 从公文的来源来划分

一般来说，一个机关和机关某个部门的文件，按照它们的来源可分为外机关发来的公文和本机关拟制的公文两大类。其中，由本机关拟制的公文按照制发公文的目的、发送对象，又可以分为向外机关发出的公文和在本机关内部使用的公文。因此，按照公文的来源，可将一个机关的公文分为三个部分：对外文件、收来文件和内部文件。

（1）对外文件。对外文件简称发文，是指本机关拟制的向外单位发出的文件，它是作为传达本机关的意图发往需要与之联系的针对机关的文件。如，1987年9月16日林业部向国务院发出的《关于加强森林防火工作的报告》，就是林业部的对外文件，是发文。而国务院则是这份发文的针对机关。

（2）收来文件。收来文件简称收文,是指由外机关拟制的,作为传达其自身机关的意图,发送到本机关(或部门)来的文件。比如,上面讲的林业部向国务院发出的报告,对国务院来说就是收来文件。又如,上级机关发来的指示、通知,下级机关送来的报告、请示,同级机关或不相隶属的机关送来的公函等,都是本机关的收文。

（3）内部文件。内部文件就是指制发和使用都限于机关内部的文件。比如,机关内部的规章制度、会议记录、工作计划、经济总结以及内部的通知、通报等。如,《××工厂2017年度生产计划》《××大学关于加强校园管理维护教学秩序的几项规定》,就是限定在某工厂和某大学内部使用的文件。在机关文书工作中,为了加强公文管理,一般由文书部门或指定专人对机关的外发文件、收来文件和内部文件分别进行登记。

需要说明的是,在实际工作中,对某一份具体的文件来说,这样的划分又不是绝对的,有时会发生交错或互相转化的情况,这是由公文的复杂性所决定的。例如,主要用于机关内部使用的规章制度、工作计划、工作总结等,有时也要报送上级机关备案或发给下级机关参阅,或与其他机关交流;有时收到上级机关的意见、通知又需要转发给下级机关贯彻执行。这样,内部文件和收来文件在一定条件下就又转化成对外发文了。

3. 从公文的秘密程度和阅读范围来划分

从公文的内容是否涉及党和国家的秘密、涉及秘密的程度,以及发文机关对公文所限定的阅读范围,又可将公文划分为秘密文件、普通文件和公布文件。

（1）秘密文件。秘密文件是指内容涉及党和国家的秘密,需要控制知密范围和知密对象的文件。《中华人民共和国保守国家秘密法》第十条规定,国家秘密的密级分为"绝密""机密""秘密"三级。《党政机关公文处理工作条例》第九条也对此有相关说明。文件的密级越高,传送、阅读和保管的要求也就越严。因此,确定和划分文件的密级要十分慎重,力求准确。否则,密级过高不利于公文内容的传播,密级过低则扩大了知密范围,给党和国家造成了不应有的损失。当然,公文的保密要求不是一成不变的,密件的内容随着时间的推移和形势的发展,其秘密的性质也会发生变化。所以,文件的保密要求应当有时间限制,经过一定的时间,应按有关规定对"三密"("绝密""机密""秘密")文件进行清理,该降密的应作降密处理,该解密的则予以解密。

(2)普通文件。普通文件是相对秘密文件而言的,从这个角度说,也可称为非密文件。这种普通文件也并非无密可保,可供任何人阅看。机关、组织的决议、工作计划、总结,对工作人员的处理决定、通报等,这类普通文件阅读的范围比较宽。但一般说来,只限于本机关或本组织内部,不对外公布,即不在社会上公布,不向国外传播。

(3)公布文件。公布文件就是向人民群众和国内外公开发布的文件。比如,一些公告、通告、公报、法律、法令,中央领导同志的某些重要讲话、报告等,通常采用广播、电视播放、报刊登载、公开张贴或口头传达等方式进行公布。

4. 从公文制发机关的性质来划分

从公文制发机关的性质可以将公文分为法律及法规文件、行政文件和党的文件。

(1)法律及法规文件。法律及法规文件是指由中央和地方各级权力机关、行政机关所制发的法律、法令和行政法规与规章。法律、法规文件一般分为以下三种。

① 法律文件。法律文件是体现统治阶级的利益和意志,以国家强制力来保证其实施的行为规则,是实行阶级专政的一种工具。法律文件在我国是由行使最高立法权的机关——全国人民代表大会按照立法程序制定的。如《宪法》《刑法》《刑事诉讼法》等。

② 法令文件。法令文件是指根据宪法的有关规定所制发的一种文件,通常是以中华人民共和国主席或国务院总理的名义发布的。如,公布法律的命令以及宣布施行重大强制性行政措施时发布的命令等。

③ 行政法规与规章文件。行政法规是国务院为领导和管理国家

各项行政工作,根据宪法和法律及有关规定制定的政治、经济、教育、科技、文化、外事等各类法规的总称。这里所说的行政法规与规章文件,除国务院制定的行政法规外,还包括各种地方性法规、部门规章和地方人民政府规章。行政法规与规章文件是为具体贯彻执行法律、法令和行政法规,对于行政措施、行政制度和活动规则所制定的有关条例、规定、办法、细则、规则等。

为了规范立法活动,健全国家立法制度,建立和完善中国特色的社会主义法律体系,保障和发展社会主义民主,推进依法治国,建设社会主义法治国家,全国人大根据《宪法》制定了《中华人民共和国立法法》(2000年3月15日第九届全国人民代表大会第三次会议通过,自2000年7月1日起施行)。凡法律、行政法规、地方性法规、自治条例和单行条例的制定、修改和废止以及国务院部门规章和地方政府规章的制定、修改和废止应依照《立法法》的有关规定执行。

(2)行政文件。行政文件主要是指国家机关在日常公务活动中所形成和使用的文件,具有行政指挥、领导指挥工作和公务联系的作用。例如,政府机关、行政管理机关使用比较普遍的请示、报告、通知、意见等。

(3)党的文件。党的文件是指由中国共产党的机关、组织形成和使用的文件,反映党的领导、党的工作和党的建设等活动。其中,只限定在党的组织和党员中间阅读和传达的文件,又叫党内文件。

5. 从公文内容的性质与作用来划分

按照公文内容的性质与作用,可以将公文分为指挥性公文、规范性公文、报请性公文、知照性公文、记录性公文等。

(1)指挥性公文。指挥性公文是指上级领导机关对下级机关或群众发出的用以领导和指导工作的公文。它需要下级机关单位和有关人员认真学习和贯彻执行,是下级单位决策和进行工作活动的依据。例如命令、指示、决定、意见、批复和政策性通知等。

(2)规范性公文。规范性公文是指由机关、组织、社会团体依据法律、行政法规及组织章程制定的,要求其成员在工作、活动等方面严格遵守的行为规范。它是一种兼有政策性和规定性的公文,有较强的规范性和强制性。例如各种条例、规定、办法、细则、章程、规则等。

（3）报请性公文。报请性公文是下级机关向上级机关汇报工作、反映情况、请示问题时所使用的陈述性、请求性公文。这类公文主要是报告、请示等。

（4）知照性公文。知照性公文是指机关单位发布的需要周知或遵守,以及各机关单位之间联系工作、通报情况所使用的公文。例如公报、公告、知照性通知、通报、函等。

（5）记录性公文。记录性公文是指各机关、组织用以记载公务活动以备查考的公文,如会议记录、电话记录、会议纪要、大事记、值班日志等。

常见的公文分类还有:从文件的缓急程度上划分,可分为急件和平件,急件又可分为特急件和急件;从文件的使用范围来划分,可分为通用文件、专用文件和技术文件;从文件的发送目的来划分,可分为主送件、抄送件和批转件、转发件;从文件的处理要求上来划分,可分为需办文件(办件)和参阅件(阅件)等。

三、党政公文的文种与规范

（一）党政公文的文种

自中华人民共和国成立以来,国家对统一公文文种就非常重视。1957年10月,国务院秘书厅发出的《关于对公文名称和体式问题的几点意见(稿)》中指出:"不同的公文名称,反映着不同的目的和要求,也反映着行文机关之间的关系和发文机关的权限范围。划清各种公文名称的使用界限,正确地使用公文名称,对于做好文书处理工作,具有重要意义。"也就是说,公文文种具有明确公文性质,体现行文方向,显示公文各自特点、用途的作用。一份公文的文种是根据发文机关的权限、发文机关和收文机关之间的关系以及发文的具体目的和要求而确定的。党政公文的文种概括地反映出各种公文的不同性能和不同作用,有利于机关工作的顺利进行和实现公文处理的规范化、制度化。

现行新《条例》规定了 15 种党政机关公文的功能及适用范围,是我们在具体工作中正确选用恰当公文文种的法定依据。

（1）决议。适用于会议讨论通过的重大决策事项。

（2）决定。适用于对重要事项做出决策和部署,奖惩有关单位和人员,变更或者撤销下级机关不适当的决定事项。

（3）命令(令)。适用于公布行政法规和规章,宣布施行重大强制性措施,批准授予和晋升衔级,嘉奖有关单位和人员。

（4）公报。适用于公布重要决定或者重大事项。

（5）公告。适用于向国内外宣布重要事项或者法定事项。

（6）通告。适用于在一定范围内公布应当遵守或者周知的事项。

（7）意见。适用于对重要问题提出见解和处理办法。

（8）通知。适用于发布、传达要求下级机关执行和有关单位周知或者执行的事项,批转、转发公文。

（9）通报。适用于表彰先进,批评错误,传达重要精神和告知重要情况。

（10）报告。适用于向上级机关汇报工作、反映情况,回复上级机关的询问。

（11）请示。适用于向上级机关请求指示、批准。

（12）批复。适用于答复下级机关请示事项。

（13）议案。适用于各级人民政府按照法律程序向同级人民代表大会或者人民代表大会常务委员会提请审议事项。

（14）函。适用于不相隶属机关之间商洽工作,询问和答复问题,请求批准和答复审批事项。

（15）纪要。适用于记载会议主要情况和议定事项。

公文文种的选用十分讲究,是公文写作活动的第一个重要环节。各级党政机关、社会团体、企事业单位的行文,必须从实际需要出发,根据本单位的职权范围、所处的地位与发文的目的,正确地使用公文文种,不能滥用。否则,内容的表达就必然受到制约,就会妨碍收文机关对文件意图的准确理解,影响公文的及时处理。文种选用不当,轻则会闹笑话,重则影响工作。

确定和使用公文文种的基本原则有:第一,必须遵守党和国家公文管理法规的规定使用,不能乱起名称;第二,要按照制文机关的权限加以选用,不能超越职权范围;第三,要依据行文关系选用,弄清与收文机关的行政关系;第四,从发文的具体目的和要求出发选用文种。

我国公文工作的实践证明,中共中央办公厅、国务院办公厅颁定的党政机关公文的正式文种是相对完备、适用面很广的,能满足各级党政机关、社会团体与企事业单位实际工作中对公文文种的需要。新《条例》把党政公文纳入同一范畴管理,是符合当前社会管理实际的。

然而,目前我国各级机关、社会团体和企事业单位中,乱用文种的现象较为普遍,有的甚至是相当严重的。概括起来,主要表现在三个方面。

1. 混用文种

混用文种指的是不按党和国家机关公文处理法规去选用文种,而造成邻近文种相互混用的现象。混用文种的现象常常出现在"公告"与"通告"、"决议"与"决定"、"请示"与"报告"、"请示"与"函"等几组邻近文种之间。例如,对于要向上级领导机关请示的问题,如果不使用"请示",而错误地使用了"报告"这一公文文种,就有可能造成上级领导机关认为是一般性的工作报告,不需要作答复,而没有及时处理,以致耽误了工作。又如,同不相隶属的机关联系工作问题,即使发文机关的级别比收文机关级别高一些,也不能使用"决定""指示",因为这不符合本机关的职权范围和所处的地位,而应当使用"公函"。再如,有的机关发文,不分什么内容和性质,总是使用"通知"这一文种,这样也就失去了以公文文种来概括和提示公文意图的作用。还有"请示"和"函"的混用问题,不少单位未弄清行文对象是"上级机关"或"不相隶属机关",凡是有求于其他机关、单位的事务均使用"请示"。

2. 自制文种

自制文种指的是超出党和国家机关公文处理法规,随心所欲地生造部分非公文文种并俨然以正式公文行文的现象。一些机关单位常见的自制文种有:《××市经委关于深化企业内部改革的思路》《××公司关于要求减免部分工商税的请求》《××县人民政府关于即将出台部分改革政策的吹风》,这里的"思路""请求""吹风"等均是各单位随心所欲自制的文种。另外还有"汇报""构想""思考""框架结构"等自制文种也常用在某些机关单位的正式文件中。

3. 误用文种

误用文种指的是把属于机关的其他应用文,特别是事务文书中的文种,误作为法定公文文种直接加以使用的情况(即以正式公文格式和法定程序制发)。具体表现在:把计划类文种"要点""打算""安排""设想"等误作法定公文文种直接使用,如《中共××区委2017年工作要点》;把属于总结类的文种"小结""体会""总结"等误作法定公文文种直接使用,如《××县人民政府2017年二季度工作小结》;还有把属于规章制度类的文种"办法""规程""须知""实施细则"等以及把简报类文种"情况反映""快讯""动态"等误作为法定公文文种直接使用。

(二)党政公文的规范

我国现阶段公文的规范,主要是指新《条例》和新《格式》中的有关规定与标准;再加上在长期公文实践中,我国广大干部和群众在公文写作中探索和总结的一些已被公认的原则和规律。概括起来,我国现行公文的规范主要包括格式规范、行文规范、处理规范、语言规范等方面的内容。

1. 格式规范

公文格式主要指法定文种的外形构成的组织与安排,及其书写、字体、用纸规格等,即公文的整体格局和外部组织形式,是公文严肃性、规范性、标准化的重要标志,也是其法定权威性和约束力在形式上的体现和公文区别于一般文章的重要标志。新《条例》在第三章中对此有专章表述,并特别强调了公文的版式要按照新的国家标准执行,即2012年6月29日发布的《党政机关公文格式》(中华人民共和国国家标准GB/T 9704-2012)。

公文格式的作用在于保证公文的完整性、正确性和有效性,并可以给日后的公文处理工作和档案工作提供条件和方便。

公文格式的规范主要包括格式的构成规范、格式的排版规范和特定格式规范这三个方面。

（1）公文格式的构成规范。

公文一般由以下18个格式要素组成。

① 份号。

公文印制份数的顺序号。涉密公文应当标注份号。

② 密级和保密期限。

公文的秘密等级和保密的期限。涉密公文应当根据涉密程度分别标注"绝密""机密""秘密"和保密期限。

③ 紧急程度。

公文送达和办理的时限要求。根据紧急程度，紧急公文应当分别标注"特急""加急"，电报应当分别标注"特提""特急""加急""平急"。

④ 发文机关标志。

由发文机关全称或者规范化简称加"文件"二字组成，也可以使用机关全称或者规范化简称。联合行文时，发文机关标志可以并用联合发文机关名称，也可以单独用主办机关名称。

⑤ 发文字号。

由发文机关代字、年份、发文顺序号组成。联合行文时，使用主办机关的发文字号。

⑥ 签发人。

上行文应当标注签发人姓名。

⑦ 标题。

由发文机关名称、事由和文种组成。

⑧ 主送机关。

公文的主要受理机关，应当使用机关全称、规范化简称或者同类型机关统称。

⑨ 正文。

公文的主体，用来表述公文的内容。

⑩ 附件说明。

公文附件的顺序号和名称。

⑪ 发文机关署名。

署发文机关全称或者规范化简称。

⑫ 成文日期。

署会议通过或者发文机关负责人签发的日期。联合行文时，署最后签发机关负责人签发的日期。

⑬ 印章。

公文中有发文机关署名的，应当加盖发文机关印章，并与署名机关相符。有特定发文机关标志的普发性公文和电报可以不加盖印章。

⑭ 附注。

公文印发传达范围等需要说明的事项。

⑮ 附件。

公文正文的说明、补充或者参考资料。

⑯ 抄送机关。

除主送机关外需要执行或者知晓公文内容的其他机关，应当使用机关全称、规范化简称或者同类型机关统称。

⑰ 印发机关和印发日期。

公文的送印机关和送印日期。

⑱ 页码。

公文页数顺序号。

新《格式》将上述除页码外的17个格式要素分别纳入"版头""主体""版记"，并以此构成一份公文的"版心"；而页码则位于版心之外。

版头——共六个要素：份号、密级和保密期限、紧急程度、发文机关标志、发文字号、签发人。其中，发文机关标志、发文字号为必备要素。

主体——共九个要素：标题、主送机关、正文、附件说明、发文机关署名、成文日期、印章、附注、附件。其中，标题、正文、成文日期为必备要素；主送机关、发文机关署名、印章一般应该具备。

版记——共两个要素：抄送机关、印发机关和印发日期。其中后者为必备要素。

（2）公文格式的排版规范。

公文的版式按照新的《党政机关公文格式》国家标准执行。

公文使用的汉字、数字、外文字符、计量单位和标点符号等，按照有关国家标准和规定执行。民族自治地方的公文，可以并用汉字和当地通用的少数民族文字。

公文用纸幅面采用国际标准 A4 型。特殊形式的公文幅面，根据实际需要确定。

（3）特定格式规范。

① 信函格式。

发文机关标志使用发文机关全称或者规范化简称，居中排布，上边缘至上页边为 30 mm，推荐使用红色小标宋体字。联合行文时，使用主办机关标志。

发文机关标志下 4 mm 处印一条红色双线（上粗下细），距下页边 20 mm 处印一条红色双线（上细下粗），线长均为 170 mm，居中排布。

如需标注份号、密级和保密期限、紧急程度，应当顶格居版心左边缘编排在第一条红色双线下，按照份号、密级和保密期限、紧急程度的顺序自上而下分行排列，第一个要素与该线的距离为 3 号汉字高度的 7/8。

发文字号顶格居版心右边缘编排在第一条红色双线下，与该线的距离为 3 号汉字高度的 7/8。

标题居中编排，与其上最后一个要素相距二行。

第二条红色双线上一行如有文字，与该线的距离为 3 号汉字高度的 7/8。

首页不显示页码。

版记不加印发机关和印发日期、分隔线，位于公文最后一面版心内最下方。

② 命令（令）格式。

发文机关标志由发文机关全称加"命令"或"令"字组成，居中排布,上边缘至版心上边缘为 20 mm,推荐使用红色小标宋体字。

发文机关标志下空二行居中编排令号,令号下空二行编排正文。

签发人职务、签名章和成文日期的编排见一般公文格式。

③ 纪要格式。

纪要标志由"×××××纪要"组成,居中排布,上边缘至版心上边缘为 35 mm,推荐使用红色小标宋体字。

标注出席人员名单,一般用 3 号黑体字,在正文或附件说明下空一行左空二字编排"出席"二字,后标全角冒号,冒号后用 3 号仿宋体字标注出席人单位、姓名,回行时与冒号后的首字对齐。

标注请假和列席人员名单,除依次另起一行并将"出席"二字改为"请假"或"列席"外,编排方法同出席人员名单。

纪要格式可以根据实际制定。

2. 行文规范

新《条例》第四章对党政机关公文的行文规则作了相关规定,归纳如下。

(1) 行文的一般规则。

① 确有必要,讲求实效。"行文应当确有必要,讲求实效,注重针对性和可操作性。"② 按权限行文,逐级行文。"行文关系根据隶属关系和职权范围确定。一般不得越级行文,特殊情况需要越级行文的,应当同时抄送被越过的机关。"

(2) 向上级机关行文的规则。

新《条例》中对此明确规定为 6 条细则:

① 原则上单一主送,根据需要抄送。"原则上主送一个上级机关,根据需要同时抄送相关上级机关和同级机关,不抄送下级机关。"② 本级部门根据授权及权限向上级主管部门行文。"党委、政府的部门向上级主管部门请示、报告重大事项,应当经本级党委、政府同意或者授权;属于部门职权范围内的事项应当直接报送上级主管部门。"③ 不得向上级机关原文转报下级请示事项。"下级机关的请示事项,如需以本机关名义向上级机关请示,应当提出倾向性意见后上报,不

得原文转报上级机关。"④ 请示与报告相区别。"请示应当一文一事。不得在报告等非请示性公文中夹带请示事项。"⑤ 应以本机关名义向上级机关报送公文。"除上级机关负责人直接交办事项外，不得以本机关名义向上级机关负责人报送公文，不得以本机关负责人名义向上级机关报送公文。"⑥ 受双重领导者向上行文可抄送另一上级机关。"受双重领导的机关向一个上级机关行文，必要时抄送另一个上级机关。"

（3）向下级机关行文的规则。

新《条例》中对此明确规定为5条细则。

① 明确主送与抄送。"主送受理机关，根据需要抄送相关机关。重要行文应当同时抄送发文机关的直接上级机关。"② 上级机关的有关部门经授权可向下级机关行文。"党委、政府的办公厅（室）根据本级党委、政府授权，可以向下级党委、政府行文，其他部门和单位不得向下级党委、政府发布指令性公文或者在公文中向下级党委、政府提出指令性要求。需经政府审批的具体事项，经政府同意后可以由政府职能部门行文，文中须注明已经政府同意。"③ 上级部门按权限向下级部门行文。"党委、政府的部门在各自职权范围内可以向下级党委、政府的相关部门行文。"④ 行文事关多部门须协商一致。"涉及多个部门职权范围内的事务，部门之间未协商一致的，不得向下行文；擅自行文的，上级机关应当责令其纠正或者撤销。"⑤ 向受双重领导的机关行文可抄送其另一上级机关。"上级机关向受双重领导的下级机关行文，必要时抄送该下级机关的另一个上级机关。"

（4）同级机关行文的规则。

"同级党政机关、党政机关与其他同级机关必要时可以联合行文。属于党委、政府各自职权范围内的工作，不得联合行文。党委、政府的部门依据职权可以相互行文。部门内设机构除办公厅（室）外不得对外正式行文。"

3. 处理规范

公文处理工作，是党政机关公文工作中的一个重要组成部分，是党政机关办理公务的一种重要形式,贯穿于党政机关各项工作之中,为党政机关公务活动的正常运转提供保障。它既是党政机关的一项基础性工作,也是党政机关的一项经常任务。新《条例》第四条明确规定:"公文处理工作是指公文拟制、办理、管理等一系列相互关联、衔接有序的工作。"公文处理中必须坚持"实事求是、准确规范、精简高效、安全保密",做到准确、及时、安全、保密。

根据新《条例》,公文处理工作主要包括公文拟制、公文办理、公文管理三个方面。

(1) 公文拟制。

公文拟制包括公文的起草、审核、签发等程序。

(2) 公文办理。

公文办理包括收文办理、发文办理和整理归档。收文办理的主要程序是:签收、登记、初审、承办、传阅、催办、答复。发文办理的主要程序是:复核、登记、印制、核发。需要归档的公文及有关材料,应当根据有关档案法律法规以及机关档案管理规定,及时收集齐全、整理归档。两个以上机关联合办理的公文,原件由主办机关归档,相关机关保存复制件。机关负责人兼任其他机关职务的,在履行所兼职务过程中形成的公文,由其兼职机关归档。

(3) 公文管理。

党政机关公文由文秘部门或者专人统一管理。公文应当按照所定密级严格管理。公文的印发传达范围应当按照发文机关的要求执行。复制、汇编机密级、秘密级公文,应当符合有关规定并经本机关负责人批准。公文的撤销和废止,由发文机关、上级机关或者权力机关根据职权范围和有关法律法规决定。公文的销毁要按照规定施行。机关合并或新机关成立时,对公文的处理亦有相应要求。

4. 语言规范

语言是公文的基本要素。公文语言是处理公务、开展公务活动的载体。公文语言使用正确与否,语言表达完整与否,都直接关系到公文内容是否得到准确、全面的贯彻执行,以及公务活动中信息沟通的成效。

公文的应用领域与应用目的，使其在公文处理过程中，逐步形成了自身的特殊语体，这就是公文语体。公文语体与其他各类文章的语体相比，个性特点十分鲜明，其特点和要求概括起来主要是准确、简明、朴实、庄重。

(1) 准确。

准确，是公文语言的基本特点和第一要求。党政公文只有用最准确、最精炼的文字才能如实反映客观事物，如实表达发文机关的意图；收文机关快速、正确理解公文内容也要依赖于公文用语的准确性。公文语言的党政公文对各级各类机关团体的工作有着直接强制性、规范性、指导性的作用，如果语言表达不准确，语意含糊不清楚，都会在工作中产生消极作用。

在公文准确用语中：第一，需要认真辨析词义。因为在汉语中，有大量意义相同或相近的词汇，称为同义词或近义词。一个基本意思，往往可以选用若干个同义词来表达，但其中必然有一个是最恰当的。由于同义词有词义轻重、意义褒贬、语体风格不同、范围大小、程度深浅等诸多细微区别，在公文写作中就要求作者有辨析同义词差别的能力。即使是同义词，仔细分辨起来还是有些微妙的差异。所以，必须在词语的细微差别和感情色彩上认真斟酌。如"制定"与"制订"、"资金"与"经费"是近义词，在使用时均应仔细区分。

第二，要讲究语法和逻辑。公文用语的规范性，体现在句子上就是句子成分要完整，主干成分必不可少，造句合乎语法规则、合乎逻辑。

第三，要善用附加语。一个概念，内涵往往较为丰富，为了把握程度、范围、性质等方面的分寸，往往要在中心词的前面用附加语对中心词加以修饰和限制，这样才能把一个意思表达得更加准确。

第四，要用好关联词。为达意的准确、脉络的清晰、结构的严谨，公文中常常需使用多种关联词语，特别是在公文的缘由部分（或称开头，导言部分）。为了把发文的原因、根据、目的、经过等恰当地表达出来，公文中常常选用"由于……""根据……""为了……""结合……"

"经研究……""现特作……"等词语。

第五,要巧用模糊语。公文用语是精确语言和模糊语言的对立统一。精确是公文的基础和生命,是公文用语的基本要求;但在某些特定的语言环境或特定的条件下却又必须使用模糊语言。从这个层面上讲,所谓模糊语言即指外延小而内涵大的语言,例如"通过这次政治学习,使全厂大多数职工受到了深刻教育",其中的"大多数"即为模糊语言,它具有不定指性,其表量是模糊的,但表意却是准确的,这是模糊语言的基本特性。如果将其改为"使全厂1323人全部受到了深刻教育",反而不够准确,也难以令人置信。公文运用模糊语言应注意两点:一要恰当、得体。模糊语言表现力极强,内涵极其丰富,使用时应注意恰当得体,该用则用,切忌滥用,否则将有损于公文的真实性和严肃性。二要注意模糊语言的相对性。在实际写作中,模糊语言往往要与精确语言配合使用,虚实结合,相得益彰。

(2)简明。

简明是指公文语言简明扼要、浅显易懂,更有助于充分传达和实现发文机关的意图。公文写作中之所以有用语繁多意思仍不明白的情况,多半是由于语言不精确,只好增加语句去弥补,结果适得其反。要做到详略得当,需要注意以下几个方面。

第一,用语精准,以一当十。不用一词多义、容易产生歧义和误解的词语,即使用了,也要作必要的解释和说明。

第二,尽量使用短句和适当采用文言词语。采用文言词语的一个重要原因,就是文言词语比现代汉语更精炼。运用文言词语,要注意不要生吞活剥、食古不化,要适当、活用、自然、流畅。

第三,多用基本义。我国汉语在长期的演变和发展中,一个词语的基本意义常常会产生出若干个引申意义和比喻意义。公文在选用词语中往往采用其基本意义而较少用它的引申或比喻意义。如在开展造林绿化、保护生态环境的公文中,常常要求人们要爱护身边的"花草树木",这里的花草即是用的词的本义,而与我们指责某些作风不正的人老爱"拈花惹草"的"花草"的意思大相径庭。

第四,常用缩略语。公文中适当使用事物的缩略语,是使公文语言简明的有效方法。然而,公文中的缩略语强调规范化。规范化的缩略语可在公文行文时直接使用,而没有规范化的缩略语却不能在公文中滥用。缩略语一般是约定俗成的,如"党的十一届三中全会""三个代表""四化建设"等都是约定俗成的缩略语,可在公文中直接使用。另外,先全后简也是一种简洁语言的方法。有的事物名称未约定俗成,且文字较多,却需要在公文中反复出现。遇上这种情况,可以在公文中第一次出现该名称时采用全称,然后用括号注明以下简称"某某",便可将缩略语在这份公文中予以使用了。

(3) 朴实。

所谓朴实是指语言平直自然,无渲染,无矫揉造作,无夸饰,这是公文实际应用价值所决定的。朴实无华的语言有利于意图直接明了地表示和迅速有效地产生反响。这要求我们:

第一,慎用形容词、修饰语。公文追求的是表述的准确、明白、流畅、深刻,而不刻意求生动、形象,更忌浮华艳丽、文采飞扬。这与诗词、散文、小说、戏剧的语言有很大的区别。因此,公文基本不用夸张、婉曲、双关、反语等修辞手段,即使要用形容词、修饰语时也应十分慎重,以准确、简明为基本原则。

第二,实话实说,直截了当。公文不能像文学作品那样铺陈、渲染,运用曲笔含蓄达意。它当开门见山,直述事实,直陈意见,直提要求,力戒说假话、说大话、说空话。因此,公文通常在开头讲清缘由后,就分条列项,直接分述有关内容。

(4) 庄重。

所谓庄重,就是指公文的语言要端庄、郑重、严谨。不能用戏谑语,不追求诙谐与幽默,一般不用口语和方言、俚语,并力求做到以下几点。

第一,客观地叙述、阐释和评价。公文是代表机关发言的,在写作中不能带有任何个人的情绪和感情色彩。叙述时要客观、真实,说明时要显豁、平易,评议时要中肯、公正。

第二,使用书面语。公文语言需要大众化,既通俗,又浅显易懂,但它又不能像一般记叙文,特别是通俗小说、方言文学那样大量采用口语和方言,而是强调使用规范化的书面语,这样才能使之既平易,又不失庄重、严肃的色彩。

第三,使用公文专用语。公文专用语是人们在长期的公文写作实践中形成和使用的相对固定、十分简洁的语言,它既保留了某些古汉语的特色,又使公文获得言简意赅的效果,因此长期沿用。公文专用语主要有以下四类。

① 称谓用语。自称用语:我省、我地、我局、本公司、本企业、本人等;对称用语:贵市、贵公司、你厂、你校等;他称用语:该市、该地区、该局、该厂、该员等。

② 领起用语。这类用语在公文分层次、分段落阐述不同内容时,居于各段之首,起带出主要内容的作用。常用的有:全会认为、大会审议了、会议强调指出、代表们一致认为、国务院要求、党中央号召等,常用于公报、决定、决议、纪要等公文中。

③ 承启用语。这类用语通常出现在公文的缘由(开头、前言、导语)部分结束,内容事项(主体、中间)部分开始的位置,承接前面的事由,带出后面的事项,起承上启下的作用,是全文上下衔接的过渡性语言。如"为此,特作如下通知""现就这项工作的开展提出如下建议""特命令你们""现将有关情况报告于后"等。

④ 结尾用语。这是各类公文正文结尾时表收束、祈请、指示、强调的语句。如"以上各项希各地遵照执行""以上规定希各有关方面切实贯彻""当否,请批复""以上意见如无不妥,请批转各地执行""特此通知""望予函复"等。

除以上四类公文专用语外,公文中还有"批转""转发""印发""发布""颁布""拟请""业经""责成"等多种专用语。

练习题

一、单选题[①]

1. 党政公文的特点不包括（　　）
   A. 政治性　　　　　　　　B. 法定性
   C. 时效性　　　　　　　　D. 稳定性

2. 公文的作者是指（　　）
   A. 草拟公文的执笔个人
   B. 发文机关，即具有法定职权的党政机关、社会团体、企事业单位
   C. 党政机关、社会团体、企事业单位的领导人
   D. 国务院

3. 和不相隶属的机关联系工作问题时，应使用下列哪一种文种（　　）
   A. 公函　　　　　　　　　B. 决定
   C. 指示　　　　　　　　　D. 通知

4. 下列文种中符合规范的是（　　）
   A.《××市经委关于深化企业内部改革的思路》
   B.《××县人民政府关于即将出台部分改革政策的吹风》
   C.《关于××社区成立物业公司自行管理社区的请示》
   D.《××公司关于要求减免部分工商税的请求》

5. 党政机关的公文按行文关系分为（　　）
   A. 逐级行文　　　多级行文　　　直贯到底的行文
   B. 上行文　　　　下行文　　　　平行文
   C. 逐级行文　　　多级行文　　　超级行文
   D. 超级行文　　　下行文　　　　平行文

二、多选题

1. 我国现行的关于公文处理的规范性文件包括（　　）
   A.《中国共产党机关公文处理办法》
   B.《党政机关公文处理工作条例》
   C.《国家行政机关公文处理办法》
   D.《党政机关公文格式》

[①] 本书各章节练习题参考答案统一扫书最后页二维码获得。

2. 狭义公文(法定公文)包括( )

A. 决议、决定、命令　　　　B. 公报、公告、意见

C. 通告、通知、通报　　　　D. 请示、批复、纪要

3. 按照公文内容的性质与作用,可以将公文分为( )

A. 指挥性公文　　　　　　　B. 规范性公文

C. 报请性公文　　　　　　　D. 知照性公文

4. 公文写作之前要( )

A. 明确行文目的　　　　　　B. 向领导请示写法

C. 确定使用的文种　　　　　D. 选择适当的语言

5. 遵守行文规则是为了( )

A. 确保公文迅速、准确传递　　B. 避免行文紊乱

C. 确定行文关系　　　　　　D. 控制发文数量

三、判断题

1. 广义的公文既包括党政机关正式发布的法定公文,也包括各种机关、社会团体、企事业等单位常用应用文书。( )

2. 党政公文和一般文章写作一样,都是代表撰写个人的意愿,表达的是个人的思想观点。( )

3. 党政公文的作用包括行为规范、领导与指导、信息沟通、凭证记载、宣传教育、知照、协调等作用。( )

4. 公文中涉及的秘密就是国家秘密。( )

5. 不同的公文文种有不同的性能和作用,划清各种公文的使用界限,有利于机关工作的顺利进行和实现公文处理的规范化、制度化。( )

四、指出下述行文现象中的错漏之处,并说明正确做法

1. 某乡政府的文书工作长期以来按照一条不成文的规定办理,即上班时乡干部谁在场就由谁拆阅当时收到的公务文书,分交有关人员去办理,办完后再交乡政府秘书登记保管。

2. 某市财政局和教育局拟就有关办学收费问题联合行文,后因对某政策问题有意见,决定取消此次联合行文,各自按自己意见向下行文。

第二章　法定公文写作

第一节　决　　议

一、决议的适用范围

新《条例》规定：决议适用于"会议讨论通过的重大决策事项"。决议是领导机关对于重大事项或事件的处理，根据民主集中制原则，经会议讨论表决通过形成意见或要求，并据以制定和发布的文件。它是一种重要的下行文，是具有领导性、指导性和约束性的公文。

二、决议的特点

（一）集体性

决议的形成必须经过特定的会议，如党员代表大会、人民代表大会，以及这些代表大会选举产生的委员会、常务委员会等进行讨论，并按照法定程序表决通过。这意味着决议是一种群体性活动的产物，必须经集体投票表决后才能形成，因而决议是与会者意志的体现，具有集体性。

（二）权威性

决议是经过高级领导机构会议讨论后形成的，作为党和政府的领导机关用于重要决策事项的公文，决议代表着发文机关的意志，本身就具有权威力量和普遍约束力。决议一经颁布，其下属组织及其成员必须严格遵守，坚决执行，认真落实，不得违背和抵制，具有很强的权威性。

（三）程序性

决议是一种比较特殊的公文,它的制定方式与其他公文不同,决议必须经过符合法定人数的会议讨论通过,一般过半数或三分之二以上投赞成票才能形成决议,体现了少数服从多数的民主集中制原则,体现了集体领导的智慧。决议具有严格的程序性和严肃性,其制定必须符合法律和组织原则的要求。

（四）相对稳定性

决议一旦经领导机构会议讨论通过,要对其进行修改或废止,必须经过同样的会议审议通过,不得随意变更。因此,决议一般在较长的一段时期内保持相对稳定。

三、决议的分类

根据决议的内容与性能,决议可以分为：

（一）审批性决议

审批性决议涉及的内容较为具体,主要用于反映会议审议批准的重要文件、机构设置、工作报告、财务预算决算等事项。审批性决议是对报批的下级机关或者具有隶属关系的机关发出的。例如,《云南省人民代表大会常务委员会关于批准云南省2018年省级财政预算调整方案的决议》。

（二）专门事项性决议

专门事项性决议主要是针对专门问题或某项具体工作进行讨论后形成的决策事项,一般对负责此事项的机关发出。例如,《中共河北省委关于深入学习贯彻习近平总书记重要讲话精神 全力做好当前雄安新区规划建设工作的决议》。

（三）决策性决议

决策性决议主要用于对重要事项或重大问题阐明原则、提出要求、做出决策,特别是要反映在路线、方针、政策上统一思想认识以确定大政方针的重要事项,主要是指经会议讨论通过的全面总结历史或现实的重要经验教训,表述观点的文件。此类型的决议所涉及问题重大,理论阐述多,篇幅宏大,影响较深远,并且此类决议是针对所有党的机关以及政府机关发出的。例如,《中国共产党中央委员会关于建国以来党的若干历史问题的决议》。

四、决议的结构及写法

决议由标题、题注和正文三部分组成。

(一)标题

决议的标题一般用三要素标题,有两种形式:第一种是由会议名称、事由和文种组成,如《中国共产党第十九次全国代表大会关于十八届中央委员会报告的决议》;第二种是由发文机关、事由和文种组成,如《中共中央关于社会主义精神文明建设指导方针的决议》。

(二)题注

题注是在标题之下的括号部分,由两部分组成:日期和通过决议的会议,这两部分内容相当于成文日期和发文机关,这两项都是组成公文的重要部分。根据新《条例》的规定,成文日期即公文生效的日期,任何一份公文都必须要有成文日期。决议的成文日期是指决议通过的那一天。如,《中国共产党第十九次全国代表大会关于十八届中央纪律检查委员会工作报告的决议》,标题之下的题注为:2017 年 10 月 24 日中国共产党第十九次全国代表大会通过。

(三)正文

不同类型的决议在正文写法上有所不同:

1. 审批性决议的写法

审批性决议通常由审议对象、决议事项、决议号召三部分组成。审议对象一般有:工作报告、法律法规、财政预算决算、机构组织、国民经济和社会发展计划等。决议事项主要表明态度,是对审议对象的分析、评价和审批意见。决议号召是结尾部分,发出希望,提出要求,此部分也可省略。(见例文一)

2. 专门事项性决议的写法

专门事项性决议一般由决议缘由、决议事项、执行要求三部分组成。决议缘由简要介绍决议所涉及的决策事项的情况,说明做出决议的根据、原因、背景、目的和意义等。决议事项部分对有关工作安排的贯彻执行做出部署安排,是决议的主体部分。对于内容简单的决议,可以篇段合一,全文一般只有一个自然段。对于内容复杂的,事项较多的,可以分段进行写作。最后部分提出执行要求,也可没有结尾,自然结束。(见例文二)

3. 决策性决议

决策性决议通常由会议概况、决议内容、执行要求三部分组成。会议概况简要介绍会议时间、会议的主要议题,通常用"做出如下决议"来承上启下。决策性决议涉及的决策问题比较重大,所以决议内容复杂,其篇幅相应也较大。各层次常用小标题概括内容,逐一展开来写。执行要求以会议名义有指向性地提出号召、希望等。并不是所有决议都有此部分,有些决议的结语部分可以省略执行要求。

五、决议写作时应该注意的问题

(一)了解会议的背景、目的、意义及中心思想

写决议时首先要了解会议的背景、目的、意义及中心思想。了解会议所要解决的问题,了解会议表达的肯定或否定意见,了解会议提出的意见与要求,了解会议决策的最佳方案,为写一个有质量的决议做保证。

(二)决议写作时必须紧扣会议精神和主题,准确阐明会议的决策事项

决议产生于会议,因此决议要体现出会议的中心思想及会议讨论通过的政策意见,从而表明与会者对决策事项的态度。决议内容要体现出与会者的集体意志,做到重点突出和中心明确。

(三)结构严谨、条理清晰

由于决议内容有广泛性,所以会议决议要注重结构严谨、条理清晰。恰当运用会议的习惯性用语来区分决议的不同段落和层次。在决议写作中,不能因为某个决策事项有少数人持不同意见就以"多数

人认为"或"少数人认为"这种方式来表达,这种写法是自然表述的方式,不适合用于具有权威性的决议写作,应该明确与会者肯定或否定的态度。通常以"会议决定""会议同意""会议要求""会议指出"等用语表明与会者的立场观点,表示会议的决策事项是与会者集体讨论的成果。

[例文一] 审批性决议

福建省人民代表大会常务委员会
关于批准2017年省级预算调整方案的决议

(2017年5月25日福建省第十二届人民代表大会常务委员会
第二十九次会议通过)

福建省第十二届人民代表大会常务委员会第二十九次会议,听取了省财政厅厅长王永礼受省人民政府委托所作的《关于2017年省级预算调整方案(草案)的说明》,并对草案进行了审查。会议同意省人民代表大会财政经济委员会的审查报告,决定批准2017年省级预算调整方案。

[例文二] 专门事项性决议

全国人民代表大会常务委员会关于开展
第七个五年法治宣传教育的决议

(2016年4月28日第十二届全国人民代表大会常务委员会
第二十次会议通过)

2011年至2015年,我国法制宣传教育第六个五年规划顺利实施,法治宣传教育在服务经济社会发展、维护社会和谐稳定、建设社会主义法治国家中发挥了重要作用。为深入学习宣传习近平总书记关于全面依法治国的重要论述,全面推进依法治国,顺利实施"十三五"规划,全面建成小康社会,推动全体公民自觉遵法学法守法用法,推进国家治理体系和治理能力现代化建设,从2016年至2020年在全体公民中开展第七个五年法治宣传教育,十分必要。通过开展第七个五年法治宣传教育,使全社会法治观念明显增强,法治思维和依法办事能力明显提高,形成崇尚法治的社会氛围。特作决议如下:

一、突出学习宣传宪法。(略)

二、深入学习宣传国家基本法律。(略)

三、推动全民学法守法用法。(略)

四、坚持国家工作人员带头学法守法用法。(略)

五、切实把法治教育纳入国民教育体系。(略)

六、推进社会主义法治文化建设。(略)

七、推进多层次多领域依法治理。(略)

八、推进法治宣传教育创新。(略)

九、健全普法责任制。(略)

十、加强组织实施和监督检查。(略)

练习题

一、判断题

1. 决议适用于会议讨论通过的重大决策事项,是一种下行文。(   )

2. 决议具有严格的程序性,一旦发布便不能对其进行修改。(   )

3. 决议所要贯彻的决策事项可由会议集体讨论通过也可由领导机关直接做出。(   )

二、多选题

1. 决议的类型包括哪几种(   )

　　A. 专门事项性决议　　　　　　B. 公布号召性决议

　　C. 决策性决议　　　　　　　　D. 审批性决议

2.《第十二届全国人民代表大会第四次会议关于最高人民法院工作报告的决议》和中国共产党第十八届中央委员会第六次全体会议《关于召开党的第十九次全国代表大会的决议》分别属于以下哪种类型的决议(   )

　　A. 审批性决议　　　　　　　　B. 专门事项性决议

C. 决策性决议　　　　　　　D. 公布号召性决议

三、根据下列材料拟写一份决议

2018年1月18日湖北省第十二届人民代表大会常务委员会召开第三十二次会议,经会议讨论通过的主要决策事项有:批准了《孝感市城市绿化条例》。这部《条例》由孝感市人民代表大会常务委员会公布施行。

第二节　决　　定

一、决定的适用范围

新《条例》规定,"决定"适用于对重要事项做出决策和部署、奖惩有关单位和人员、变更或者撤销下级机关不适当的决定事项。在实践中,决定大多用于:确定履行法定程序,批准特定事项,规定实施重要政策,确定召开重要会议,确定重要的人事任免、表彰与处分事项。

二、决定的特点

（一）重要性

决定所涉及的内容应当是重要事项。当遇有重要问题需做出决策,有重要行动需要安排时才使用"决定"。因此,一般性的问题、事项与活动不宜采用"决定",可用通知、通报等行文。这是决定区别于其他文种的关键。

（二）约束性

决定是下行文,具有鲜明的权威性和指挥性,党政机关部门制发的要求,下级机关必须遵照执行,做到令行禁止,具有法定的强制力。

（三）稳定性

决定是对政治、经济、科技、教育等方面的重大事项做出战略性的决策安排,具有较强的理论性、政策性,是指导下级机关工作的准则。其规定的原则、措施以及有关事项,能在相当长的时期内发挥效用。

三、决定的分类

（一）指挥性决定

这类决定多由高层领导机关做出，用于部署事关全局、涉及重大方针政策和战略决策的重要工作。理论性、政策性和指挥性都很强。（见例文一）

（二）知照性决定

知照性决定即用于向人们宣告对某一重要问题的主张、态度或解决结果时使用的决定。如调整行政区划、设置重要机构、重要的人事安排等。一般来说这类决定内容比较单一、简明扼要，并且不要求下级机关执行。（见例文二）

（三）奖惩性决定

用于奖励在工作中做出突出贡献的有功集体或人员的决定为"嘉奖性决定"，而对犯有错误而在党纪、政纪上给以处分者而使用的决定为"处分决定"。（见例文三）

（四）变更撤销性决定

在实际工作中，当上级机关发现下级机关"不适当的决定事项"时，必须通过制发变更或者撤销性"决定"予以纠正或制止，这种决定直接体现着上级机关对下级机关的监督和管理，体现着上级机关的慎重决断，是一种重要的下行文。如《××市人民政府关于修改部分文件的决定》。

四、决议与决定的区别

决议和决定均属于领导性文件，两者性质、特点比较接近。从行文关系上看，两者都是下行文，其制发机关必须是领导机关或权力机关。从内容上看，两者都具有决策的性质，并具有一定的强制力和约束力，收文机关必须坚决贯彻执行。从作用上看，决议与决定都是对重要事项或重大问题做出结论或安排。在实际运用中，应对"决议"和"决定"进行区分。

（一）形成程序不同

决议制作的程序严格，需经某一级机关或组织机构的法定会议对某一议题进行集体讨论，由法定多数表决通过，然后形成正式文件，并以会议的名义公布，才能生效。而决定却不一定经过法定会议讨论通过的程序。决定既可以是某种会议讨论研究的成果，形成正式文件予以公布，也可由各级领导机关直接制作并予以公布。凡是未经有关法定会议讨论通过这一程序，而是以领导机关的名义发布的议决性文件，就只能使用决定。

（二）决策内容不同

决议的内容，多是关系本行政区域内全局性和原则性的重要问题、重大事件或活动，具有宏观性和战略指导性。重在统一思想，一般从宏观上讲的较多。而决定的内容，多数涉及某一领域某方面的重要事项和重大活动的决策和安排，比较具体、明确，具有较强的针对性，重在统一行动，安排落实。

（三）写法不同

决议，写法上有较多论证的成分，以阐明指导思想、方针、政策等问题，有一定理论色彩。往往写得比较概括，原则性条文多，下级机关在贯彻执行时，多数还要根据"决议"制定相应的具体办法或实施措施。决定，侧重于对工作做出具体的指导和安排，提出开展某项工作的步骤、措施，要求写得明确、具体，行政约束力强，可以直接成为下级机关行动的准则，多用叙述和说明。

决议写作时其正文中以会议作为第三人称的口气进行表述，其表述以"会议认为""会议强调""会议要求""会议号召"等惯用语引起下文。而决定则用"为此，特作如下决定"之类的惯用语，两者的行文语气不同。

（四）行文格式不同

决议的形成时间不放在正文之后的落款处，而是放在标题之下，用题注形式，标明什么时间，什么会议通过，并加括号。而决定只是部分标明题注，即成文时间放在标题下，部分决定则采用通常的格式，成文时间放在最后落款处。决定题注多数只写形成时间,仅有个别的与决议写法相同。

五、决定的结构及写法

决定在结构上大体有两种:其一,无主送机关。结构包括标题、题注、正文。这种是普发性的直达人民群众的文件。其二,有主送机关,结构包括标题、主送机关、正文、落款。这种采用逐级下发的形式。

（一）标题

决定的标题一般由三要素组成:发文机关、事由和文种。例如《中共中央 国务院关于进一步加强人才工作的决定》。

（二）题注

如果决定是由某次会议通过或批准的,应在标题下写明日期和经哪个会议通过或批准,也可只写会议通过时间,并用小括号括起来。文末不再需要落款。例如《中共中央 国务院关于打赢脱贫攻坚战的决定》。

（三）主送机关

决定通常应写明主送机关,收文机关较多,应当使用全称或规范化简称、统称。高层党政机关发的涉及重大方针政策和战略决策的重要工作决定,无主送机关。

（四）正文

决定的正文,是决定内容的主体和核心部分,正文一般包含决定缘由、决定事项、执行要求或发出的号召。

1. 决定缘由

决定的开头应写明做出决定的根据、原因、目的、意义等,其中根据包括理论根据、政策法律根据和事实根据三个方面。开头的内容可详可略,视不同种类的决定而定。如指挥性决定,需要充分阐述缘由,文字长一些,有的甚至要分段论述;表彰性决定,要叙述基本事实,点明被表彰先进事迹的突出特点及其蕴涵的意义;变更、撤销性决定,则要说明做出变更或者撤销的原因、依据、理由。

2. 决定事项

要求直截了当地写出决定的具体内容。内容单一、文字较少的决定可用篇段结合式。涉及事项较多、内容比较庞杂的决定采用分条列项式,即把决定中涉及的若干问题,按照主次列成若干条项,并用数码标出,或将每条的中心内容归纳成小标题,分列于每一部分之前。这种写法使决定的事项条理清楚、层次分明。内容特别重要、篇幅相对较长的决定则宜采用分块表述的方式,即把全文分为几个部分,每一部分表达一个中心内容。

3. 执行要求

这是决定的结尾,一般以一个自然段的篇幅发出号召或提出希望。若主体部分已言尽其意,可不用专门的结尾。

需要强调的是,正文注意处理好决定内容的详略。要做到该详则详,当略则略,详略得当。例如,知照性决定的缘由与事项部分,一般表现为用较多的笔墨去写缘由,而决定的事项部分文字所占比重较少;反之,指挥性的决定,缘由部分则较简要,其余大量文字说明决定内容事项。奖惩性的决定,由于其主体部分要写出先进或者错误的事实,故用字较多,决定事项部分则用墨较少。

(五) 落款

决定在正文之后署上发文机关的名称和成文时间,成文时间应用阿拉伯数字,年、月、日齐全。前有题注的,则省略落款。

六、决定写作时应注意的问题

(一) 要有政策依据

决定是对重大行动或重要事项做出安排和决断,所涉及的事项关系重大,因此行文时必须慎重。依据国家的有关政策法令,掌握有关现实情况,并进行分析,抓住问题的实质和焦点,以做出切合实际的判断和决策。只有这样,才有利于收文者遵照执行。

(二) 用语庄重、行文严肃

不同决定要掌握恰当的表达方式。指挥性决定,由于内容比较复杂,在表达方式上应当以说明为主,适当结合议论。说明文字用来表达决定的具体内容、事项与要求,而议论文字通常置于每一部分、每一层次、每一段落之首,用来明确篇旨和段旨,起到亮明观点、点出主旨的作用。表彰或处分性决定,更多的是使用说明性文字,议论性文字使用得偏少,只是在讲到事物的性质、意义或影响时才涉及议论性文字。但不管哪一种决定,都要注意观点鲜明,文字严谨、精炼、准确无歧义。行文要严肃决断,以体现其权威性。

[例文一] 指挥性决定

中共中央关于认真学习宣传贯彻党的十九大精神的决定

(2017 年 11 月 1 日)

为深入学习宣传贯彻党的十九大精神,把全党全国各族人民的思想统一到党的十九大精神上来,把力量凝聚到党的十九大确定的各项任务上来,作出如下决定。

一、充分认识学习宣传贯彻党的十九大精神的重大意义(略)

二、全面准确学习领会党的十九大精神

学习领会党的十九大精神,必须坚持全面准确,坚持读原著、学原文、悟原理,做到学深悟透。要认真研读党的十九大报告和党章,学习习近平总书记在党的十九届一中全会上的重要讲话精神,着重把握以下几个方面。

1. 深刻领会党的十九大的主题(略)

2. 深刻领会习近平新时代中国特色社会主义思想的历史地位和丰富内涵(略)

3. 深刻领会党的十八大以来党和国家事业发生的历史性变革(略)

4. 深刻领会中国特色社会主义进入了新时代(略)

5. 深刻领会我国社会主要矛盾的变化(略)

6. 深刻领会新时代中国共产党的历史使命(略)

7. 深刻领会实现第一个百年奋斗目标和向第二个百年奋斗目标进军(略)

8. 深刻领会社会主义经济建设、政治建设、文化建设、社会建设、生态文明建设等方面的重大部署(略)

9. 深刻领会国防和军队建设、港澳台工作、外交工作的重大部署(略)

10. 深刻领会坚定不移全面从严治党的重大部署(略)

三、认真做好党的十九大精神的学习宣传

学习宣传党的十九大精神,既要整体把握、全面系统,又要突出重点、抓住关键……

1. 切实抓好学习培训(略)

2. 集中开展宣讲活动(略)

3. 精心组织新闻宣传(略)

4. 认真组织研究阐释(略)

四、弘扬理论联系实际的学风,切实提高解决问题、推动发展的能力

学习宣传贯彻党的十九大精神,要立足我国改革发展、党的建设的实际,大力弘扬马克思主义学风,把党的十九大精神落实到经济社会发展各方面,体现到做好今年各项工作和安排好明年工作之中。

1. 全面加强党的领导(略)

2. 切实推动改革发展(略)

3. 坚定不移全面从严治党(略)

五、切实加强组织领导

学习宣传贯彻党的十九大精神,是全党全国当前和今后一个时期的首要政治任务。各级党委(党组)要把学习宣传贯彻党的十九大精神摆上重要议事日程,切实加强组织领导。

1.切实负起领导责任(略)

2.牢牢把握正确导向(略)

3.着力增强吸引力感染力(略)

各地区各部门要及时将学习宣传贯彻党的十九大精神的情况报告党中央。

[例文二]知照性决定

广东省人民政府关于
第三批清理规范省政府部门行政审批中介服务事项的决定

各地级以上市人民政府,各县(市、区)人民政府,省政府各部门、各直属机构:

为贯彻落实《国务院关于第三批清理规范国务院部门行政审批中介服务事项的决定》(国发〔2017〕8号)精神,进一步深化行政审批制度改革,推进政府职能转变,省政府决定第三批清理规范66项省政府部门行政审批中介服务事项,不再作为行政审批的受理条件。

各地、各部门要认真做好行政审批中介服务事项的清理规范工作,加快推进配套改革和制度建设,保障行政审批质量和效率。对政府部门在审批过程中委托开展的技术性服务活动,必须通过竞争方式选择服务机构,切实落实国家和省出台的服务经费保障措施。对涉及公共安全的行政审批事项,要在清理规范相关中介服务后,进一步强化监管措施,确保安全责任落实到位。

附件:广东省人民政府决定第三批清理规范的省政府部门行政审批中介服务事项目录(共计66项)

广东省人民政府
2017年4月12日

[例文三]奖惩性决定

徐州市人民政府关于表彰
2016年度徐州市市长质量奖获奖单位的决定

各县(市)、区人民政府,徐州经济技术开发区、新城区管委会,市各委、办、局(公司),市各直属单位:

为引导和激励广大企业加强质量管理,进一步推进全市质量工作整体水平提升,推动"一中心一基地一高地"建设,根据《徐州市市长质量奖评定管理办法》(徐政发〔2017〕34号),通过企业自愿申报、专家评审、评审委员会审议、市政府常务会议研究、媒体公示等程序,市政府决定授予徐州港华燃气有限公司、徐州天虹时代纺织有限公司、徐州卧牛山新型防水材料有限公司等3家单位2016年度"徐州市市长质量奖",各奖励50万元。

希望获奖企业珍惜荣誉,再接再厉,追求卓越,持续改进。广大企业要以市长质量奖获奖企业为标杆,不断提质增效,实现跨越发展。各地、各有关部门要高度重视质量工作,深入推进质量强市和名牌引领战略,为创建"全国质量强市示范城市",建设"强富美高"新徐州作出新的更大的贡献!

徐州市人民政府
2017年6月28日

练习题

一、判断题

1. 决定可以用来规范人们的行为,具有法定的强制力。(　　)
2. 决定和决议在形成程序上是完全一样的。(　　)
3. 决定的标题一般采用完全式标题,不能随意使用省略式标题。(　　)
4. 决定应当具有稳定性,不能轻易更改。(　　)
5. 决定的正文部分由执行决定的根据、执行要求和结尾三大部分组成。(　　)
6. 决定具有较强的宏观性、理论性和政策性,是指导工作的准则。(　　)
7. 决定是会议讨论通过的,也可以是领导机关在自己职权范围内做出的。(　　)

二、单选题

1. 下列哪项不属于决定的特点(　　)

   A. 约束性　　　　　　　　B. 重要性

   C. 稳定性　　　　　　　　D. 建议性

2. 下列哪一说法是错误的（　　）

A. 决议和决定都是下行文,都是决策性文种

B. 决议和决定都必须经过会议讨论通过形成

C. 决议的形成时间一般放在标题下;而决定的形成时间有的放在标题下,有的放在落款处

D. 决议内容的理论性、原则性强;决定的内容相对比较具体,实践性强

3. 决议和决定都属于（　　）

A. 领导性文件　　　　　　B. 报请性文件

C. 程序性文件　　　　　　D. 周知性文件

4. 决定的标题一般由三要素组成（　　）

A. 时间、发文机关、文种　　B. 发文机关、事由、文种

C. 时间、关键词、文种　　　D. 发文机关、文种、地点

5. 决定行文严肃的意义在于体现其（　　）

A. 计划性　　　　　　　　B. 权威性

C. 明确性　　　　　　　　D. 规范性

三、多选题

1. 决定的重要类型有（　　）

A. 知照性决定　　　　　　B. 变更撤销性决定

C. 指挥性决定　　　　　　D. 奖惩性决定

2. 决定的正文主要包括（　　）三部分

A. 决定缘由　　　　　　　B. 决定事项

C. 落款　　　　　　　　　D. 结尾

3. 决定的主体部分主要有哪几种表述方式（　　）

A. 篇段结合式　　　　　　B. 分条列项式

C. 分块表述式　　　　　　D. 倒悬式

4. 根据《党政机关公文处理条例》的规定,可以使用"决定"的事由是（　　）

A. 严惩严重破坏社会治安的犯罪分子的工作安排

B. 在太平洋某地区实验运载火箭,提醒过往船只注意

C. 对大兴安岭森林特大火灾事故的处理

D. 授予×××全国劳动模范称号的嘉奖

5. 指挥性决定区别于知照性决定的是（　　）

A. 指挥性决定是上级机关针对某一涉及面较广的问题做出的行动部署

B. 下级机关必须遵照执行

C. 有很强的约束力

D. 意在引起关注

6. 下列说法正确的是（　　）

A. 决定的事项应明确而具体，用语要准确，内容要得当，表述要谦恭有礼

B. 决定的缘由应准确而充分

C. 标题已有发文机关名称，落款处一般不用再写发文机关名称

D. 决定如果标明题注，则文末不再需要落款

7. 决定正文内容一般包括（　　）

A. 决定的依据或目的

B. 决定的内容

C. 对执行该"决定"的希望、要求或作某些强调

D. 决定的生效日期

8. 知照性决定可用于（　　）

A. 授予名号　　　　　　　　B. 给予纪律处分

C. 宣布机构的设立或撤并　　D. 重要的人事安排

四、指出下列公文所有错误并改正

关于向李春芳同志学习的决定

各车间、班组，各党支部：

我公司装配车间职工李春芳在上月十五日的特大洪水灾害中，为抢救国家财产不幸身亡。公司党委决定在全公司开展向李春芳同志学习的活动。

一、学习李春芳同志公而忘私、奋勇保护国家财产的高尚品德，爱祖国爱人民，敢于牺牲的精神。

二、根据李春芳同志生前的表现和愿望，追记李春芳同志为中共党员。

三、在全公司广泛宣传李春芳同志的先进事迹，运用这一典型对全公司党员职工进行一次努力奉献、坚持改革、敢于进取的革命精神，以及勇于献身的革命英雄主义精神。宣传科和工会要四处发放李春芳同志的事迹册子、张贴墙报。

四、各车间、班组、党支部要开展讨论，学习李春芳同志的优秀品质，开展比、学、赶、帮活动，争取让生产上一个新台阶。

×× 公司党委

××××年×月×日

五、公文改错(单选)

关于命名××省省级重合同守信用企业的决定

〔1997〕×政发114号

　　为了加强企业合同管理,规范经营行为,维护市场秩序,在1995年省政府首批命名省级重合同守信用企业的基础上(×政发〔1995〕103号),今年经各省辖市人民政府推荐和省有关部门考核验收,同时对首批命名的企业进行了重审,省政府决定命名××百油化工公司等128家企业为××省省级重合同守信用企业(见附件一),并继续确认首批命名的117家企业中的112家为省级重合同守信用企业(见附件)。希望被命名的企业总结经验,发扬成绩,更好地依法组织生产经营,不断规范自身的合同行为……为我省国民经济持续、快速、健康发展做出更大贡献。

一九九七年十月十四日

附件:××省省级重合同守信用企业名单(略)

1. 按照完整式标题要求,该文稿标题结构的不规范之处是(　　)
   A. 缺少文种　　　　　　B. 缺少事由
   C. 缺少发文机关　　　　D. 缺少介词
2. 文稿发文字号存在的问题是(　　)
   A. 顺序颠倒　　　　　　B. 发文字号缺项
   C. 发文字号多项　　　　D. 缺少发文顺序号
3. 对照决定文种的写作要求,文稿存在的问题是(　　)
   A. 附件说明位置错误　　B. 语言不贴切
   C. 没有明确命名的企业　D. 行文关系不明确
4. 文稿的成文时间,不规范之处是(　　)
   A. 成文时间没有删除　　B. 成文时间缺项
   C. 成文时间混乱　　　　D. 写法不规范

六、写作题

试根据下述材料,以学校名义拟一处分决定:

某大学秘书系2017级学生张三,入学以来不认真学习,经常旷课,多次打架斗殴。2018年1月5日,张喝醉酒回宿舍开门时,被同宿舍黄四同学不小心撞了一下,张即大打出手,将黄打成轻伤。学校根据《××大学学生纪律处分办法》,决定给予张三留校察看一年的处分。时间从2018年3月1日至2019年3月1日。

第三节 命令(令)

一、命令(令)的适用范围

新《条例》规定,命令(令)适用于"公布行政法规和规章、宣布施行重大强制性措施、批准授予和晋升衔级、嘉奖有关单位和人员"。

二、命令(令)的特点

(一)权威性

按照《中华人民共和国宪法》和《中华人民共和国地方各级人民代表大会和地方各级人民政府组织法》的有关规定,只有国家主席,全国人民代表大会的常务委员会、委员长,国务院和国务院总理,国务院各部委及其部长、主任,县级以上(含县级)地方各级人民政府和各级人民代表大会,才有权力发布命令(令)。虽然命令(令)本身不是法律、法规,但经常是对法律、法规的确认,其内容具有高度的权威性。

(二)强制性

命令(令)是所有公文中最具强制性的下行文种。命令(令)一经发布,受令者必须无条件地服从,绝不允许抵制和违抗,否则就会受到相应的处分和制裁。

(三)庄重性

命令(令)的制定和公布需严格依照法律规定的程序,不能随意制定和发布,更不能朝令夕改。命令(令)的用语需准确、简洁,不得含糊。

三、命令(令)的分类

命令(令)根据适用范围的标准可以分为公布令、行政令、嘉奖令、任免令、批准授予和晋升衔级的命令。

(一) 公布令

公布令是指公布行政法规和规章时使用的一种命令(令)。国家最高行政机关国务院制定的行政法规,国务院各部委根据工作需要在本部门权限范围内制定的行政规章,省、自治区、直辖市和设区的市、自治州的人民政府制定的地方政府规章,由这些机关领导人用命令(令)形式予以发布。

(二) 行政令

各级人民政府处理关系重大的事项或紧急情况(如战争、自然灾害等),为维护国家和人民群众的利益,在必要时需要采取重大的强制性措施。这些措施一般由县级以上(含县级)人民政府或其领导人用行政令宣布施行。

(三) 嘉奖令

嘉奖令是奖励的最高级别,是用于奖励有突出贡献的单位和人员时使用的一种命令(令)。嘉奖令奖励的规格比决定、通报等形式要高,大多为国务院(或与中共中央、全国人大常委会、中央军委联署)采用。

(四) 任免令

任免令是指用于任免重要领导干部职务时使用的一种命令(令)。

(五) 批准授予和晋升衔级的命令

2012 年印发的《党政机关公文处理工作条例》中对命令的适用范围中增加了批准授予和晋升衔级一项,依此规定,命令可用于授予和晋升衔级、授予和撤销部队番号等。

四、命令(令)的结构及写法

命令(令)的结构一般由发文机关标志、令号、正文、签署、成文日期组成。

(一) 发文机关标志

依据2012年印发的《党政机关公文处理工作条例》可知,发文机关标志由发文机关全称加"命令"或"令"字组成,后面不需要再标明标题。

(二) 令号

按照发令机关或发令人在该届任期内所发的命令(令)流水编序号,直至换届再重新编号。命令不再编写发文字号。

(三) 正文

不同种类的命令(令),正文的结构及写法也有所不同。

适用于公布行政法规和规章的公布令,其正文非常简洁明了,一般只用简短的几句话指明行政法规、规章的名称及制定机关、通过或批准的机关、组织或会议的名称、通过或批准的时间、施行日期等。被公布的文件附在公布令的后面。(见例文一)

适用于宣布施行重大强制性措施的行政令,其正文通常情况下主要由三部分构成:一是制定和发布命令的缘由;二是分条列项,指明重大强制性措施的具体内容;三是执行要求,主要说明执行重大强制性措施的办法和其他要求等。此部分也可以省略。(见例文二)

适用于奖励有突出贡献的单位和人员时使用的嘉奖令,其正文内容主要包括三个部分:一是对有关人员的先进、模范事迹的介绍;二是对先进、模范事迹的分析和评价;三是写明嘉奖的主要内容,包括授予荣誉称号或给予其他物质和精神方面的奖励等。

适用于任免重要领导干部职务时使用的任免令,其正文的结构一般比较单一、固定,由任免的依据和被任免者的姓名及所任免的职务构成。批准授予和晋升衔级的命令写法相似。(见例文三)

(四) 落款

命令(令)必须由发文机关负责人正式签署后方能生效和发布,需注明职务、姓名。最后写上成文日期,即机关负责人签署该命令的日期。

五、命令(令)写作时应注意的问题

(一) 使用的必要性

命令(令)只有在必要时才应予以使用,一般情况下尽量少用,能用其他的文种的便尽量不要使用命令(令)。命令(令)具有高度的权威性和庄重性,如果不分情形随意使用,就会降低其权威性和庄重性。因此在进行文种选择时应尤其注意此点。

(二) 行文要果断

命令(令)是强制约束力最高的指挥性公文,其意义和影响重大,要求收文单位必须严格地执行其内容和要求。所以在命令(令)的写作过程中,应当做到词句表达的果断性,坚决避免使用模棱两可的词句,只有这样才能使收文单位和个人领略其要义,义无反顾、无条件地执行。

(三) 表述应简明

命令(令)庄严地代表国家机关的权威,在命令(令)的写作过程中,应力求结构的简约、层次的简化,语言亦要力求简洁,在把事情、要求写清楚、写明白、写透彻的前提下,文字越简越好,不必做出过多的解释和说明。

[例文一] 公布令

中华人民共和国国务院令

第 681 号

《中华人民共和国统计法实施条例》已经 2017 年 4 月 12 日国务院第 168 次常务会议通过,现予公布,自 2017 年 8 月 1 日起施行。

总理 李克强
2017 年 5 月 28 日

[例文二] 行政令

重庆市开州区人民政府森林防火令

第1号

根据《中华人民共和国森林法》《森林防火条例》等有关规定，结合我区实际，特发布森林防火令：

一、森林防火期：自此令发布之日起至2017年5月10日，2017年7月10日至2017年10月10日。

二、森林防火区域：全区所有林区、景区和退耕还林地。

三、在森林防火期内，森林防火区及其边缘100米范围内禁止吸烟、烧荒、烧草、烧秸秆、上坟烧纸、野炊等一切野外用火（包括野外生产性用火）行为。

四、森林防火期内，各林区所在镇乡人民政府（街道办事处）在防火区域的林区入口设立检查哨卡，对进入林区的人员和车辆例行检查，严禁携带火种、火源进入林区。

五、森林防火期内，各相关责任单位必须严格执行24小时值班制度、领导坐班制度、日常巡查制度和每日火情零报告制度。

六、一旦发生森林火灾，任何单位和个人应服从当地政府和森林防火指挥机构的指挥调度，履行扑救森林火灾的义务。属地政府和森林防火指挥机构有权优先使用交通、通信工具和其他扑火物资，必要时经批准可征用公民、法人的上述物资。

七、凡违反上述规定，对直接负责的主管人员和其他直接责任人员严格按照《中华人民共和国森林法》《中华人民共和国治安管理处罚法》和《森林防火条例》等法律法规追究责任，涉嫌犯罪的，依法移送司法机关追究刑事责任。

区长　冉华章
2017年1月5日

[例文三] 任免令

中华人民共和国国务院令

第 678 号

依照《中华人民共和国香港特别行政区基本法》的有关规定,根据香港特别行政区行政长官选举委员会选举产生的人选,任命林郑月娥为中华人民共和国香港特别行政区第五任行政长官,于 2017 年 7 月 1 日就职。

总理 李克强
2017 年 3 月 31 日

练习题

一、判断题

1. 按照常规来说,只有国家最高领导机关及其领导人才能使用命令(令)。(　)

2. 一般行政法规和规章都可以用命令(令)作为载体发布。(　)

3. 中共广东省委、广东省人民政府授予陈观玉同志"广东省学雷锋标兵"称号,可以用命令(令)行文。(　)

4. 虽然命令(令)本身不是法律、法规,但经常是对法律、法规的确认,其内容具有高度的权威性。(　)

5. 嘉奖有突出成就和重大贡献的单位和人员的公文称嘉奖令。(　)

6. 命令(令)可以用于撤销下级机关不适当的决定。(　)

7. 任免令是指用于任免领导干部职务时使用的公文。(　)

8. 全国人大告知有关职务的选举结果,应选用命令(令)的形式予以告知。(　)

二、单选题

1. 适用于发布行政法规和规章的文种是(　)

A. 命令(令)　　　　　　　　B. 决定

C. 通知　　　　　　　　　　D. 指示

2. 在下列选项中,不宜发布命令性文件的单位或个人是(　　)

A. 中华人民共和国主席

B. 全国人民代表大会常务委员会委员长

C. ×市文化局

D. 县人民政府

3. 在拟写命令(令)时,不需要标明的是(　　)

A. 发布机关　　　　　　　B. 主送单位

C. 发布日期　　　　　　　D. 负责人签署

4. 下列哪一项不是命令(令)的特点(　　)

A. 权威性　　　　　　　　B. 庄重性

C. 强制性　　　　　　　　D. 知照性

5. 下列哪一项不是命令(令)的适用范围(　　)

A. 公布行政法规和规章　　B. 宣布施行重大强制性措施

C. 嘉奖有关单位和人员　　D. 对重要事项或重大行动做出安排

三、写作题

驻香港部队某旅特种作战一连聚焦实现党在新形势下的强军目标,按照"三个绝对"铸军魂,围绕"四有"要求育新人,瞄准"世界一流"练精兵,恪守"军纪如铁"树形象,全面建设不断取得新成绩、迈上新台阶,出色完成一系列重大任务,在特殊环境下有效履行了驻军职能使命。为此,中央军委主席习近平签署命令,授予其"香港驻军模范特战连"荣誉称号。请拟写一份嘉奖令,材料不足可自行编写。

第四节　公　　报

一、公报的适用范围

新《条例》规定:公报"适用于公布重要决定或者重大事项"。公报是党和国家领导机关、社会团体和有关业务部门通过新闻手段向国内外公开发布重要决定和重大事件时使用的一种具有指导性、新闻性的公文文种。常用于公布我党、我国政府与外国政党、国家进行的会议和访问等重要外事活动及其达成的协议或共识,可以向国内外告知我国在外交战线上所取得的成就,以显示我国在国际事务中的重要地位。

二、公报的特点

(一) 权威性

公报主要由党和国家高级领导机关或高层政府部门发布,宣布的内容事关重大,代表着党和国家的立场和态度,具有极高的权威性。

(二) 重要性

公报所公布的内容都是党和国家在政治、经济、军事、外交等方面的重大事件或重要事项、重要决定,备受国内外各界人士的密切关注和高度重视,使得这一文种具有很强的庄重性和严肃性,一经发布,即在国内外引起强烈反响。

(三) 新闻性

公报是通过报纸、电台和电视台等新闻媒介向国内外公开发布的,因而也具备新闻的时效性、宣传性等特点,必须遵循新闻的原则要求。为此,"新"是首要因素。所谓"新",一是时间要新,即刚刚发生的事情;二是内容要新,指提供富有新意的事实,一般均是国内外新近发生的有关政治、经济、科研及国际关系等方面的一些重要决定或重大事件。在通常情况下,会议、会谈或者有关事件刚一结束,就要立即发表公报。

三、公报的分类

(一) 会议公报

会议公报是用以报道重要会议或会谈的决定和情报的公报。通常是党和国家领导机关及其他社会组织、团体在重要会议召开之后公布所通过的重要决定的公报。例如《中国共产党第十九届中央委员会第二次全体会议公报》。

(二) 新闻公报

新闻公报是党的高级领导机关以新闻的形式将重大事件向国内外公布的文件。新闻公报可以由党和政府授权或委托国家通讯社郑重宣布某项新闻事实,或者对某项政治事件发表声明。它代表着党和政府的立场、态度、主张。它是在特定场合使用的具有相当政治严肃性的新闻体裁。高层行政机关、部门向人民群众公布重大决策、重要事项或重大措施时有时也沿用此类公报。

(三)联合公报

这是特殊用途的公报,指两个或两个以上的国家、政府、政党就有关重大国际问题、事件的会谈进展、经过、达成的协议等所发表的正式文件,是用以表明双方或多方对同一问题的共同看法的报道,或是经过谈判达成的具有承担权利和义务的协议文书。例如《中华人民共和国和美利坚合众国关于建立外交关系的联合公报》。

四、公报的结构及写法

公报通常由标题、题注、正文三部分组成。联合公报的结构不同,是由标题、正文、签署和成文日期组成。

(一)标题

公报的标题常用写作方法有三种:一是由"会议名称"与"文种"组成,如《中国共产党来宾市第四届委员会第五次全体会议公报》。二是由公报的发布机关、事由与文种组成,如《××统计局关于2017年国民经济与社会发展的统计公报》。三是联合公报,由发表公报的双方或多方国家的简称、事由、文种构成。例如《中华人民共和国和印度尼西亚共和国联合新闻公报》。

(二)题注

将公报的会议名称和日期在标题之下的括号内注明,此类公报文末不再标明发文机关和成文日期。

(三)正文

由于公报的内容与形式的不同,因而对正文的写作方法具有不同的要求。

1. 会议公报

会议公报的正文主要是前言、主体和结尾三部分。前言介绍会议基本情况。包括会议时间、地点、出席人员、主持人、会议议题及主要活动内容等。

主体部分重点介绍会议的主要精神、内容和重要的决议事项。在写法上常把会议内容归纳概括为几个方面,分层分段展开阐述。每层每段的开头,分别用"会议认为""会议指出""会议强调""会议决定"等标志性词语领起,阐述、说明本层本段的内容。

公报会议的结尾通常用"会议号召""全会要求"领起,提出对相关各方的要求和号召,结构上通常是一个段落。语言简洁而富于鼓动性。(见例文)

2. 新闻公报

这类公报包括公报缘由和公报事项两部分。开头要交代制作公报的原因或根据。主体则是公报的具体内容,多采用条文式写明需公布的事项或数据。一般不使用结束语。

3. 联合公报

联合公报是一种具有国际和约性质的公报,它对于公报发布者各方均有一定的约束力。所以,联合公报的写作要求比较严格,即结构尽量完整,条款必须清楚,语言尽可能精确。

这类公报的正文通常由会议概况、议定事项和结尾构成。开头一般用一到两个自然段,概述会议情况,对何方邀请何方于何时进行了正式访问,访问的主要人员,访问期间的会见、会谈、参观情况作简明扼要的介绍。

议定事项是主体部分,要具体反映双方获得了哪些协议,达成了哪些共识,取得了哪些成果。在结构上,常根据内容间的主次关系和内在逻辑来安排层次段落,一层或一段集中反映一个方面的内容。

结尾通常是对主体内容的补充,一般是一到两个自然段,扼要写明本次访谈结果的意义、来访者的感谢和下一步双方领导人互访的意向。

(四)签署及日期

新闻公报和会议公报因标题下有题注而没有此项。联合公报应写明双方签署人的身份、姓名和签署的时间、地点等项内容。

五、公报写作中应注意的问题

(一) 要重点明确、主旨突出

公报的事项重大,内容繁多。因此,在撰写时必须抓住重点,突出行文的主旨。要把写作重点放在对事件的陈述和观点的阐述上,而且要紧扣全文的核心内容来写,切忌令人难得要领。公报常采用"多段式"结构,写作时一定要根据其内在的逻辑联系来安排顺序,以分清主次,不可胡乱堆砌。

(二) 要注意用语的准确性和概括性

公报作为党和国家高级管理机关使用的公文,用以公布重大事件或重要决定,因此,它的用语讲究准确性和概括性。必须用较少的文字涵盖丰富的内容,把客观事实准确无误地传输给读者,要条理清晰,用语庄重严肃。

(三) 要严格把握"内容关"

公报的内容是国内外普遍关注的,要求我们对写入公报的内容必须认真筛选、严格把关。关于党和国家领导机关用来公布重大事件或重要决定的,或是国家统计部门用以公布社会发展和国民经济的重要情况的,可以用公报,除此以外,一般都不能使用公报。

[例文] 会议公报

中国共产党湖南省第十一届纪律检查委员会
第三次全体会议公报

(2018年1月21日中国共产党湖南省第十一届纪律检查委员会
第三次全体会议通过)

中国共产党湖南省第十一届纪律检查委员会第三次全体会议,于2018年1月21日在长沙举行。出席全会的省纪委委员54人,列席 427 人。

省委书记杜家毫出席全会并发表讲话。省委副书记、省长许达哲主持会议。省委常委,省人大、省政府、省政协领导同志出席会议。

全会认真学习习近平新时代中国特色社会主义思想,深入贯彻党的十九大和十九届中央纪委二次全会精神,总结 2017 年纪检监察工作,部署 2018 年任务,审议通过傅奎同志代表省纪委常委会所作的《以习近平新时代中国特色社会主义思想为指导,推动全面从严治党向纵深发展》的工作报告。

全会认为,习近平总书记在十九届中央纪委二次全会上的重要讲话,站在新时代党和国家事业发展全局的高度,深刻阐述党的十九大关于全面从严治党的战略部署,系统总结十八大以来全面从严治党的重要经验,科学分析党面临的风险和挑战,明确提出当前和今后一个时期全面从严治党的总体要求和主要任务,是新时代推进全面从严治党的强大思想武器和行动指南。(略)

全会提出,2018 年工作的总体要求是:牢牢把握全面贯彻落实党的十九大精神这条主线……深化国家监察体制改革,持之以恒正风肃纪,深入推进反腐败斗争,营造风清气正的良好政治生态,建设忠诚干净担当的纪检监察干部队伍,为决胜全面建成小康社会、建设富饶美丽幸福新湖南提供坚强保证。

第一,把党的政治建设摆在首位。(略)

第二,深化国家监察体制改革。(略)

第三,巩固深化专项整治成果。(略)

第四,持之以恒纠"四风"。(略)

第五,发挥巡视巡察利剑作用。(略)

第六,巩固发展反腐败斗争压倒性态势。(略)

第七,推动全面从严治党责任落实。(略)

第八,建设政治过硬、本领高强的纪检监察铁军。(略)

全会号召,全省各级纪检监察机关要更加紧密地团结在以习近平同志为核心的党中央周围,在中央纪委和省委的坚强领导下,不忘初心、牢记使命,一往无前、永不懈怠,为夺取反腐败斗争压倒性胜利而努力奋斗!

练习题

不定项选择题

1. 用以报道重要会议或会谈的决定和情报的公报是(　　　)
   A. 新闻公报　　　　　　B. 会议公报
   C. 联合公报　　　　　　D. 统计公报

2. 公报的适用范围(　　)
   A. 答复下级机关的请示事项
   B. 向国内外宣布重要事项或法定决定
   C. 公布社会各有关方面应当遵守或者周知的事项
   D. 用于公开发布重要决定或者重大事件

3. 会议公报的结构包括(　　　)
   A. 标题　　　　　　　　B. 主送机关
   C. 正文　　　　　　　　D. 成文日期

4. 公报的特点(　　)
   A. 权威性　　　　　　　B. 重要性
   C. 语言表达的通俗性　　D. 新闻性

第五节　公　　告

一、公告的适用范围

新《条例》规定:公告"适用于向国内外宣布重要事项或者法定事项"。所谓重要事项,一是权力机关的重要决策;二是国内外需要周知的事项,包括国内外有重大影响的庆吊礼仪活动。所谓法定指依据法律法规的规定,面向社会广泛告知具有规定性、权威性、约束性的事项。

二、公告的特点

（一）庄严性

公告是一种权威性较高的公文。具体体现在两个方面：一是发文机关级别高，其发文机关仅限于国家最高权力机关、最高党政机关及其工作部门。国家某些机关，如税务局、市场监督管理局、海关、检察院、法院、人民银行、教育部等，也有制发公告的权力。其他基层党政机关、企事业单位、人民团体等组织都无权制发公告。二是内容为重要事项或者法定事项，公告内容具有重大意义，能在国际社会产生一定的政治影响。

（二）公开性

公告具有广泛的告知性，公告内容的传播范围面向全国甚至全世界，其告知范围相当广泛。其发布方式不用红头文件的形式，不在机关内部运行，而全部通过网络、报纸、杂志、电台、电视等新闻媒介公开发布。

（三）及时性

公告的事项是新近发生的、引人关注的，发布公告讲究及时。且一事一公告、准确、简明。

三、公告的分类

根据内容不同，公告分为以下两种：

（一）重要事项公告

此类公告用于向国内外宣布重要的事项。如颁布宪法、选出中央人民政府领导人、公布重要的驻外使节、中国人民解放军陆海空三军演习、公布国家领导人的逝世、答谢国外有关部门和人士对我国重大政治活动的祝贺。总之，是关于政治、经济、军事、法律、科技、文化等方面的重大事项。内容必须是国内外关注的大事，而且是公开的。如《×××同志治丧委员会公告》。

（二）法定事项公告

此类公告用于向国内外公布法定事项。其主要包括根据法律规定必须向社会公布的有关事项。如《中华人民共和国公务员法》第二十八条规定:"录用公务员,应当发布招考公告。招考公告应当载明招考的职位、名额、报考资格条件、报考需要提交的申请材料以及其他报考须知事项。"如《中央机关及其直属机构 2017 年度考试录用公务员公告》。

四、公告与公报的区别

公告与公报都是高级领导机关或授权机关使用的文种,都是用于向国内外发布重大事项的文种,并且两者的发布内容都具有重要性。不同之处在于:

(一) 内容不同

公告用于宣布重大事项或法定事项,其内容一般比较简单、篇幅较短。公报用于发布会议情况、谈判情况、统计情况等,其内容比较详细具体,要写出事件、决定的背景、要点、提出要求、发布号召等。

(二) 语言表达方式不同

公告与公报的内容不同决定了两者语言表达方式不同。公告告知的事项内容单一,篇幅短小,语言简练准确,开门见山,直述意向,不加议论,态度严肃,语气庄重。公报则有严谨的结构、清晰的层次,语气既庄重又热烈,感情较浓重。

(三) 格式不同

公告的标题下可以用编号,而公报没有,一般用题注形式。

五、公告的结构及写法

公告由标题、正文、发文机关和发文日期三部分组成。

(一) 标题

公告的标题有两种不同的构成方式,一是由发文机关、事由与文种名称三个部分组成,这类型的标题属于公文标题的常规形式。如《市场监管总局关于特种设备行政许可有关事项的公告》。二是由发文机关和文种组成,这类型的标题省略了事由。如《中华人民共和国财政部公告》。

若就某一事项连续发几个公告,就在公告标题下标出流水号。同一事项只发一次公告的,则不用序号。

（二）正文

公告正文一般由三部分组成,分别是:公告缘由、公告事项和结语。

1. 公告缘由

主要包括发布公告的根据、目的、意义等。但不是每篇公告开头都写公告缘由,有些公告直接写公告事项。直接以公告事项作为开头,行文简洁、庄重。

2. 公告事项

这是公告的主体部分。每篇公告的内容各不相同,因而主体的构成状况也不同,主体部分可以分条列出,也可以整体贯通。总之,主体部分要求条理清楚、简明正确。

3. 结语

公告的结尾方式一般用"特此公告"的习惯性用语作结语。但这并不是公告结尾的唯一选择,有些公告以一个专门的自然段来写执行要求等作为结尾,也有些公告既不要求写执行要求,也不用"特此公告"的结语,写完公告事项后即完成公告写作。

（三）发文机关和发文日期

公告一般在正文之后署上发文机关的名称和成文时间,成文时间应用阿拉伯数字,年、月、日齐全。

六、公告写作时的注意事项

（一）不随意制发公告

公告发布机关级别高,涉及的内容为重要事项或法定事项,有庄重性,体现着国家发文机关的威严,切忌滥用。现在滥用公告的现象十分严重,车站、码头、商场到处可见,内容五花八门,商品展销、商店开业、房屋拆迁、义务诊断等,用公告行文均属误用。

（二）行文庄重，用语凝练

郑重宣布重要事项或法定事项，语言庄重、严肃、朴实无华，不发议论也不加说明和解释，更不能用渲染性的语言或形容词进行带有感情色彩的夸张描述。（见例文）

[例文]

国家税务总局关于增值税发票开具有关问题的公告

为进一步加强增值税发票管理，保障全面推开营业税改征增值税试点工作顺利实施，保护纳税人合法权益，营造健康公平的税收环境，现将增值税发票开具有关问题公告如下：

一、自2017年7月1日起，购买方为企业的，索取增值税普通发票时，应向销售方提供纳税人识别号或统一社会信用代码；销售方为其开具增值税普通发票时，应在"购买方纳税人识别号"栏填写购买方的纳税人识别号或统一社会信用代码。不符合规定的发票，不得作为税收凭证。

本公告所称企业，包括公司、非公司制企业法人、企业分支机构、个人独资企业、合伙企业和其他企业。

二、销售方开具增值税发票时，发票内容应按照实际销售情况如实开具，不得根据购买方要求填开与实际交易不符的内容。销售方开具发票时，通过销售平台系统与增值税发票税控系统后台对接，导入相关信息开票的，系统导入的开票数据内容应与实际交易相符，如不相符应及时修改完善销售平台系统。

特此公告。

国家税务总局
2017年5月19日

练习题

一、判断题

1. 公告是向国内外宣布重要事项或法定事项时使用的公文。(   )

2. ×公司举行五周年庆典,用公告行文。(   )

3. 公告不以文件形式下发,主要借助大众传媒等进行发布。(   )

4. 公告用来宣布的事项具有重大性,而且在国内外还具有政治影响力。(   )

5. 公告写作时,公告语言要准确、精炼、平实,不发表评论、不抒情。(   )

6. 《××市建筑管理站关于对建筑企业进行资格年审的公告》。(   )

二、多选题

1. 关于公告,以下哪些说法是正确的(   )

A. 公告具有庄严性

B. 发文机关有限制

C. 公告具有广泛的告知性

D. 部分公告写作可省略事由,直接写公告事项

2. 公告的使用范围包括(   )

A. 宣布法定事项　　　　　B. 公布行为规范及要求

C. 宣布重要事项　　　　　D. 公布需要广泛知晓的事项

3. 公告一般包括以下哪些要素(   )

A. 标题　　　　　　　　　B. 签署

C. 主送机关　　　　　　　D. 发文日期

4. 下列公告正确的有(   )

A. 中央机关及其直属机构 2017 年度考试录用公务员公告

B. 国家税务总局关于企业所得税核定征收有关问题的公告

C. 自然资源部关于政务大厅办理行政审批事项的公告

D. 质检总局开展"质量强国网上问计求策活动"公告

5. 公告与公报的不同处主要在于(   )

A. 适用范围不同

B. 内容不同

C. 公告用来向国内外宣布重要事项,公报则不然

D. 制发者的级别不同

6. 下列哪些适用于公告（　　）

A. 宣布全国人民代表大会的召开日期

B. 宣布发行国库券

C. 公布宪法

D. 宣布国家领导人选举结果

第六节　通　　告

一、通告的适用范围

新《条例》规定：通告"适用于在一定范围内公布应当遵守或者周知的事项"。通告属于公布性公文，面向社会各有关方面公开发布。从某种意义上讲，可以说通告是一种公开、直接面向群众的通知。通告的事项在一定的时间、空间领域具有普遍意义。

二、通告的特点

（一）周知性

通告是一定范围内的告知，通告使用的区域限制是十分明显的。可分为以下两种情况：一是通告使用本身的适用区域，有些通告仅适用于一条街、一座桥的管理。如某市人民政府关于某条街道制发的通告，就只适用于这条街的管理，可见其行政效力范围不大。二是发文机关管辖的区域性。如一公安局制发的通告，其不能越出该局所管辖的范围。

（二）约束性

通告往往对某些事项、行为做出规定和限制，需受众遵守。党政机关在自己职权范围内发布的通告，具有一定的强制性和约束力。当然并不是所有的通告都具有约束性，有些通告只是需要人们周知，并无规定性内容。

三、通告的分类

（一）规定性通告

规定应当遵守和执行的事项,要求人们遵守某些行为准则或禁止人们某些行为,其法规性与政策性意义都比较强,具有强制性和约束力。如《××县人民政府关于在高考期间禁止燃放烟花爆竹的通告》。

（二）周知性通告

公布应当周知的事项,这类通告主要起晓谕、知照的作用,不具有强制性和惩处意义。如《××县交通局关于调整公交线站点的通告》。

四、通告与公告的区别

根据新《条例》规定,公告适用于向国内外宣布重要事项或者法定事项;通告适用于在一定范围内公布应当遵守或周知的事项。公告与通告具有许多相似的地方：二者都是党政机关法定公文中的重要文种;二者都是面向社会公开发布;二者的内容都具有知照性、晓谕性和公布性等特点。因此要充分了解公告与通告的区别,才不会在写作过程中出现混淆。公告与通告的区别主要体现在以下几方面：

（一）发布目的不同

公告是向国内外宣布重要事项或者法定事项,公告的主要任务是宣布事项,以告知为目的,多数公告并没有强制要求执行其事项。而通告则不一样,通告是在一定范围内公布应当遵守或者周知的事项,多数通告的目的不仅仅是告知,还要求有关人员遵守或执行通告事项。

（二）发文内容不同

公告与通告发文内容的不同主要体现在所告知事项的影响力上,公告事项的影响力远远大于通告。公告所告知的事项重要性突出、分量大,为国内外所关注。而通告的事项一般为普通事项,其在国内外影响力不如公告。

（三）发文范围不同

公告是面向国内外宣告事项,发布范围不只在国内,还面向全世界。比如,关于国家重要领导岗位的换届选举或国家军事演习的公告,这些都是国内外关注的焦点,其发布范围波及全世界。通告是在面向全国公布事项,其范围仅限于本国。因此,通告的发布范围明显小于公告。

(四) 发文机关不同

公告所告知的事项明显比通告重要得多,由于告知内容的重要性不同,因而两者的发文机关也有所不同。公告的事项特别重大,具有庄重性,且告知范围广,所以其制发机关也相应要求有较高权限,多为党和国家的上层机关,基层单位则无权发布公告,但是特殊部门,比如新华社、海关等可经由授权发布。通告的发文机关上至国家最高行政机关国务院,下至基层行政单位,甚至社会团体、企事业单位在自己权限范围内均可制发通告。

(五) 发布形式不同

公告的发布主要是以大众传媒为主,一般不采用红头文件,而是通过网络、电视、广播、报刊等方式发布。通告因其发布范围相对较小,所以常采用更引起相关人士注意的形式发布,一般有公开张贴、悬挂、下发等告知形式。

(六) 发布时间不同

公告的事项大都是已经发生,具有很强的告知性,多是事后告知。通告多用于事前制定某些规定或提出某些要求,让有关方面遵守、执行,因而多是事前的告知。

五、通告的结构及写法

通告由标题、正文、发文机关署名和成文日期几部分组成。通告是泛行文,是面对普通公众的告知,所以不标明主送机关。

(一) 标题

通告的标题有两种形式。一是常见的三要素标题,由发文机关、事由、文种三要素组成。如《卫生部关于终止实施"中国糖尿病综合防治计划"项目的通告》。二是省略事由的标题,由发文机关、文种两部分组成。如《重庆市公安局通告》。

(二) 正文

通告的正文一般包括通告缘由、通告事项、结语三部分。

1. 通告缘由

阐明发文的原因或目的意义,如属法规政策性通告,要写清楚法律依据。要求写得简明扼要,不需要太多赘言。用"特通告如下"过渡语领起下文。

2. 通告事项

正文的主体部分——内容较多的,采用分条列项式行文,要求写得明确、肯定,注意条理性和严密性;内容较简单,则可用概述式行文,一气呵成,用一个自然段表述。此部分写作直截了当,不议论、不评述。内容集中突出,事项明确具体,提倡什么、反对什么,态度鲜明。切忌事项和要求写得抽象笼统使公众不得要领,无所适从。

3. 结语

有几种写法:一是提出希望、要求,如"以上各点,希遵照执行";二是指出实施时间,如"本通告自发布之日起执行";三是提出奖惩要求,如"对有功单位和人员,给予表扬、奖励","对违反本通告者,将依法严惩";四是以"特此通告"惯用语收束,为避免重复,首段如有过渡语"特通告如下",则结尾惯用语可省略,正文主体部分完了自然收束,也可以将结尾部分作为事项部分的最后一条。

(三) 落款

通告在正文之后署上发文机关的名称和成文时间,成文时间应用阿拉伯数字,年、月、日齐全。

六、通告的写作要求

(一) 正确使用文种

实践中,在撰写通告与公告、通告与通知时经常发生混淆,应注意不同文种不同的使用范围。另外,需要强调的是通告属于正式公文,应注意维护其严肃性。有些事项,如迁移、挂失、更改电话号码等可用

"启事"来周知。还有些事项,如电影、戏剧、比赛、文艺演出等活动的告知可用"海报",应避免使用通告。

(二) 行文合法有据

通告的发布及其具体的规定条文必须以有关法律、法规、政策为依据,并在发文机关的权限范围内,不得滥用职权,随意制定、发布"土政策",也不得超越职权范围行文。

(三) 行文简洁,语言通俗易懂

通告以公布政策、传达信息为主要目的,为方便民众阅读,行文需要精简清晰,篇幅以短小为宜。此外,与其他公文比较,通告的阅读者较为广泛,通告对象的层次也较为复杂,多数为普通社会公众。因此通告的语言要求简明通畅、通俗易懂,少用专业术语,多用大众语言,便于公众理解。

[例文] 规定性通告

深圳市公共交通管理局关于规范网络预约
出租汽车经营服务的通告

为规范网络预约出租汽车(以下简称网约车)经营行为,保障运营安全和乘客合法权益,依据《深圳市网络预约出租汽车经营服务管理暂行办法》有关规定,现将有关事项通告如下:

一、截至6月5日,已有首汽约车、神州专车、滴滴出行、飞嘀打车等4家平台公司取得了在我市从事网约车服务的经营资质。

二、为切实推动市场规范发展、维护自身合法权益、确保出行安全,未在我市取得"网络预约出租汽车经营许可证"的网约车经营者,不得在本市行政区域内开展网约车相关业务;驾驶员及车辆不得选择未取得我市许可的网约车平台进行注册;乘坐网约车出行的乘客应主动选择具有合法经营资质的平台公司、车辆和驾驶员。

三、已在本市从事网约车经营服务的车辆和驾驶员,应当于2017年6月27日前取得"网络预约出租汽车运输证"和"网络预约出租汽车驾驶员证"。逾期未取得相应许可的网约车车辆和驾驶员,应当于2017年6月28日起,停止在本市行政区域内从事相关业务和服务。

深圳市公共交通管理局
2017年6月8日

练习题

一、判断题

1. 所有通告的标题都必须是三要素齐全,由发文单位+事由+文种构成。(　　)

2. 写作通告应符合政策法规,但更要从实际出发,考虑到老百姓能不能接受。(　　)

3. 通告要按格式撰写。某通告在缘由部分的结尾处用引领句"特通告如下"引起下文;在正文之后写"特此通告"结尾。这是规范的通告格式。(　　)

4. 通告系普发性公文,多用张贴形式,不必写主送机关。(　　)

二、单选题

1. 通告是国家机关、社会团体、企事业单位使用较广泛的一种(　　)

　A. 指挥性文书　　　　　　　B. 报请性文书

　C. 告知性文书　　　　　　　D. 规范性文书

2. 某省税务局要开展年度税务登记验证和一般纳税人年审工作,要将此事告知社会,宜用(　　)

　A. 通报　　　　　　　　　　B. 通知

　C. 通告　　　　　　　　　　D. 公告

3. 通告的主要特点是(　　)

　A. 具有知照性与约束力　　　B. 具有法定权威性与执行性

　C. 具有专业性　　　　　　　D. 具有明确的针对性

4. 有关通告的写作要求,错误的说法是(　　)

　A. 要求写明制发通告的根据、目的与通告事项

　B. 通告必须符合国家方针政策与法律法规的要求

　C. 通告的内容必须广泛周知

　D. 文字表达简明易懂,便于阅读和理解

三、多选题

1. 通告按其用法可分为（　　）等几种
   A. 事务性通告　　　　　　　　B. 规定性通告
   C. 周知性通告　　　　　　　　D. 决策性通告

2. 下列哪几点说明了公告与通告的区别（　　）
   A. 公告的制发者比通告制发者的面窄，级别比通告的高
   B. 公告告知范围广，面向国内外；通告告知的范围限于局部，面向社会的某一方面，范围比较小
   C. 公告、通告发布形式不完全相同
   D. 公告内容的重要性大于通告

3. 公告与通告的相同之处在于（　　）
   A. 都是用于公开发布信息　　　B. 都是告知性文种
   C. 都可以以文件的形式发布　　D. 都是党政机关常用的文种

4. 通告的结构包括标题、（　　）、发布日期等部分。
   A. 主送机关　　　　　　　　　B. 正文
   C. 结尾语　　　　　　　　　　D. 发文机关名称

5. 下列事项中，可用通告行文的有（　　）
   A. ××市财政局拟行文召开各区、县财政局局长会议
   B. 中国人民银行告知关于国家货币出入境限额
   C. ××县税务局将告知纳税人限期到指定地点进行纳税登记
   D. ××市城管委告知公众二环路东三段占道房屋拆迁事项

6. 下列标题中，正确的是（　　）
   A. ××市公安局关于严厉打击刑事犯罪活动的通告
   B. 广州市电信公司关于海珠区电信分公司割接开通的通告
   C. ××市教育局关于召开全市教育工作会议的通告
   D. ××市城管委关于严禁占道经营的通告

四、指出下列公文中的错误，并说明理由

公　　告

为了贯彻我市城市建设总体规划，完成我市人民政府下达给我区的向阳路扩建任务，并保证于我市成立××周年前顺利竣工，特公告如下：

一、向阳路扩建范围内的所有单位、商店、个体摊贩、公共汽车站、停车场、邮

亭,以及所有居民,限定在一七年二月十四日前搬迁完毕。

二、所有搬迁单位、居民应按区人民政府的统一安排执行。个体摊贩一律迁往和平农贸市场摆摊。

三、从二月十三日起,向阳路禁止车辆、行人通行,以保证安全施工。

四、所有搬迁单位和居民必须按此公告执行。借故不按时搬迁者,后果自负。

××区人民政府

××区城建局

××区公安分局

二○一七年一月四日

五、指出下列公文的错误

通　告

本渡口是××河上的重要渡口之一,过往车辆、行人很多,等候时间往往较长。为了减少等船时间,加强渡口管理,特作如下规定:

一、不准携带易燃、易爆、腐蚀性强的物品上船。违反规定擅自携带上船,被查出者,没收所带物品,并酌情予以五十元至二百元罚款。

二、凡需乘渡船过河者必须购票,机动车每辆五元,非机动车每辆三元,行人每位一元(儿童免票)。不买票者不得乘船。

三、乘客必须听从工作人员指挥,按顺序上下船。各种车辆要按指定位置停放,以保证渡船安全。

四、凡牵引牲畜过渡,到指定仓位,并购票,每头(只、匹)二元。放在筐、篮等容器内的家禽、仔猪等以筐计算,每筐一元。

五、渡船开动后,乘船者不要来回走动,机动车必须熄火,牲畜必须有人看守。

六、违反规定或者在船上无理取闹、不听指挥、妨碍渡船正常航行者重罚,情节严重的扭送公安机关,依法惩处。

七、乘船者必须爱护渡船及其设备,损坏要赔偿。

河渡口管理处

二○一七年五月八日

六、写作训练

第六届"桃李杯"马拉松赛将于 2018 年 9 月 15 日上午 8 时至下午 1 时在某市举行。为保证赛事的顺利进行,对环城路、江滨路、诗书南路、教育北路、桃园中路实行交通管制,除警备车、救护车、消防车、工程保险车外,禁止其他机动车辆通行。试据此信息,代某市公安局拟一份通告。

第七节 意 见

一、意见的适用范围

新《条例》规定:意见"适用于对重要问题提出见解和处理办法"。对于各级党政机关来说,意见的涵盖面是很广的。需用意见发文的事项大体包括以下几方面:一是为统一思想、统一认识,上级机关对有关党和国家的大政方针、治国方略、外交事宜等重要问题发表见解;二是针对突发事件或带有倾向性的问题,包括政治思想、经济运行、国家安全等问题,向下级提出见解和处理办法;三是针对某项工作或局部性问题提出见解和处理办法;四是针对工作中所出现的新情况、新问题提出带有指导性的意见等。

二、意见的特点

(一)灵活性

意见的灵活性体现在可上行、下行和平行。它可用于上级机关对下级机关提出一些指导性、规定性的意见。表明政策主张,做出工作计划与安排,阐明工作原则、步骤、方法和要求。作为下行文,文中贯彻执行有明确要求的,下级机关应遵照执行;无明确要求的,下级机关可参照执行。作为上行文,它也可用于下级机关向上级机关提出一些建议和参考意见。此时,应按请示性公文的程序和要求办理,所提意见如涉及其他部门职权范围内的事项,主办部门应当主动与有关部门协商,取得一致意见后方可行文,如有分歧,主办部门的主要负责人应当出面协调。仍不能取得一致时,主办部门可以列明理据,提出建设性意见,并与有关部门会签后报请上级机关决定。上级机关应当对下级机关报送的意见做出处理或给予答复。同时,它可平行,提出的意见供对方参考。这仅限于职能部门之间的相互行文,上级党政部门与下级政府、党委之间一般不用。

(二)参考性

意见从总体上来看具有参考性的特点。作为下行文的意见,它虽有很强的指导性,但并非绝对的指令性文种,下级机关对有关事项要落实执行,却可做到参照执行,有些具体做法可灵活处理。意见的这个特点使其与决定、通知区别开来。决定具有重要性、权威性,指令性更强,通知也具有指令性。意见虽有指导性特点,但意见带有弹性,主要是针对行政事务中带有难点性质的问题,往往是出现了新情况、新问题而经验不足、条件尚不成熟时的行文意见,故其内容有指导性、选择性、灵活性。下级机关对有关事项的落实执行,可做到参照执行,具体做法可灵活处理。结尾通常是"以上意见,请结合实际情况贯彻执行"。

三、意见的分类

(一)指导性意见

这类意见通常是党政机关向下属单位传达指示、布置工作时使用。其内容多是阐明原则、方法,提出执行要求,做出工作安排。(见例文一)注重原则性和灵活性结合、规定性和变通性相结合,为下级机关(单位)执行文件留有一定的创新余地,当部署工作不宜用决定、命令、通知时可使用这类意见行文。如教育部等五部门《关于加强义务教育阶段农村留守儿童关爱和教育工作的意见》。

(二)参考性意见

这类意见主要是向上级领导提出某项或某方面工作的意见、建议,向上级献计献策,目的是供上级机关决策时参考。参考性意见主要是上行文,也可以平行,供平级或不相隶属机关处理某些重要问题时做参考。如《××教育厅关于今年我省治理中小学乱收费问题的意见》。

(三) 请批性意见

下级机关或职能部门就开展和推动某方面的工作提出初步设想和打算,基于权限无权要求有关单位执行,呈送给上级审阅后,请求上级机关予以批示或批转。此类意见一经上级机关批转就体现了上级机关的意志,文件中提出见解和处理办法能在更大范围内得以执行。如:××省文化厅、××省公安厅、××省工商局联合行文《关于进一步加强网吧管理工作的意见》,希望能在全省范围内实施。但因职能部门不得向下级党委、政府发布指令性公文或者在公文中向下级党委、政府提出指令性要求,所以请求省人民政府予以批转。文件中提出的措施就代表省政府意见,各市、县人民政府以及省政府各职能部门应当执行。(见例文二)

另外,根据行文方向,还可将意见分为上行文意见、下行文意见和平行文意见三种。

四、意见的结构及写法

意见由标题、主送机关、正文、发文机关署名和成文日期几部分组成。

(一) 标题

意见的标题一般用三要素标题,由发文机关、事由、文种组成。根据行文的需要,可以在文种前加上"几点""若干"等说明性的文字。例如《建设部关于深化工程勘察设计体制改革和加强管理的几点意见》。

(二) 主送机关

下行文意见的主送机关、收文机关较多,应当使用全称或规范化简称、统称。上行文意见的主送机关一般只有一个。

(三) 正文

正文一般包括:发文缘由、意见的主要内容、结语。

1. 发文缘由

发文缘由即回答为什么要提出意见,主要介绍提出意见的背景、依据、目的、意义等内容。意见的缘由写作要目的明确、理由充分。无论上报建议还是下发指导性意见，都应充分阐明其必要性及政策、法律依据。然后用"现提出如下意见"过渡，引出下文。

2. 意见的主要内容

这是意见的核心，是对有关问题或某项工作提出见解、建议或解决办法。内容涵盖量大，多采用条文式结构。写作时要注意原则性内容与规范性内容结合起来。既提出总的、原则性要求，又有明确、具体、便于实际操作的措施和办法。

3. 结语

指导性意见的结尾通常要提出执行要求，通常为"以上意见，请结合实际情况贯彻执行"。也可以没有结语，自然结束正文。参考性意见的结语通常是"以上意见，请审阅""以上意见，请予考虑"。请批性意见结语通常是"以上意见如无不妥，请批转各地各有关单位执行"。

（四）落款

在正文之后署上发文机关的名称和成文时间，成文时间应用阿拉伯数字，年、月、日齐全。

五、意见的写作要求

（一）注意与相关文种的区别

意见的多向性使其用途广泛，这些用途与其他公文的用途有相近之处，但这不表明它们可以相互替代。下行文的意见不同于通知。通知具有更强的指导性，通知事项要求遵照执行。而意见则带有弹性，往往是出现了新情况、新问题而经验尚不足时使用。所以意见具有灵活性、选择性，允许各收文机关根据实际情况，在政策允许的范围内机动地加以运用。上行文的意见也不同于报告。意见上行时，与报告的相同之处是具有"报阅性"。但是，意见与报告的分工不同。报告的职能是向上级机关汇报工作、反映情况和答复上级机关的询问。虽然在向上级汇报工作时也会提出意见或建议，但这并不是其主要内容，报告最主要的特征是陈述性，主要目的是让上级知晓。而意见上行时则只提出见解和处理办法,目的在于供上级决策参考。

(二) 不同的行文方向,注意不同的语气

指导性意见提出工作措施要求,可用指令性语气。参考性意见多送上级机关,强调用语尊重,语气要谦和、客观。请批性意见虽然是上行文,但其行文目的是请上级批转给有关方面执行,因而其具体意见事项部分不能用祈请的言辞。

[例文一] 指导性意见

国务院办公厅关于加快推进"多证合一"改革的指导意见

各省、自治区、直辖市人民政府,国务院各部委、各直属机构:

"五证合一""两证整合"登记制度改革的相继实施有效提升了政府行政服务效率,降低了市场主体创设的制度性交易成本,激发了市场活力和社会创新力,但目前仍然存在各类证照数量过多、"准入不准营"、简政放权措施协同配套不够等问题。为进一步优化营商环境,经国务院同意,现就加快推进"多证合一"改革提出以下意见。

一、统一思想,充分认识推行改革的重要意义(略)

二、认真梳理涉企证照事项,全面实行"多证合一"(略)

三、深化信息共享和业务协同,简化企业准入手续(略)

四、完善工作流程,做好改革衔接过渡(略)

五、推进"互联网+政务服务",不断提高服务效率(略)

六、加强事中事后监管,促进服务效能提升(略)

七、推进"一照一码"营业执照广泛应用,推动改革落地(略)

八、强化中央和地方联动,统筹稳妥推进改革(略)

九、完善配套制度和政策,确保改革于法有据(略)

十、加强窗口建设,做好人员、设施、经费保障(略)

十一、加强督查考核,完善激励机制(略)

国务院办公厅
2017年5月5日

[例文二] 请批性意见

关于全面实行村级订阅报刊费用限额制的意见

省人民政府：

根据《国务院办公厅转发农业部等部门关于2002年减轻农民负担工作意见的通知》(国办发〔2002〕10号)精神，结合我省实际情况，现对我省全面贯彻实行村级订阅报刊费用限额制提出如下意见：

一、村级集体订阅报刊费用的限额为：村集体年经济纯收入在10万元(含10万元)以下的，一年内订阅报刊的费用不得突破1500元，其中集体年经济纯收入在3万元以下的村，订阅报刊的费用不得突破1000元；村集体年经济纯收入在10万元至20万元(含20万元)的，一年内订阅报刊的费用不得突破25000元；村集体年经济纯收入超过20万元的，一年内在订阅报刊费用2500元的基础上，可按自愿、实用的原则订阅报刊，但所增加的订阅费用不得超过村集体年经济纯收入的0.5%。

二、实行村级订阅报刊费用限额制度后，村集体经济组织必须确保《人民日报》《求是》杂志以及省委机关报(《南方日报》)的订阅。对其他报纸、杂志，各地及有关部门不得以任何形式、任何名义向农村下达征订任务，搞层层摊派，不得将报刊征订作为工作考核内容。凡违反规定的，将依照有关规定追究当事人和有关领导的责任；情节严重的依照有关管理规定给予处罚。

以上意见如无不妥，请批转各地和各有关部门执行。

广东省农业厅
广东省人民政府纠正行业不正之风办公室
2002年8月13日

练习题

一、判断题

1. 意见可以上行,也可以平行、下行。（　　）
2. 意见作为上行文时,应按请示性公文的程序和要求办理。上级机关应当对下级机关报送的"意见"做出处理或给予答复。（　　）
3. 处理日常工作中的一般事务性问题,不宜使用"意见"这一文种。（　　）

二、不定项选择题

1. 以下对意见处理正确的是（　　）
   A. 上级机关应当对下级机关报送的意见做出处理或答复
   B. 下级机关对上级机关提出意见,文中对贯彻执行有明确要求的,下级机关应遵照执行;无明确要求的,下级机关可参照执行
   C. 平级和不相隶属机关提出的意见,供收文机关参考
   D. 对意见都要按报告性公文的程序和要求办理

2. 意见分为（　　）三种
   A. 要求下级贯彻执行的意见
   B. 请求上级批转的意见
   C. 供平级或不相隶属机关参考的意见
   D. 对重要问题提出见解和处理办法的意见

3. 意见适用于对重要问题提出见解和处理办法。在其正文的主体事项部分要把对问题的见解或处理办法具体明确地表达出来。由此可见其特点为（　　）
   A. 具有指令性　　　　　　　　B. 具有指导性
   C. 具有强制性　　　　　　　　D. 具有广泛性

4. 下列结语中,可用于请批性建议意见的是（　　）
   A. 以上意见供领导决策参考
   B. 以上意见,请结合实际情况贯彻执行
   C. 以上意见如无不妥,请批转各地执行
   D. 以上意见请审阅

三、写作训练

假定你是某街道办事处的一名工作人员,请根据实际情况,拟写一份《×街道办事处关于改进老年人服务工作的指导意见》。（500字左右）

第八节 通　　知

一、通知的适用范围

新《条例》规定：通知"适用于发布、传达要求下级机关执行和有关单位周知或者执行的事项，批转、转发公文"。通知是最常用的党政公文。

二、通知的特点

（一）广泛性

通知是各级党政机关、社会团体和企事业单位使用频率最高的文种，不受发文机关级别的限制，通知的作者范围十分广泛。通知主要是下行文，有时同级或不相隶属的机关之间需要知照某些事项时，也作为平行文使用。

（二）晓谕性

晓即告知，谕即指示。通知具有两大功能：其一是周知性功能，通知用于传递信息，是各单位交流沟通的重要工具。其二是指导性功能，上级机关在制发的通知中阐明工作原则，提出具体工作要求，有关单位应遵照执行。应该说，凡通知都有周知的功能，但每种通知，其上述两种功能的侧重点是不同的。有些通知，纯粹用于告知事项。有些通知，在告知事项时兼有指导的功能。

（三）特定性

通知的收文对象是特定的，是向特定收文对象告知或转达有关事项。这一点是通知与通告最主要的区别。通告也具有告知性，但没有特定的主送单位，收文单位有不确定性，可以面向单位，也可以面向公众个人。通告的事项具有普遍意义，而通知的事项只局限于收文机关知照或执行。

三、通知的分类

根据新《条例》的规定，从内容、性质上，通知可以划分为：

（一）发布性通知

发布性通知用于党政机关公开发布规范性文件。党政机关发布对某一领域范围内具有普遍约束力的文件时，应当遵照制发程序，文件公开发布后才能生效。此时应用通知来发布。例如：《党政机关公文处理工作条例》，是为了适应中国共产党机关和国家行政机关的工作需要，推进党政机关公文处理工作的科学化、制度化、规范化而制定的规范性文件。2012年4月16日，通过《中共中央办公厅 国务院办公厅关于印发〈党政机关公文处理工作条例〉的通知》下发到全国各级党政机关，并于2012年7月1日起施行。需要注意的是，行政法规、规章的公布要用命令。这也是公布令和发布性通知的不同。[①]

（二）指示性通知

指示性通知又称指挥性通知，主要用于向下级机关布置工作、做出指示，要求收文者认真贯彻执行。应注意指示性通知与决定的区别：决定适用于对重要事项做出决策和部署，具有权威性和严肃性；而一般工作的安排则用通知，即二者部署的工作的重要性是不同的，相应的指令性也不同。例如：关于加强食品安全工作，国务院用决定行文；关于开展可移动文物普查，国务院则用通知行文。

（三）事务性通知

事务性通知是告知性通知，需要下级机关或有关单位知悉某一事项时适用此类通知。事务性通知主要用于机构的设立与变动、印章的启用、召开会议、安排活动等方面。人事任免也用此类通知。例如《教育部办公厅关于公布首批全国中小学心理健康教育示范区名单的通知》。

[①] 应注意行政法规、规章、规范性文件的区别。行政法规由国务院制定，规章由国务院各部、委，省、自治区、直辖市政府和"设区的市、自治州"的人民政府制定。这二者都属于广义的法律的范畴。狭义的规范性文件是指各级机关在职权范围内依法制定的具有普遍约束力的非立法性文件。

（四）批转（转发）性通知

批转性通知用于批转下级机关公文。领导机关认为所属部门在主管或归口管理的业务活动中所确定的重要的行政措施,需要有关部门或下级机关贯彻执行的,用批转性通知。此时,下级机关的公文所揭示的问题有普遍性,所提出的办法对本系统、本部门范围的工作有一定的指导意义。为使之带动全局,上级机关可加上批语转发到所辖系统和部门,下级机关呈送的公文就上升为本机关的施政内容。如《国务院批转国家发展改革委关于2017年深化经济体制改革重点工作意见的通知》,《关于2017年深化经济体制改革重点工作的意见》由国务院下属部门国家发改委拟定。

转发性通知用于转发上级和不相隶属机关的公文。转发机关不受等级制约。无论是上级机关还是不相隶属机关的公文,如对本地区、本机关、本部门或本系统有指导意义和借鉴意义都可以转发。有些上级机关、同级机关和不相隶属机关的公文对所属单位或部门的工作有不同程度的指导意义,但党政机关是一级领导一级的,如果不加转发,下级机关明知这些文件的可行性也不能执行。下级机关为了充分发挥这些文件的指导作用,往往写一个转发性通知,将这些文件发到所属各级机关。例如:《广东省人民政府办公厅转发省教育厅等部门关于做好进城务工人员随迁子女接受义务教育后在我省参加升学考试工作意见的通知》。《关于做好进城务工人员随迁子女接受义务教育后在我省参加升学考试工作的意见》由广东省教育厅、发展改革委、公安厅、人力资源社会保障厅制定,省办公厅与这四个部门属于平级,所以用转发性通知。

四、通知与通告的区别

通告与通知都是告知性的公文,都具约束性。但二者有明显区别,主要体现在以下几个方面:

（一）适用范围不同

新《条例》规定:通告"适用于在一定范围内公布应当遵守或者周

知的事项"。通知"适用于发布、传达要求下级机关执行和有关单位周知或者执行的事项,批转、转发公文"。由此可知,二者各有自己的适用范围,作用是不同的。

(二)告知对象不同

这是二者最明显的区别。通告的对象是外部组织和社会公众,通知的对象是机关。通告发文机关与收文机关之间为职能关系,不存在领导与被领导的隶属关系,而只存在管理与被管理的关系。通知的发文机关与收文机关之间一般存在领导与被领导的关系,或业务上的指导与被指导关系。

(三)结构及写法不同

通告是在一定范围内告知,不标明主送机关。通知是上级对下级的告知,或有明确收文单位的告知,应当标明主送机关,即使通知的收文机关较多,也应当标明所有收文机关全称或规范化简称、统称,不能疏漏。

五、通知的结构及写法

各类通知均由标题、主送机关、正文、落款几部分组成。

(一)标题

通知的标题由发文机关、事由、文种三要素组成。如《国务院办公厅关于调整辽宁丹东鸭绿江口湿地等4处国家级自然保护区的通知》。如果是多个部门联合行文,省略发文机关,用两要素标题。另外,根据行文的需要,可在通知标题的文种"通知"前加上"紧急""补充""联合"等说明性文字。如《国务院办公厅关于进一步严格征地拆迁管理工作切实维护群众合法权益的紧急通知》《陕西省教育厅关于开展全省义务教育课程改革成果展评活动的补充通知》,全国妇联、中央文明办、共青团中央等八个单位发布的《关于庆祝2017年"六一"国际儿童节的联合通知》。

批转(转发)性通知、发布性通知标题的写法需特别注意。被批转(转发)的公文不是通知时,标题为"发文机关+批转(转发)+被批转

(转发)的公文标题+通知"。如《国务院批转国家发展改革委关于2017年深化经济体制改革重点工作意见的通知》。被批转(转发)的公文是多个单位联合制发的,标题中只写主办机关名称,后加上"等部门"字样。如《国务院办公厅转发教育部等部门关于进一步加强学校体育工作若干意见的通知》,其中被转发的公文是《关于进一步加强学校体育工作的若干意见》,由教育部、发展改革委、财政部、体育总局四部门联合发布,教育部是主办机关。被批转(转发)的公文本身是通知时,标题为"发文机关+批转(转发)+被批转(转发)的公文事由+通知",如《重庆市人民政府办公厅转发市统计局等部门关于开展重庆市保障性安居工程统计工作的通知》。如转发层次较多时,可直接转发最高一级的文件。避免出现《××市××局关于转发省××厅关于转发××部关于在……期间开展……活动的通知的通知的通知》。如教育部就做好学校稳定工作下发了一个通知,某省教育厅转发后,某市教育局转发,某学校又需转发,这时就可直接将标题拟制为《××学校转发教育部关于做好学校稳定工作的通知》。

(二)主送机关

通知的主送机关即要求对通知事项应知悉或予以办理、执行的收文机关。通知都应写明主送机关。通常通知的收文机关较多,应当使用全称或规范化简称、统称,不能疏漏。

(三)正文

不同通知正文写法有所不同。

1. 发布性通知

发布性通知的正文比较简单,篇幅短小。一般由发布对象、发布决定和执行要求三部分组成。执行要求部分通常有两种。一种很简要,一句话"请遵照执行"。另一种则根据文件内容,提出贯彻执行的措施和具体要求。需要注意的是制作发布性通知时,被印发的公文包括计划、方案、工作制度、纲要等,放在通知的成文日期之后、版记之前,是本通知公文整体的有机组成部分,不能注明是附件。(见例文一)

2. 指示性通知

指示性通知的正文通常由三部分组成:通知缘由、通知事项、结语。

通知缘由应简明扼要,通常包括发文的背景、原因、目的、意义及行文依据,段末常用"现将有关事项通知如下""特通知如下"等过渡语承上启下。

通知事项是主体部分,要写明指示或工作部署内容,包括工作原则、要求、具体措施、工作中的注意事项等。写法上采用条列式,分条列项表述,一般用主题句领先,而后展开内容。

通知结语提出希望和执行要求,有的则写明将执行情况按规定时间上报发文机关等内容。常用的结束语有:"以上通知请认真执行""特此通知,望遵照执行"等。如果在主体部分已阐明执行要求的,则意尽言止,不必再专门写结束语。(见例文二)

3. 事务性通知

事务性通知由通知缘由、通知事项、结尾三部分组成。

通知缘由写发通知的原因、目的或依据,不做分析,比指示性通知的第一部分更直接简约。通知事项,告知收文机关需要了解、知晓的事项,如果内容较复杂可分段列项来撰写。结尾一般以"特此通知"等专用结语,也可以没有结尾。(见例文三)

4. 批转(转发)性通知

批转(转发)性通知写法与发布性通知很相似,只是发布性通知印发的是本单位制定的规范性文件。而批转(转发)性通知用于批转(转发)其他单位的文件。其正文一般由被批转(转发)对象、发布决定和执行要求三部分组成。执行要求部分可以是一句话"请认真贯彻执行",也可以结合机关情况作补充性规定。

注意此类通知由正文和被批转(转发)的文件两部分组成,被批转(转发)的文件仍属于正件,而不是附件。(见例文四)

(四)落款

通知在正文之后署上发文机关的名称和成文时间,成文时间应用阿拉伯数字,年、月、日齐全。

[例文一] 发布性通知

中共中央办公厅　国务院办公厅
关于印发《党政机关公文处理工作条例》的通知

各省、自治区、直辖市党委和人民政府,中央和国家机关各部委,解放军各总部、各大单位,各人民团体:

《党政机关公文处理工作条例》已经党中央、国务院同意,现印发给你们,请遵照执行。

中共中央办公厅
国务院办公厅
2012年4月16日

[例文二] 指示性通知

重庆市卫生和计划生育委员会办公室关于加强
人感染H7N9疫情防控工作的紧急通知

各区县(自治县)卫生计生委、两江新区社发局、万盛经开区卫生计生局,各委属(代管)单位,第三军医大学各附属医院、解放军324医院、武警重庆市总队医院,大型企事业单位职工医院:

近期,四川、湖北省等周边邻近省相继发现人感染H7N9病毒病例,重庆市合川区、潼南区在部分养鸡场、外环境中也陆续检出多份H7N9流感病毒阳性标本。市疾控专家经过研判分析认为,2、3月份发生本地人感染H7N9的风险很高。市委、市政府领导对H7N9防控工作高度重视,多次做出重要批示。为进一步贯彻落实市领导批示精神,切实做好全市人感染H7N9疫情防控工作,经委领导同意,现将有关事项紧急通知如下,请严格遵照执行。

一、加强组织领导。（略）

二、加强医疗救治。（略）

三、加强疫情监测。（略）

四、加强应急保障。（略）

五、加强技术培训。（略）

六、加强协调联动。（略）

七、加强应急处置。（略）

八、加强督促指导。（略）

九、统一宣传口径。（略）

十、加强信息报告。（略）

附件：1. 重庆市人感染 H7N9 禽流感防控工作领导小组名单
      2. 重庆市人感染 H7N9 禽流感防控治疗专家组名单

重庆市卫生和计划生育委员会办公室
2017 年 2 月 14 日

[例文三] 事务性通知

甘肃省人民政府办公厅关于成立甘肃省人民政府教育督导委员会的通知

各市、自治州人民政府，兰州新区管委会，省政府有关部门：

为贯彻落实国务院《教育督导条例》《国家中长期教育改革和发展规划纲要（2010—2020 年）》，进一步健全我省教育督导管理体制，确保教育改革与发展目标的实现，省政府决定成立甘肃省人民政府教育督导委员会（以下简称"委员会"）。现将有关事项通知如下：

一、组成人员

主　　任：李　斌　副省长

副主任：王向晨　省政府副秘书长

　　　　王海燕　省教育厅厅长

委　员：曹天民　省发展改革委副主任
　　　　赵　凯　省教育厅副厅长
　　　　王　彬　省科技厅副厅长
　　　　谢治国　省公安厅副厅长
　　　　祁建邦　省财政厅副厅长
　　　　李　杰　省人社厅副厅长
　　　　刘　宁　省建设厅副厅长
　　　　金中杰　省卫生计生委副主任
　　　　王庆邦　省食品药品监管局副局长

二、主要职责

研究制定全省教育督导的重大政策；审议全省教育督导总体规划和重大事项；统筹指导全省教育督导工作；组织开展全省教育质量监测和评价；聘任省政府督学；发布全省教育督导报告。

三、工作机构

委员会办公室设在省教育厅，承担委员会日常工作，王海燕同志兼任办公室主任。

委员会成员因工作变动等需要调整的，由所在单位向委员会办公室提出，按程序报经委员会主任批准后，由接任工作的同志自行替补，不另行文。

甘肃省人民政府办公厅
2017年12月27日

[例文四] 批转（转发）性通知

广东省人民政府转发国务院关于
北部湾城市群发展规划批复的通知

各地级以上市人民政府，省政府各部门、各直属机构：

现将《国务院关于北部湾城市群发展规划的批复》（国函〔2017〕6号）转发给你们，请认真贯彻落实。

制定实施《北部湾城市群发展规划》，是国家促进区域协调发展，培育新经济增长极的重大战略举措。湛江、茂名、阳江市人民政府要切实加强组织领导，健全协作机制，明确责任分工，确保各项目标任务落到实处。省发展改革委要切实发挥统筹协调作用，主动与广西壮族自治区、海南省有关部门加强沟通衔接，及时研究制定规划实施方案，并对实施情况加强跟踪分析和督导检查。省有关部门要根据职责分工，积极配合做好《规划》实施工作。

广东省人民政府
2017年2月23日

练习题

一、判断题

1. 通知具有多功能性，既能上传，又能下达。（　　）
2. 指示性通知多采用分条列项的写法。（　　）
3. 通知的语言表达以叙述为主，措辞要准确得体。（　　）
4. ×局发一份公文通知，主送给全体员工。（　　）

二、单选题

1. 省政府将国务院文件转发给省所辖的地（市）、县政府及直属单位，要求他们贯彻执行的文件应是（　　）

　　A. 决定　　　　　　　　　　B. 通知

　　C. 通告　　　　　　　　　　D. 通报

2. 批转性通知用于批转（　　）的公文

　　A. 上级机关　　　　　　　　B. 同级机关

　　C. 下级机关　　　　　　　　D. 不相隶属机关

3. 《中共浙江省委办公厅、浙江省人民政府办公厅关于印发〈领导干部报告个人重大事项的规定〉的通知》属于（　　）

　　A. 发布性通知　　　　　　　B. 转发性通知

　　C. 批转性通知　　　　　　　D. 指示性通知

4. 下列各种通知的标题，其格式正确的有（　　）

　　A.《会议通知》

B.《国务院关于清理检查"小金库"的通知》

C.《国务院批转审计署文件的通知》

D.《通知》

5. ××省人民政府向所属县、市人民政府转发《国务院关于严格控制各级行政机关、事业单位发放奖金的紧急通知》,应用( )

A. 指示性通知　　　　　　B. 发布性通知

C. 事务性通知　　　　　　D. 转发性通知

三、多选题

1. 通知的种类有( )

A. 指示性通知　　　　　　B. 批转、转发性通知

C. 事务性通知　　　　　　D. 发布性通知

2. 以下不属于通知的特点的有( )

A. 具有权威性与重要性　　B. 应用广泛,使用频率高

C. 具有较强的时效性　　　D. 内容单纯,行文简便

3. 下列事项能够制发通知的有( )

A. 某局面向社会招录大学生

B. 某厅向各下级部门布置明年工作任务

C. 省政府批准并转发财厅有关职工福利发放标准的文件

D. 两单位之间商洽某具体事项

4. 通知在写作上要求( )

A. 讲求新闻性　　　　　　B. 重点突出,措施具体

C. 主题集中　　　　　　　D. 寓事、理、情于一体

5. 通知区别于通告的是以下方面( )

A. 通知既可以把发文机关的意图、要求普遍告知并要求配合,也可以特定告知;通告则是普遍告知

B. 通知应该有主送机关,而通告不需要

C. 通知可内部行文,即内部行文告知下级或有关人员办理或了解某一事项;通告不能内部行文,它只能向社会公开行文告知人们应当遵守或知道某一事项

D. 通知具有指导性,通告则不然

6. 关于通知的主送机关的写作,正确的有( )

A. 一般应写全称或规范化简称　　B. 主送机关多时,要注意排列顺序

C. 同级机关用顿号间隔　　　　D. 不同级别的机关用逗号间隔

7. 通知的正文包括(　　)

A. 发布通知的原因　　　　　　B. 通知的事项

C. 通知的要求　　　　　　　　D. 发布通知的根据

8. 转发性通知可以转发(　　)机关的公文

A. 上级　　　　　　　　　　　B. 下级

C. 同级　　　　　　　　　　　D. 不相隶属

9. 出现以下哪种情况应使用批转性通知(　　)

A. 上级机关认为下级机关所反映的情况、问题及提出的措施,对全局有普遍意义,可以借以指导工作

B. 有些下级机关需要解决的问题,涉及平行的或不相隶属的机关,请求上级批转下发,以推动那些需要合作完成的工作任务

C. 平级机关、不相隶属机关的公文材料需转发

D. 转发上级机关的批复、通知等

10. 下列事项中,哪些可以用通知来行文(　　)

A. 国务院公布一项行政法规

B. ×市水利水电局召开水利建设工作会议,需告知各县水利水电部门事先做好准备

C. ×市政府拟批转市卫生健康局《做好灾后防疫防病工作的意见》

D. ×市委拟向所属各级党组织布置学习××同志的"七一"讲话的有关事宜

11. 下列标题中,正确的有(　　)

A. ××市人民政府办公厅转发市教委关于进一步开展教育工作意见的通知

B. ××省人民政府批转省扶贫办关于进一步办好扶贫开发区的报告的通知

C. ××县卫生健康局转发市卫生健康局关于做好夏季除害防病工作的通知

D. 转发《市人民政府关于转发〈省人民政府关于减轻特困家庭经济负担的通知〉的通知》

12. 下列标题中,书写不正确的是(　　)

A. ××县计生委关于加强计划生育宣传工作的通知

B. ××县人民政府转发《××省人民政府关于深入开展农田水利基本建设的通知》

C. ××县人民政府转发××省人民政府关于深入开展农田水利基本建设的通知的通知

D. ××县粮食局转发《××市粮食局转发〈省粮食局转发〔国内贸易部关于报送来信来访工作统计的通知〕的通知〉的通知》

四、分析下列通知的错误并作修改

机关游泳池办证的通知

机关各直属单位职工：

机关游泳池定于6月10日正式开放，6月1日开始办理游泳证。请你们接此通知后，按下列规定，于六月三十日前到机关俱乐部办理游泳手续。

一、办证对象：仅限你单位干部或职工身体健康者。

二、办证方法：由你单位统一登记名单、加盖印章到俱乐部办理，交一张免冠照片。

三、每个游泳证收费伍元。

四、凭证入池游泳，主动示证，遵守纪律，听从管理人员指挥。不得将此证转让他人使用，违者没收作废。

五、家属游泳一律凭家属证，临时另购买票，在规定的开放时间内入池。

×××办公室
××××年××月×日

县人民政府批转《省人民政府关于学习
宣传〈中华人民共和国森林法〉的通知》的通知

各乡、镇人民政府，县直各单位：

现将《省人民政府关于学习宣传中华人民共和国森林法的通知》印发你们，请即贯彻执行。

今年以来，我县连续发生森林大火，是由于生产用火造成的。各乡、镇要从中吸取教训，严格生产用火。如再发生类似事情，要追究主要领导的责任。

××县人民政府办公室
2017年1月20日

五、根据正文的内容写出标题

1. 省政府同意省教育厅、省体育局、省卫生健康委《关于贯彻〈学校体育工作条例〉和〈学生卫生工作条例〉的意见》,现批转给你们,请遵照执行。

2. 国家统计局《关于加强统计工作,充分发挥统计监督作用的报告》已经国务院批准,现转发给你们,请遵照执行。

六、请以提供的材料为依据,以某市教育局的名义起草一份紧急通知,发市属各中学

不参加军训就是不能吃苦　某中学新生头顶烈日军训引质疑

37℃!连续数日的晴热高温天气,上班族办公室的空调不停歇,工地也暂时停工避暑。而对于某中学的816名新生来说,已被"秋老虎"盯了整整六天。昨天,家住××区的翁女士致电本报说,16岁的外孙磊磊(化名)马上就读高一了,因学校历年有入学前军训的安排,新生们被通知于8月14日提前到校军训。抱着对新生活的期待,孩子带着生活用品前去报到军训。没过几天,孩子就打电话回家诉苦。军训时间从早上10时开始,正午结束;下午3时又开始训练。许多同学被晒伤了,有的女孩偷偷哭,12人一间的宿舍连电扇都没有,磊磊也头晕、呕吐。可当他向老师请假时,却被说成"怕吃苦",劝其坚持下去。军训,作为锻炼学生素质的综合训练,实属好事,可有没有必要一定在高温下进行?经记者调查,该中学军训情况属实。校方原计划躲过三伏天,没想到今年的"秋老虎"盛气凌人,目前已有3人中暑,1人出现低血糖。

第九节　通　报

一、通报的适用范围

新《条例》规定:通报"适用于表彰先进、批评错误、传达重要精神和告知重要情况"。通报是告知性、指导性下行文,其主要作用是沟通信息,通过知照有关情况而发挥教育、启示的作用。

二、通报的特点

（一）典型性

这是就其内容而言，通报的内容是具体的人或事或信息，它们不仅具备严格的真实性，而且要具备足够的典型性。只有通报真实而典型的事例、经验（或教训），才能发挥教育、启示、引导作用，以引导良好的工作风气或指导做好某方面的工作。

（二）启示性（教育性）

这是就其作用而言。通报与通知不同，通知的作用重在指挥、指导，而通报的作用在于教育、启示。表现在：以先进的典型树立榜样，发挥感召的作用；以错误的典型作反面教材，产生警诫作用；及时提供有用的信息，启发思维，促进工作的开展。

（三）及时性

各类通报都是针对一定时期工作中带有倾向性的现实问题而制发的，具有很强的现实意义。所以通报必须讲求时效，敏锐地发现典型，及时交流沟通。否则时过境迁，行文通报就没有了现实必要性，也不能起到教育警醒作用。

三、通报的分类

根据新《条例》的规定，从内容、性质上，通报可以划分为：

（一）表彰性通报

表彰性通报用于表彰先进，弘扬正气。对本地区、本机关发生的具有典型意义的好人好事和先进事迹以通报形式进行表彰，以宣传先进思想，树立学习榜样，发挥引导示范作用。例如《国务院关于表扬全国"两基"工作先进地区的通报》。

（二）批评性通报

批评性通报用于批评错误、总结教训。针对本地区、本机关错误的人和事，或存在的不良倾向进行通报，抓住典型事例分析，以引起普遍重视。使责任者吸取教训，引以为戒。同时在更大范围内起到教育警示的作用，纠正某种不良的工作风气或工作中某种不良倾向。例如《教育部关于安徽省界首市虚报中小学学生人数套取教育资金问题的通报》。

（三）情况通报

情况通报用于上级向下级传达重要精神和告知重要情况。此类通报可再细分为两类：（1）指导性通报，重在传达上级重要指示、重要的会议精神、重要情况并进行具体分析，提出今后工作的要求或指导性意见。例如《关于清远市农业污染减排工作督查情况的通报》。（2）一种是单纯的告知性通报，此类通报重在交流情况、沟通信息，使所属机关了解工作进度，把握重要信息。不进行分析，也不提出具体要求。例如《××市人民政府办公厅关于2017年安全生产目标考核结果的通报》。

四、通报与相似文种辨析

（一）通报与通知的区别

通报与通知有相似的一面，都是下行文，两者都具有知照性的特点，可以用来沟通情况，传达领导机关的意图。

但两者又明显不同（见表2-1）。

表2-1　通报与通知的区别

文种 区别	通报	通知
适用范围不同	表扬先进，批评错误，传达重要精神和告知重要情况	发布、传达要求下级机关执行和有关单位周知或者执行的事项，批转、转发公文
行文要求不同	通过典型事例或重要情况的传达，向下级进行宣传教育或沟通信息，以指导、推动今后的工作	告知事项，布置工作，要求遵照执行，带有指导性
表现方法不同	陈述事实，分析意义，做出评价，使人们明白清楚事实真相，受到教育，有分析、有议论	用概述式语言，一般不评议，直接写做什么、怎么做，具体明白，语言平实
发文时间不同	制发于事后，重在传达，往往是对已经发生了的事情进行分析、评价	制发于事前，通过具体事项的安排，要求下级机关在工作中照此执行或办理

(二)通报与决定的区别

通报可用于表扬先进,批评错误,决定用于奖惩有关单位和人员。但二者明显不同:

1. 目的不同

通报的目的是使收文单位了解某一重要情况或典型事件,重在教育比照,或先进示范,或以儆效尤。奖惩性决定重在处置,它的着眼点在于奖惩有关单位或个人,它代表了领导层的权威意志。奖功罚过是其首要目的。

2. 性质不同

通报用于表扬积极事迹,批评典型错误。所表扬或批评的人和事件属于一般性的典型。具有教育性、启示性的特征。而决定的事项比通报的事项重要,表彰决定一般用于授予模范称号或记功等,处分决定一般用于撤职或留党察看等项目,其过错或过失都是比较严重的。具有权威性、重要性特点。

五、通报的结构及写法

通报由标题、主送机关、正文、发文机关署名和成文日期几部分组成。

(一)标题

通报的标题一般用三要素标题。由发文机关、事由、文种组成。例如《××县人民政府关于2017年第三季度政府网络抽查情况的通报》。

(二)主送机关

通报一般写明主送机关,收文机关较多,应当使用全称或规范化简称、统称。

(三)正文

不同通报正文写法有所不同。

1. 表彰性通报

表彰性通报的正文因表彰的对象数量不同,写法上有一定差异。

表彰的对象是单个的人或事时,其主要内容包括三个方面。一是通报缘由,此部分应陈述事实,写明事件的起因、发展和结果,包括事件的时间、地点、单位或人物。表达时使用概括叙述的方式,只要将事实讲清楚即可,不能展开绘声绘色的描绘,篇幅也不可过长。事实要真实,用语要准确,使读者知悉该事件,并对事件进行评价,分析事例的积极意义和表率作用。二是通报决定,文字简洁,写明给予什么奖励或授予什么荣誉。三是提出希望与要求,通常分为两个层次:第一层是对被通报表彰单位和个人的希望,希望其再接再厉,争取更大成绩。第二层则是号召其他单位学习先进,以此为榜样,推动各项工作顺利开展。(见例文一)

表彰的对象是多个人或事时,正文不可能对每一个人或单位的先进事迹逐一陈述。此类表彰性通报的第一部分概述众多单位或个人的事迹,并总体进行评价,以"为了……"阐述通报目的。后面两部分与表彰单个的人或机关的通报写法相似。需要注意的是,因被表彰的对象众多,其名单一般以附件形式出现。(见例文二)

2. 批评性通报

它包括以下三部分:第一部分通报缘由,陈述被批评人物及其落后事件,对错误的性质、原因、危害、不良影响及教训予以分析、总结和定性。第二部分写明处理意见。第三部分对批评对象提出改正错误的具体要求,并希望有关方面引以为戒。为了防范和杜绝类似错误发生,批评性通报的结尾处,通常还可有针对性地提出防范的措施或规定。(见例文三)

3. 情况通报

情况通报有两种形式:一种只对有关事实作客观叙述;另一种还对有关情况加以分析说明,并针对具体问题提出应采取何种对策的指导性意见。两种通报写法不同。

单纯的情况通报正文通常包括三个部分。第一部分是导语,用高度凝练的语言概述通报的内容,或叙述一下总的情况,简要写明做法或特点,取得的主要成绩,做出一个总的评价或阐明发布通报的根据、目的、原因等。然后用"现将有关情况通报如下"承上启下。第二部分是主体,写明具体事实或情况。通常内容较多,篇幅较长,要注意梳理归类,合理安排结构。最后部分是结语,可以是惯用语"特此通报",也可是简单提出要求或希望。(见例文四)

指导性通报与单纯的情况通报写作上的不同之处是在通报情况的基础上,有分析有评价,最后部分要针对今后的工作提出具体的工作要求,要有指导性意见。和前者务"虚"的结尾不同,此部分要务"实"。(见例文五)

(四)落款

通报在正文之后署上发文机关的名称和成文时间,成文时间应用阿拉伯数字,年、月、日齐全。

六、通报的写作要求

(一)选择事例要有典型性

通报要选取典型的、有代表性的、有普遍指导意义的事例,使通报具有教育性,真正起到教育鼓励或引起警诫的作用。撰写通报要站在全局的高度,放眼整体利益,所通报的事项必须具有普遍意义,认真考虑对全局有指导作用。

(二)通报内容要客观真实

通报的情况或表扬批评的事例必须是真实可靠、客观存在的。写作通报前要对有关事实材料进行反复调查核实,务求准确反映客观事实。有关事件的全过程、有关单位和人物的基本情况都要写得准确、完整。写作过程不得对事实材料进行任意主观夸大或缩小,更不能虚构或捏造。

(三)写作要把握时机

通报具有很强的时效性,应抓住时机,及时将先进典型经验予以宣传推广;对反面典型予以揭露批评,引以为戒;对重大事项或重要情况予以及时公布,引起重视,起到交流情况、指导工作的作用。错过时机的通报,就失去了它的时效性,没有行文的意义了。

[例文一] 表彰性通报

<h1 style="text-align:center">重庆市人民政府关于表扬
重庆市赴尼泊尔抗震救灾医疗队的通报</h1>

各区县(自治县)人民政府,市政府各部门,有关单位:

2015年4月25日,尼泊尔发生8.1级特大地震。在党中央、国务院和市委、市政府的高度重视下,在国家卫生计生委的统一指挥下,我市积极响应、周密部署,迅速组建由市卫生计生委、市疾控中心、重医附一院、重医附二院、重医附属儿童医院、市人民医院、市中医院、市急救中心、市职业病防治院、市妇幼保健院、市人口宣教中心、重庆电视台、重庆日报等单位有关人员组成的第二支中国政府医疗队,昼夜兼程奔赴尼泊尔地震灾区。医疗队全体队员不畏艰险、勇于担当,克服了余震不断、环境艰苦等重重困难,全身心投入抗震救灾工作,圆满完成了党和国家交付的任务,充分体现了中国医疗卫生工作者不畏艰险、救死扶伤的人道主义精神,实现了救治伤员、增进友谊、展示形象的目标,受到尼泊尔政府及国际社会的广泛好评和高度赞誉。

为激励先进,市政府决定对重庆市赴尼泊尔抗震救灾医疗队予以通报表扬。希望受到表扬的单位和个人珍惜荣誉,再接再厉,为推动我市医疗卫生事业发展、保障人民群众身体健康做出新贡献。全市各级政府各部门、有关单位要以抗震救灾医疗队为榜样,牢记全心全意为人民服务的宗旨,开拓进取、扎实工作,为实现全面建成小康社会目标而努力奋斗。

附件:重庆市赴尼泊尔抗震救灾医疗队队员名单

重庆市人民政府
2016年1月15日

[例文二] 表彰性通报

三明市机关效能建设领导小组
关于对2017年效能督查发现的第一批典型经验做法
给予表扬的通报

各县(市、区)党委、人民政府,市直各单位:

今年以来,根据《2017年三明市机关效能建设工作要点》(明效综〔2017〕1号)精神,市效能办牵头组织开展了三轮效能督查。总的来看,各级各部门认真贯彻落实市委、市政府的决策部署,盯紧既定目标,强化机制牵引,主动创新求变,实招硬招频出,创造和形成了一些好经验好做法,具有较强的学习借鉴意义。

为表扬先进,宣传典型,进一步调动和激发各方面的积极性和主动性,提升干事创业的精气神,营造千帆竞发、百舸争流的良好局面,经研究,对创新实施"五个一批"项目工作机制等典型经验做法予以通报表扬。希望受到表扬的地方和单位珍惜荣誉,再接再厉,再创佳绩。

各地各部门要按照市委市政府的统一部署,更加注重机制创新、实践创新,以更高标准、更实举措,不断激发全社会创造力和发展活力,推动各项政策措施落地生效,为"再上新台阶、建设新三明"做出新的更大贡献。

附件:给予通报表扬的第一批典型经验做法(共11项)

三明市机关效能建设领导小组
2017年12月2日

[例文三] 批评性通报

中共浙江省纪委关于××违反中央八项规定
精神问题的通报

各市、县(市、区)党委、纪委,省直各单位党委(党组)、纪委(纪工委、纪检组):

近期,绍兴市纪委、监委严肃查处了绍兴市公安局原调研员××违反中央八项规定精神的问题。现将有关问题和处理情况通报如下。

2017年9月1日晚，××应管理对象、绍兴市某公司董事长陈某的邀请，到绍兴市越城区某某馆聚餐，除陈某自带红酒外，共消费1950元，由陈某的朋友郑某支付。9月9日，××又接受陈某的邀请到乐清市雇用渔船出海捕鱼，租船费2700元、餐费900多元及××的住宿费488元，均由陈某支付。9月29日，××再次接受陈某的邀请参加聚餐，除陈某自带红酒外，消费款750元由陈某支付。××身为党员领导干部，多次违规接受管理对象安排的可能影响公正执行公务的宴请和娱乐活动，并被人拍摄视频上传网络，被各大论坛和视频网站传播引发舆论，在党的十九大召开之际造成恶劣社会影响。根据《中国共产党纪律处分条例》第十条，决定给予××党内严重警告和撤职处分，由调研员降为副调研员。

……

元旦、春节将至，全省各级纪检监察机关要继续紧盯节日假期，守住节点、寸步不让，强化监督检查，对"四风"问题发现一起、查处一起，保持正风肃纪的高压态势。对党的十九大后仍然违反中央八项规定精神的党员干部，一律从严处理，受到党纪政务处分的，一律点名道姓通报曝光，持续释放越往后执纪越严的强烈信号。对工作不力、"四风"问题突出的，要严肃追究有关党组织和领导人员的责任，以强有力的问责倒逼责任落实，不断巩固拓展落实中央八项规定精神成果。

中共浙江省纪律检查委员
2017年12月22日

[例文四] 情况通报

云南省新闻出版广电局关于2016年度考核情况的通报

机关各处室、局属各单位：

按照《云南省新闻出版广电局关于开展2016年度综合考核工作的通知》（云新广发〔2016〕251号）要求，局考核领导小组办公室组织对全局各单位(部门)及处级领导干部年度工作、党建工作、党风廉政建设责任制落实情况进行考核,经局党组2017年2月17日会议研究,并对年度工作考核先进单位、优秀等次个人、2016年度党建工作责任制考核优秀单位、党风廉政建设责任制考核优秀单位进行了公示。报经省人力资源和社会保障厅批准,现将考核情况通报如下。

一、年度工作考核情况

(一) 单位(部门)年度工作考核结果

1. 局机关考核为优秀等次的处室4个(略);考核为良好等次的处室17个(略)。

2. 局属事业单位考核为优秀等次的单位1个:信息中心;考核为良好等次的单位8个(略)。

3. 局属中波(实验)台考核为优秀等次的单位6个(略);考核为良好等次的单位43个(略)。

4. 局属企业考核为优秀等次的单位1个:云南民族电影制片厂;考核为良好等次的单位1个:云南音像出版社。

(二) 个人年度工作考核结果

1. 机关公务员考核为优秀等次22人(略);考核为称职等次84人(略)。

2. 局属事业单位处级干部考核为优秀等次的4人(略);考核为合格等次的25人(略)。

3. 局属中波(实验)台处级干部考核为优秀等次的6人(略);考核为合格等次的34人(略)。

4. 局属企业局管干部考核为优秀等次的1人:段某某;考核为合格等次的3人:赵某某、施某某、王某。

(三) 其他相关情况

1. 驻村扶贫工作队员考核情况。2016年度我局下派富源县的驻村扶贫工作队总队长1名、队员10名。年度考核为优秀等次的4人(略);考核为称职等次的6人(略)。

2. 受处分人员考核评定。代某某、李某某、杨某某、陈某某因2015

年度受纪律处分,2016 年度参加考核,只写评语,不定等次。

3. 长期病休人员考核评定。彭某某长期病休,彭某某不进行考核。

二、2016 年度党建工作责任制考核结果

评定为优秀党总支 2 个:局机关第二党总支、后勤服务中心党总支,其他党总支考核为合格。

三、2016 年度党风廉政建设责任制考核结果

(一)局机关评选优秀处室 4 个(略);其他 17 个处室考核为合格。

(二)局属事(企)业单位评选优秀单位 2 个:无线台站管理中心、云南民族电影制片厂;其他 9 个单位考核为合格。

四、考核奖励

根据省委组织部、省人力资源和社会保障厅《转发中组部、人事部关于〈公务员奖励规定(试行)〉文件的通知》(云人社发〔2009〕27号)、《云南省行政机关公务员考核实施办法(试行)》(云政办发〔2011〕231 号)等文件规定,对考核评定为优秀等次的个人进行奖励,奖励标准按文件规定执行。

云南省新闻出版广电局办公室
2017 年 4 月 6 日

[例文五]情况通报

辽宁省人民政府办公厅关于 2017 年第九次全省政府网站抽查情况的通报

各市人民政府,省政府各厅委、各直属机构:

9 月 11 日至 18 日,省政府办公厅组织专门人员,按照 10%的比例对全省政府网站进行了 2017 年第九次抽查。现将有关情况通报如下:

一、抽查情况

（一）全省政府网站抽查情况：9月份共抽查政府网站90家，未发现不合格网站，总体合格率为100%。抽查时发现一些网站存在多个考察点被扣分的情形，主要是个别栏目无内容或更新滞后，服务有效性欠缺，个别外部链接失效，网站短时间内无法访问等问题，个别网站扣分近40分，处于不合格网站判定条件的边缘。

8月份全省政府网站抽查发现的4家不合格网站，相关地区和部门均采取有力措施组织网站整改，并上报了整改情况报告。

（二）留言办理情况：截至9月18日，全省共受理网友有效留言46条，存在的问题主要是信息内容错误、链接无法打开、办事服务功能欠缺或不可用等。相关地区和部门均对网友反映的问题进行了核实、处理及反馈，总体办结率为100%。

二、主要问题

一是个别地区对政府网站监管不到位，未按不低于50%的比例对所辖政府网站开展检查，上报检查情况和做好结果公开。目前，铁岭市仍未在政府门户网站公开检查情况。

二是部门网站监督举报平台入口添加不全面，一些部门仅在本部门网站添加"我为政府网站找错"入口，未及时指导监督所属单位网站添加。

三是集约化建设推进力度不够，本溪、阜新、铁岭等3市对县级政府部门网站整合迁移工作进展缓慢，省发展改革委、省工业和信息化委、省教育厅、省科技厅等多个部门未实现"一个部门一个网站"建设目标。

三、下一步工作要求

（一）加强常态化监督检查。各地区、各部门要切实履行政府网站监管职责，做好网站内容建设和辖区内政府网站常态化检查工作，要深查细查，不浮于表面，杜绝"四不"问题反弹。并按规定上报检查情况，做好结果公开。

（二）切实规范政府网站建设。各地区、各部门要严格按照国办印发的《政府网站发展指引》有关要求，进一步加强政府网站规范建设和管理工作，提升政府网站质量水平。各级各类政府网站要在首页添加"我为政府网站找错"监督举报平台入口，使用以本地区、本部门机构名称命名的规范的网站名称，以.gov.cn为后缀的英文域名，加强网站链接管理，避免出现"错链""断链"，不得链接商业网站，严禁刊登商业广告。

（三）切实推进政府网站集约化管理。各地区要按照"一县一门户"的建设要求，加快推进基层政府网站集约化建设，尽快将未整合网站迁移整合至县（市、区）政府门户网站。各部门要尽快完成二级机构、业务处室网站的集约化建设工作，以频道或栏目形式展现，实现"一个部门一个网站"的建设目标。要进一步提高网站集约化建设的规范性，严格做好整合网站内容迁移、公告和基本信息变更报备工作，做好下线网站"回头看"，杜绝出现"擅自下线""只下线不迁移内容"等问题。

辽宁省人民政府办公厅
2017年9月21日

练习题

一、判断题

1. 通报用于反映新情况、新问题，行文强调及时快捷。（　　）

2. 情况通报用于在一定范围内批评不良的人和事，以起到教育、警戒的作用。（　　）

3. 为了让所属各机关了解2018年3月税收收入情况，××市税务局拟制发一份通报。（　　）

4. 通报的发文机关是没有级别限制的。（　　）

5. 通报是在一定范围内表彰先进、批评错误、执行重大决定时所使用的公文。（　　）

6. 通报的制发,应把握有效时机,在事情发生后,立即予以通报,否则时过境迁,就无法起到教育推动作用。( )

7. ×县纪委拟发一份通报批评×局×××等干部挥霍国家钱财游山玩水的错误。( )

二、单选题

1. 以下标题哪一个符合通报的撰写要求( )

A.《×市人民政府关于加强城区燃放烟花爆竹管理的通报》

B.《国务院关于进行第三次全国人口普查的通报》

C.《××民政局关于对社会团体实施年度检查的通报》

D.《国务院关于部分地区违反国家购销政策的通报》

2. 通报可用于( )

A. 联系事务　　　　　　B. 批评错误

C. 请求批准　　　　　　D. 向上级反映重要情况

3. 通报的作用在于教育、引导和警戒,因此通报的内容必须具备教育性和( )等特点

A. 建议性　　　　　　　B. 商洽性

C. 呈请性　　　　　　　D. 典型性

4. "××部关于几起重大火灾的( )"。括号里应填的文种是( )

A. 批复　　　　　　　　B. 通告

C. 决定　　　　　　　　D. 通报

5. 具有奖励和告诫性质的公文是( )

A. 通知　　　　　　　　B. 通告

C. 通报　　　　　　　　D. 意见

三、多选题

1. 撰写通报要求做到( )

A. 内容具有典型性,事例有代表性

B. 通报材料必须经深入调查和反复核实

C. 让事实和数据说话,而不必过多地阐发和论证道理

D. 及时迅速注意时效

2. 通报按其内容性质划分,可分为( )

A. 表彰性通报　　　　　　B. 批评性通报

C. 指示性通报　　　　　　D. 情况通报

3. 计算机应用学院二年级学生王敬路见歹徒行凶抢劫挺身而出,身负重伤,最终抓住了歹徒。学院党委经研究决定通报表彰该学生,并要求院办秘书起草这份通报。请问这份通报的内容应该有(　　)

A. 介绍王敬的先进事迹　　　　B. 宣布院党委表彰决定

C. 分析当前社会治安形势　　　D. 号召向王敬学习

4. 通报区别于通知的方面是(　　)

A. 通报的目的是让收文机关了解发生了什么事,哪些事情值得提倡,哪些事情应受到批评,哪些问题应该警惕等;而通知的发文目的是让收文机关知道要做什么事以及如何去做,有哪些注意事项等

B. 通报的内容侧重于说明、介绍某些事物或情况,可以提出具体要求,也可以不提任何要求;通知的内容侧重于提出要求,明确界限

C. 通报不但要发给与通报内容有直接关系的单位和个人,往往还发给那些与通报内容没有直接关系的单位和个人,以便"一体周知";通知的发送对象都是与通知内容有直接关系的单位和个人

D. 通报是下行文,通知是平行文

5. 通知与通报的相同之处是(　　)

A. 都是告知性文种

B. 都要求有关单位和人员了解公文内容或配合行动

C. 都是下行文

D. 都有公开性

6. 下列事项可以用通报行文的有(　　)

A. ×县工会拟表彰奋不顾身抢救落水儿童的青年工人

B. ×街道办事处拟向市政府汇报某小区遭受火灾的情况

C. ×市安全办公室拟向各有关单位通报全市安全大检查的情况

D. ×县政府拟公布加强机关廉政建设的几条规定

四、分析下列两份错误通报并作修改

××县人民政府关于表扬营业员×××同志的通报

各乡镇人民政府:

　　二〇一七年×月×日中午十二时左右,××百货商店××路门市部售表柜台前来

了一个青年顾客,提出要买一块"北京"牌手表。青年营业员×××同志将手表拿出上了几扣弦后递给这个顾客,又忙着接待别的顾客。一种强烈的责任促使他随时盯着买表人的动作。忽然,发现那人侧过身子挡住营业员的视线,把表放在耳边装作听表样。这种行为引起了×××同志的警觉,他心想:挑表为什么要侧过身子背对着营业员呢?当他把表交回来的时候,×××同志立即进行了检查,发现弦是满的,表面上有两道划纹。他马上认定新表已被换走,于是当机立断,喊了一声:"你停一下!"那人听到喊声,慌忙向店外跑去。见此情景,×××同志一跃跳到货圈外,用尽力气拼命追赶。霎时间,那家伙穿过胡同,跑出数百米。营业员边追边喊:"抓住他!抓住他!"终于在××分局同志的协助下,将罪犯逮住扭送公安派出所,从其衣袋里搜出换去的新表。

×××同志机智果断,不顾个人安危与坏人坏事做斗争,保住了国家财产,精神可嘉。决定给予通报表扬,并颁发奖金,以资鼓励。

2017年×月×日

××市人民政府办公厅通报

全体市民:

据反映得知,近日来本市部分地区有一种令人人心惶惶的传说,称原流行于某国的恶性传染病××热已传入本市,并已造成十几人死亡。经本市防疫部门证实,这是完全没有任何事实根据的,本市至今从未发生过一起××热的病例。经核查,这一消息源于本市《××晨报》4月1日的一则"愚人节特快报告"。《××晨报》这种不顾国情照搬西方文化极不严肃的做法是非常错误的,已经给全市人民的稳定生活带来了极其恶劣的影响。目前有关部门已对本报做出停业整顿并令其主要负责人深刻检查等待纪律处分的处理。有关单位应汲取这一教训,采取措施以予杜绝。特此通报。

××市人民政府启

五、写作题

下面提供的材料,是×局下属×单位在今年植树节活动中的开支情况,请对照当前厉行勤俭节约、改进工作作风等要求,按照公文格式、行文、语言等规范以局行政名义写一份通报。标题自拟,字数要求在800字以上。

×局×单位植树活动开支账目表

项目	金额	备注
树苗 150 棵	600 元	每人植树 5 棵
运动鞋、运动衫	6600 元	因摄像需要统一着装
午餐	2800 元	
饮料	250 元	植树劳动中用
扑克 6 副	30 元	休息娱乐用
胶卷、洗印	300 元	植树劳动留影纪念
劳动津贴	3000 元	每人 100 元
合计	13580 元	

第十节 报　　告

一、报告的适用范围

新《条例》规定:报告"适用于向上级机关汇报工作、反映情况,回复上级机关的询问"。报告是党政机关经常采用的重要的上行文,是上下级之间沟通情况、协调工作的重要公文。它使上级能够及时掌握下级机关的工作情况,从而更好地指导工作,避免工作的失误。在公务活动中,上级向下级传达情况用通报,下级向上级反映情况用报告。信息流向不同,使用的文种也不一样。

2019 年 2 月 28 日印发的《中国共产党重大事项请示报告条例》第 14 条规定,党组织应当向上级党组织报告下列事项:

(1) 学习贯彻习近平新时代中国特色社会主义思想,统筹推进

"五位一体"总体布局和协调推进"四个全面"战略布局的重要情况；

（2）党中央以及上级党组织重要会议、重要文件、重大决策部署贯彻落实情况，习近平总书记重要指示批示贯彻落实情况，上级党组织负责同志交办事项的研究办理情况；

（3）加强党的建设，履行全面从严治党主体责任，包括集中学习教育活动、意识形态工作、党组织设置及隶属关系调整、民主生活会、党风廉政建设、落实中央八项规定精神、党员干部直接联系群众、巡视巡察整改、发现重大违纪违法问题等情况；

（4）全面工作总结和计划；

（5）重大专项工作开展情况；

（6）重大敏感事件、突发事件和群体性事件应对处置情况；

（7）经济社会发展中出现的重要情况和重大舆情；

（8）本地区、本部门、本单位工作中具有在更大范围推广价值的经验做法和意见建议；

（9）其他应当报告的重大事项。

下列事项不必向上级党组织报告：具体事务性工作；没有实质性内容的表态和情况反映等。

二、报告的特点

（一）陈述性

报告帮助上级及时了解情况、掌握下情，为其决策提供依据。因而在写作方面，报告的最大特点是它的叙述性，即把基本的情况讲清楚，是它行文的最大特色。

（二）内容的广泛性

一般公文讲究"一文一事"，简明确切。避免众多事累加到一起，影响公文办理的效率。报告不同，报告主要是让上级掌握工作的基本情况，工作内容是复杂的，涉及多个方面。因此报告的内容不受限制，可以是一文数事。

（三）单向性

报告是下级向上级提供信息，让上级掌握工作进展。一般是不需要上级回复的。这和请示不同,请示具有双向性特点,下级机关的请示,上级机关一定要批复。报告则是单向行文,不需要有与之对应的公文。

三、报告的分类

根据新《条例》的规定,从内容、性质上,报告可以划分为:

(一) 工作报告

工作报告适用于定期地向上级汇报某一阶段的正常工作。全面汇报工作中的困难、做法、经验和教训,使上级能及时掌握本单位工作进度,有利于取得上级的支持和帮助。例如《××市人民政府2017年政府信息公开工作年度报告》。

(二) 情况报告

情况报告适用于向上级反映情况,特别反映调查了解到的重大情况、特殊情况,一些有倾向性的新风气、新动向,最近出现的新事物也有必要向上级汇报。作为下级机关有责任下情上传,使上级了解重要的社情、民情,如果隐情不报,是下级的失职。情况报告具有临时性、突发性的特点。例如《××省人民政府关于猪链球菌病疫情况报告》。

工作报告与情况报告是有区别的(见表2-2)。

表2-2 工作报告与情况报告的区别

区别 \ 文种	工作报告	情况报告
反映的工作不同	经常性的、常规性的工作	偶发性的特殊情况
内容不同	内容相对稳定	内容多不确定
写法不同	写法相对稳定	写法灵活多样
表达方式不同	有不同程度的说理,事与理结合	重在叙述、说明情况
写作时间不同	汇报时间固定或不固定	无固定汇报时间

(三)答复报告

答复报告适用于答复上级查询事项,这种报告内容较为单一,针对性很强。即上级问什么答复什么,不答非所问,不节外生枝。例如《襄汾县公安局关于"双龙湖景区摩托车失窃事件"办理情况的答复报告》。

另外,按报告的写作范围,可以分为综合报告和专题报告两种。综合报告用于反映一定范围或一定阶段多方面的工作情况,是综合、全面的汇报。专题报告用于反映某一专项工作,内容集中、单一,一事一报。工作报告是综合报告也可以是专题报告,情况报告和答复报告是专题报告。

按照报告的时限可分为例行报告和不定期报告。例行报告是定期向上级所做的汇报,如周报、旬报、月报、季报、年报,有严格的时间要求,必须按期完成。不定期的报告没有严格的时限规定,通常根据工作需要上报。一般工作报告是例行报告,情况报告和答复报告是不定期报告。

报告根据工作进展情况适时进行,学习贯彻上级党组织重要会议和文件精神的专题情况报告应当注重反映落实见效情况,不得一味求快。对上级党组织交办的重大事项,应当按照时限要求报告。突发性重大事件应当及时报告,并根据事件发展处置情况做好续报工作。

四、报告的结构及写法

报告由标题、主送机关、正文、落款几部分组成。

(一)标题

报告的标题一般用三要素标题,由发文机关、事由、文种组成。例如《株洲市卫生局关于2017年依法行政情况的报告》。

(二)主送机关

报告的主送机关是直接的上级机关,原则上主送一个上级机关,根据需要同时抄送相关上级机关和同级机关,一般也不向上级机关负责人送报告。

（三）正文

报告正文一般由报告缘由、报告事项和结语三部分组成。

1. 报告缘由

以概括性语言简要说明报告的背景、主要内容、结论，或者说明写作报告的目的和依据。段末常用"现将有关情况报告如下："导入下文。

2. 报告事项

此部分是正文的核心，是报告的重点部分，不同报告的写法有所不同。

工作报告的内容包括这几个方面：一是基本情况与成绩，陈述工作概况和基本做法，并在此基础上总结成绩和经验。这部分是对工作实践的理性认识，要善于概括，抽象出规律性的东西，使之系统化、理论化以指导今后的工作。写作时注意点面结合，突出重点、详略得当。不应是简单地堆砌事实、罗列材料，不加分析、综合，使上级不得要领，更谈不上指导工作。总之，应有主有次，以叙述为主，加上适当议论点明主题。二是存在的问题与不足，分析工作失误的原因，以及应当吸取的教训。应善于在事实的基础上归纳分析，使之条理化，避免在今后的工作中再犯类似的错误。三是今后工作的打算和拟采取的整改措施。（见例文一）

情况报告重在反映重要的、特殊的、突发的新情况。其内容主要有重要的社情、民情；严重灾害、事故、案情、敌情及处理情况；举办重大活动、召开重要会议的基本情况；各级代表会议的选举结果；对上级重要决议、决定事项的督办，检查某项工作的开展情况；对某项工作造成失误和存在重大问题的检讨与反思等。

情况报告以陈述情况为主，应写明时间、地点、原因、经过、结果、已采取的措施或建议等。写作时注意：情况报告是专题报告，内容要集中单一。若提出处理意见或建议，必须写得具体、明确，并且要注意时效。对于特大事故，国务院明确要求事故发生单位必须在24小时内写出情况报告报送上级，以使上级尽快了解下情，做出决策。

（见例文二）

答复报告针对性强，一般问什么就答什么。不能漫无边际地写一些与上级机关询问无关的事项，针对所提问题答复意见或处理结果，既周全又不节外生枝，有问必答，答其所问，表述明确具体，用语准确，不含糊其词，不模棱两可。（见例文三）

总之，报告应当具有实质性内容和参考价值，有助于上级组织了解情况、科学决策，力戒空洞无物、评功摆好、搞形式主义。报告应当简明扼要、文风质朴，呈报党中央的综合报告一般在5000字以内，专项情况报告一般在3000字以内，情况复杂、确有必要详细报告的有关内容可以通过附件反映。

3. 结语

报告的结语比较简单，通常以"特此报告""特此报告，请审阅"等惯用语，也可以报告事项完即止，不写结束语。

（四）落款

在正文之后署上发文机关的名称和成文时间，成文时间应用阿拉伯数字，年、月、日齐全。

五、报告的写作要求

（一）情况真实

一切上报的信息必须真实可靠，力求准确反映事物的本来面目，全面反映情况。报告不实将导致上级决策失误，影响大局。汇报成绩时不能虚报夸大，反映问题不能文过饰非。必须以客观事实为依据，情况要真实。

（二）确有必要

是否要向上级报告，一个很重要的标准就是提供的信息是否真正扣紧当前的中心工作，是否对上级决策有帮助。每天收集到的大量信息并不是全部有价值，特别是一些原始、初级信息，要有一个筛选、加工处理过程。这就需要选取角度、深入挖掘，选抓那些能够指导全局工作、具有较强影响力的信息，通过"去粗取精、去伪存真、由表及里、由此及彼"的加工处理,形成对全局工作具有普遍指导意义的情况汇报,才能进入领导决策的过程。

(三) 点面结合、突出重点

报告的写作不能烦琐罗列具体事例,也不能只作全面情况的概述。必须突出重点、有主有次、详略得当地安排材料,并加以精当的论析,以适当的议论点明主题,使报告既有深度又有广度。需要补充的是,报告中不能夹带请示事项。

[例文一]工作报告

广安市环境保护局
关于环境影响评价工作实施情况的报告

市政府:

近年来,我市认真贯彻环境保护基本国策,落实《环境影响评价法》《建设项目环境保护管理条例》的有关规定,努力抓好建设项目环境影响评价工作和规划环境影响评价工作。现就有关情况报告如下:

一、主要工作及成效

(一) 环评法律法规有效执行(略)

(二) 实施政务信息公开工作(略)

(三) 违法违规项目得到整改(略)

(四) 强化环评队伍监督管理(略)

(五) 认真开展事中事后环境监管(略)

二、存在主要问题

(一) 忽视环评措施落实的现象依然存在(略)

(二) 环评管理能力和服务水平有待提升(略)

(三) 规划环评工作有待进一步加强(略)

三、工作意见及建议

(一) 加大宣传力度,营造知法守法护法的良好氛围(略)

(二) 加大监管力度,促进建设项目各项环保措施的落实(略)

（三）加强部门协调配合，建立联动机制（略）
（四）加强环评中介机构管理（略）
（五）加强环保部门执法监管能力建设（略）

广安市环境保护局
2017 年 11 月 22 日

[例文二]情况报告

汉中市人民政府关于近期暴雨洪水灾害情况的报告

省人民政府：

　　入汛以来，我市出现了五次强降水，特别是 9 月 5 日以来，全市范围出现一次持续连阴雨过程，局地降大暴雨或特大暴雨，部分县区遭受洪涝灾害，镇巴、南郑等县受灾较重，现将防汛救灾工作有关情况报告如下：

　　一、雨情汛情灾情

　　（一）雨情。9 月 5 日 20 时至 11 日 16 时，全市 505 个测站降水，其中 50—100 毫米的 122 站次，100 毫米以上的 252 站次，点累计最大降雨量为镇巴永乐 520.4 毫米，南郑红春林和镇巴三溪、红鱼累计降雨量超过 400 毫米；南郑碑坝、广家，西乡骆家坝和镇巴青水、向家坪、大池、简池累计降雨量超过 300 毫米。降雨主要集中在镇巴大部和南郑、西乡局部，尤其以 9—10 日两天降雨较大，9 日镇巴永乐降雨量高达 291.9 毫米，为特大暴雨；10 日西乡骆家坝 142.6 毫米，属大暴雨量级。

　　（二）汛情。受此次强降雨影响，全市江河支流共发生起报流量以上洪水 31 场次，警戒流量以上洪水 7 场次，其中较大的有湑水河 9 月 11 日 7 时升仙村站最大流量 1080 立方米/秒（警戒流量 1000 立方米/秒），9 月 10 日 13 时泾洋河堰口站最大流量 1008 立方米/秒（警戒流量 1000 立方米/秒）。

　　（三）灾情。截止到 9 月 11 日 16 时，9 月 5 日以来的暴雨洪水造成南郑、镇巴、佛坪、略阳、西乡等县 64257 人受灾，紧急转移安置 2759

人,因灾倒房134户288间,严重受损房屋280户589间,一般受损房屋643户1438间,农作物受灾面积3154公顷、成灾2030公顷,绝收470公顷,初步统计灾害已造成直接经济损失1.01亿元。

镇巴、南郑两县受灾较为严重。镇巴县26876人受灾,直接经济损失4089.6万元,紧急转移安置948人,因灾倒房109户238间,严重受损房屋196户351间,一般受损房屋366户739间,农作物受灾面积1367公顷,县内多处道路被毁,三溪、简池集镇房屋、街道积水严重,广场、学校均不同程度进水被淹;简池镇暴发的山洪冲断了一煤矿矿区两座水泥桥,两辆运煤车被冲进河里,无人员伤亡。南郑县5052人受灾,直接经济损失1835.4万元,紧急转移安置1434人,因灾倒房9户18间,严重受损房屋24户57间,一般受损房屋86户176间,农作物受灾面积147.97公顷,造成县内多条县乡道路水毁严重,前往福成、碑坝的交通中断。

入汛以来,我市先后遭受了"5·9""7·8""8·6""8·29"和"9·6"五次较大的暴雨洪涝灾害,全市6县区7.99万人不同程度受灾,农作物被淹,民房倒塌,水利交通等基础设施受损严重,给群众财产安全带来巨大损失,全市累计造成直接经济损失1.19亿元。

二、防汛救灾工作情况

在防抗暴雨洪灾工作中,市委、市政府高度重视,快速反应,果断处置,科学指挥,采取有效措施,有力有序组织广大干部群众奋力抗洪救灾,努力把灾害损失降到最低。

一是领导重视,快速反应。接到气象降雨预报和省防总防抗降雨工作安排后,市委、市政府高度重视,市委书记魏增军、市长王建军及市、市政府分管领导多次到市防汛办了解降雨情况、河道水情、天气演变趋势等,要求各级各部门要把人的生命安全放在第一位,加强重点区域、重点部位防汛值守,及时启动防汛应急预案,严防持续阴雨裹挟暴雨引发山洪、崩塌、滑坡等次生灾害造成的人员伤亡。(略)

二是加强应急值守,及时研判预警。市、县(区)、镇政府加强领导带班值班和应急值守力量,严格24小时值班,一小时降雨达到20毫米报警阈值时,及时预警提醒到县区、镇村。市防汛办根据监控指标,及时向镇巴和南郑降雨较大的镇进行电话提醒,指导督促落实防御措施,防止发生人员伤亡。(略)

三是及时启动预案,积极抢险救灾。暴雨洪灾发生后,市县党委、政府立即进入实战状态,落实防、抢、撤方案,组织转移受灾群众。(略)

三、下一步工作措施

据气象部门预报,本次降雨将持续至15日,其间仍将会发生局部暴雨。这次降雨是我市今年汛期降雨持续时间最长、范围最广、局部强度最大、灾情相对严重的一次。由于前期降雨偏少,加之我市历史上发生秋汛洪涝灾害较多,由秋汛引发泥石流、崩塌、滑坡等次生灾害的形势严峻。下一步,我们将按照省政府和省防总的要求,高度戒备,进一步落实防汛责任,狠抓措施落实,全力做好防汛救灾工作。重点抓好以下几项工作:

(一)强化防汛值班,保持信息灵通。(略)

(二)加密研判会商,及时启动预警。市、县防汛指挥部进一步加强对雨情、水情、汛情的综合研判,重点关注局地、高强度暴雨过程,强化监测预警,按规定及时报告联系县区防汛的市级领导和市直部门,适时启动相应等级的应急响应。

(三)加大隐患排查,防范次生灾害。(略)

(四)加强救灾查灾工作,妥善安排群众生活。(略)

(五)坚持靠前指挥,严明防汛纪律。(略)

汉中市人民政府
2014年9月11日

[例文三]答复报告

××大学工会关于我校工会干部有关待遇的报告

市总工会:

×月×日函悉,现将我校工会干部有关待遇情况报告如下:

一、我校基层工会主席由教师兼任,每年减免工作量40学时。

二、部门工会主席任职期间享受本单位行政副职待遇,由教师担任的每年减免工作量 30 学时。

三、校工会委员任职期间每年减免工作量 30 学时;部门工会委员每年减免工作量 15 学时。

特此报告。

××大学工会
2017 年×月×日

练习题

一、判断题

1. 报告在汇报工作、反映情况时,所表达的内容和使用的语言一般都是陈述性的,但有时也带有祈请性。(　　)

2. 报告行文时间没有固定,可以事前、事中或事后行文。(　　)

3. 报告是下级机关给上级机关的单方向的上行文,一般不需要上级机关给予回复,因此在报告中不得夹带请示事项或要求上级机关答复的事项。(　　)

4. 《××关于加强外事工作的报告》。(　　)

5. 某地发生一突发性重大事故,向上级反映此事故及其有关情况,用报告行文。(　　)

6. 报告可以同时上报几个上级机关。(　　)

7. 报告不能用"以上报告当否,请指正"之类的结束语。(　　)

8. 《××关于申请修建教学大楼的报告》。(　　)

二、单选题

1. 报告的主要特点是(　　)

　A. 重议论　　　　　　　　B. 重指导

　C. 重陈述　　　　　　　　D. 重知照

2. 报告是下级机关向上级机关呈送的(　　)

　A. 呈批性公文　　　　　　B. 告知性公文

　C. 建议性公文　　　　　　D. 陈述性公文

3. 上级机关就某校开学收费事项进行询问,该校答复时应使用(　　)

　A. 通报　　　　　　　　　B. 请示

C. 报告   D. 通知

4. 关于报告,说法错误的是(　　)

A. 报告可以分为工作报告、情况报告和答复报告

B. 报告是下级机关向上级机关反馈信息,沟通上下级机关纵向联系的一种重要形式,因此,各机关经常使用

C. 报告以议论为主要表达方式

D. 报告与请求不能结合使用,在报告中不得夹带请求事项

5. 按照报告内容涉及的范围,《政府工作报告》是(　　)

A. 综合报告   B. 专题报告

C. 情况报告   D. 答复报告

6. 在报告的结尾一般要谈"今后的打算",它主要是(　　)

A. 展望未来,描绘宏图   B. 发出号召,抒写豪情

C. 提出要求,表达愿望   D. 针对问题,提出办法

三、多选题

1. 按照报告内容所涉及的范围,可将其分为(　　)

A. 工作报告   B. 专题报告

C. 情况报告   D. 答复报告

2. 报告的结束语有(　　)

A. 以上报告,请审阅   B. 特此报告

C. 以上报告,请批复   D. 特此报请审批

3. 报告的注意事项是(　　)

A. 报告事项真实   B. 报告时间及时

C. 报告事项要典型   D. 报告的主送机关为上级机关

4. 报告的正文由(　　)构成

A. 报告缘由   B. 报告内容

C. 报告结束语   D. 希望与号召

5. 报告可用于陈述的事项有(　　)

A. 向上级汇报工作,反映情况   B. 向下级或有关方面介绍工作情况

C. 向上级提出今后工作整改措施   D. 答复群众的查询、提问

6. 情况报告的内容包括(　　)

A. 经常性的常规工作情况

B. 偶发性的特殊情况

C. 重要的社情、民情

D. 对上级机关的查问、提问做出的答复

四、找出下列两份公文中的错误并说明理由

关于申请拨给灾区贷款专项指标的报告

省行：

×月×日，××地区遭受了一场历史上罕见的洪水袭击，×江两岸乡、村同时发生洪水，灾情严重。经初步不完全统计，农田受灾总面积达38000多亩，各种农作物损失达100多万元，农民个人损失也很大。灾后，我们立即深入灾区了解灾情，并发动干部群众积极开展生产自救。同时，为帮助受灾农民及时恢复生产，我们采取了下列措施：

一、对恢复生产所需的资金，以自筹为主。确有困难的，先从现有农贷指标中贷款支持。

二、对受灾严重的困难户，优先适当贷款，先帮助他们解决生活问题。到×月×日止，此项贷款已达××万元。

由于这次灾情过于严重，集体和个人的损失都很大，短期内恢复生产有一定的困难，仅靠正常农贷指标难以解决问题。为此，请省行下达专项救灾贷款指标××万元，以便支持灾区迅速恢复生产。

以上报告当否，请批示。

××银行××市支行

二○一七年十月十日

省进出口公司关于简易仓库工程进度情况的报告

×省经贸委：

×经贸(×)××号文悉。根据文件的要求，现将简易仓库工程进度报告如下：

3月2日我们接到××委关于建造简易仓库的后，于4月就落实了建筑单位，5月开始施工建设。经过六个月，由于各方面的努力，现已建成三千个平方，估计今年年底可以完工投产。现将建仓资金已全部拨给建筑单位，工程正按计划进行。

近两年公司进口激增，预计明年可达3千万斤，现有仓库储力严重不足。为此希望能在现在基础上再为我们增加仓库建设资金五百万元和相应的钢材,以解决我公司仓库不足的困难。

特此报告。

××公司
2017 年 11 月

第十一节 请 示

一、请示的适用范围

新《条例》规定:请示"适用于向上级机关请求指示、批准"。请示是党政机关广泛使用的上行文,使用频率极高。

具体地说,下级机关遇到新情况、新问题,因无章可循而没有对策或没有把握,需要上级机关给以明确指示的;下级机关对有关方针、政策和上级机关发布的规定、指示有疑问,或有不同理解,在执行中遇到一定困难,需要上级机关给予明确的解释或答复,或根据本地区、本单位实际情况需要对上级的行政措施做出变通性处理,而需要上级机关重新审定并明确回答的;下级机关之间在较重要的问题上出现意见分歧,难以统一认识,无法正常工作,需要上级机关裁决的;下级机关在处理较为重要的事件和问题时,事关重大,因涉及有关方针政策必须慎重对待,需要报请上级机关批准的;下级机关在工作中遇到问题,因涉及面广,虽然有解决的办法,但由于职权、条件的限制,没有权力或没有能力实施这些办法,需要上级予以协调、统筹安排、帮助解决的;本机关无权决定,按照规定必须请示上级主管领导机关或部门审核、批准以后才能办理的事项,如机构设置、人员编制、涉外工作事项等情况均应向上级报送请示。

2019 年 2 月 28 日印发的《中国共产党重大事项请示报告条例》第 12 条规定:涉及党和国家工作全局的重大方针政策,经济、政治、文化、社会、生态文明建设和党的建设中的重大原则和问题,国家安全、港澳台侨、外交、国防、军队等党中央集中统一管理的事项,以及其他只能由党中央领导和决策的重大事项,必须向党中央请示报告。

第13条规定,党组织应当向上级党组织请示下列事项:(1)贯彻落实党中央决策部署和上级党组织决定中的重要情况和问题,需要作出调整的政策措施,需要支持解决的特殊困难;(2)重大改革措施、重大立法事项、重大体制变动、重大项目推进、重大突发事件、重大机构调整、重要干部任免、重要表彰奖励、重大违纪违法和复杂敏感案件处理等;(3)明确规定需要请示的重要会议、重要活动、重要文件等;(4)重大活动、重要政策的宣传报道口径,新闻宣传和意识形态工作中的全局性问题和不易把握的问题;(5)出台重大创新举措,特别是遇到新情况新问题且无明文规定、需要先行先试,或者创新举措可能与现行规定相冲突、需经授权才能实施的情况;(6)属于自身职权范围内但事关重大或者特殊敏感的事项;(7)重大决策时存在较大意见分歧的情况;(8)跨区域、跨领域、跨行业、跨系统工作中需要上级党组织统筹推进的重大事项;(9)调整上级党组织文件、会议精神的传达知悉范围,使用上级党组织负责同志未公开的讲话、音像资料等;(10)其他应当请示的重大事项。

下列事项不必向上级党组织请示:属于自身职权范围内的日常工作;上级党组织就有关问题已经作出明确批复的;事后报告即可的事项等。

二、请示的特征

(一)期复性

写请示最直接的目的就是得到批复。在公文体系中,请示是为数不多的双向对应文体之一,与它相对应的文体是批复。期待上级给予指示、给予批准、给予政策、给予帮助等。下级有请示,上级就要有批复。

(二)单一性

跟其他上行文相比,请示更强调遵循"一事一请"的原则。在一份请示中,只能就一项工作或一种情况、一个问题做出请示,不得在一份公文中就若干事项请求指示或批准。如果确有若干事项需请示,应撰写若干份请示,各自都是一份独立的文件,有不同的发文字号,上级机关则分别对不同的请示做出不同的批复。同时,请示不能向上送给多个单位,只能单一主送。

(三)程序性

请示应当根据行政隶属关系逐级向上呈送,除非有特殊情况,一般不应越级请示。请示必须是下级向上级行文。有的虽然不是直属上下级机关,但是属于业务主管机关。如果在工作中需要得到其他同级机关或不隶属机关审核、批准或协助,则不能使用请示,而适用函。

三、请示的分类

根据新《条例》的规定,根据请示的目的不同,请示可以划分为:

(一)请求指示的请示

这类请示通常涉及政策和认识方面的问题。凡是下级对上级机关的路线、方针、政策不甚了解,有待上级明确指示的问题;工作中发生了重大问题难以处理,希望上级给予指示的问题都需要向上级呈送此类请示。例如《淮安市劳动和社会保障局关于特殊工种办理提前退休如何确定领取养老金时间问题的请示》。

(二)请求批准的请示

这类请示主要涉及下级机关在职权范围内决定不了、有待上级批准的问题,通常包括建立机构、增加编制、人事安排、资产购置、财款动用等问题,上级机关不批准就不能办理。例如《××教委关于购置办公设备的请示》。

四、请示与报告的区别(见表2-3)

表2-3 请示与报告的区别

文种 区别	请示	报告
适用范围不同	请求指示、批准	汇报工作、反映情况、答复询问

续表

文种 区别	请示	报告
行文目的不同	为解决某一具体问题请求上级回复	下情上传,为上级机关决策作参考
性质不同	呈请性公文	呈报性公文
写作时间不同	事前,不能先斩后奏	事后或阶段性结束后
内容繁简不同	一文一事	可一文数事
上级机关处理不同	办件,上级机关要答复	阅件,上级机关不答复

五、请示的结构和写法

请示由标题、主送机关、正文、落款几部分组成。

（一）标题

请示的标题一般用三要素标题,由发文机关、事由、文种组成。例如《重庆市民政局、重庆市财政局关于建立城镇义务兵家庭优待金自然增长机制的请示》。要注意的是:标题中不得出现"申请、请求"之类的祈请类的词语,即不得用"关于申请（请求）××的请示",避免语义重复。因为"请示"即"请求指示"之意;也不能把"请示"写成"请求"或与报告混用,写成"关于××的请示报告"。

（二）主送机关

请示的主送机关只写一个,一般是直接上级领导机关,原则上不能越级请示。如需同时送其他机关,应用抄送形式。即使是受双重领导的机关,也应根据其内容写明主送机关和抄送机关。

（三）正文

请示的正文有三部分:请示缘由、请示事项、请示要求（结语）。

1. 请示缘由

提出请示的原因和理由。请示的缘由是提出请示事项和要求的理由及依据。要先把缘由讲清楚,然后再写请示的事项和要求,这才能顺理成章。缘由很重要,关系到事项是否成立,是否可行,当然也关系到上级机关审批请示的态度。因此,此部分写作应十分完备,依据、情况、意义、作用等都要写上。请示的缘由部分一般比其他公文的缘由部分要详细一些。这部分写作时要求实事求是、情况清楚、依据有力、说理充分。切忌将请示缘由写得抽象、笼统,使上级机关看不出所请示批准办理的事情的必要性和可行性,这样的请示事项很难被批准。

2. 请示事项

就是提出有关问题要求上级指示或批准,是请示的核心内容。提出的请示,要符合有关方针、政策,切实可行,不可盲目上交。因此,事项要写得具体、明白。请求指示的请示,主体要写明想在哪些具体问题、哪些方面得到指示;请求批准的请示,如果请示的事项内容比较复杂,要分清主次,要把要求批准的事项分条列款一一写明,条理要清楚,重点要突出。

请示是上行公文,语气应注意要诚恳谦恭,杜绝明确强烈的主观色彩,如"我们认为""一定要""决定"等,减少施压的嫌疑。行文的主观性若引起上级部门的反感,会使请示的批准被耽搁,或不予批复而转回。这一部分常用语有:"拟""为此,特请求……""鉴于上述情况,特请示如下……"。

3. 请示要求(结语)

一般以征询、期盼的口吻请求上级答复。在主体之后,另起一段,按程式化语言写明期复请求即可。根据请示的目的不同,请示的常用语有:"是否妥当,请批示""妥否,请批示""特此请示,请予批复""以上请示妥否,请批示""以上请示如无不妥,请批准"等。

(四)落款

请示在正文之后署上发文机关的名称和成文时间,成文时间应用阿拉伯数字,年、月、日齐全。

六、请示的写作要求

(一)一文一事

一份请示只能写一件事,这是新《条例》所规定的,也是实际工作的需要。如果一文多事,可能导致收文机关无法批复。同时,请示写作时要注意,尽管为了避免工作的失误,必须经常向上级机关请示,但是要防止事无巨细,什么都向上级机关请示。这里的原则是对上级的方针、政策不了解的问题,对工作中不能解决的问题才向上级机关请示。

(二) 明确请示行文主体

党组织请示工作一般应当以组织的名义进行,向有领导或者监督指导职责的上级党组织请示。在特殊情况下,可以根据工作需要以党组织负责同志的名义代表党组织请示。有指导、协调或者监督职责的单位党组织应当统筹所负责区域、领域、行业、系统内各单位党组织的请示工作,归口统一向上级党组织请示总体情况、牵头事项完成情况等。涉及跨区域、跨领域、跨行业、跨系统的重大事项,应当由有关党组织向共同上级党组织联合请示。联合请示应当明确牵头党组织。

(三) 明确主送机关,不越级请示

请示一般只能主送一个上级领导机关或者主管部门,不多头请示。如果需要,可以抄送有关机关。这样就可以避免出现推诿、扯皮的现象。但是注意党政机关联合请示的,一般应当将上级党政机关同时列为请示对象。接受归口领导、管理的单位党组织,必须服从批准其设立的党组织的领导,向其请示工作,并按照有关规定向归口领导、管理单位党组织请示。根据党内法规制度规定,党的决策议事协调机构和党的工作机关可以在其职权范围内接受下级党组织的请示并做出处理。

党组织主要负责同志可以就全面工作或者某些方面的工作接受下级党组织请示;有关负责同志可以就分管领域工作接受下级党组织请示,也可以受党组织或者党组织主要负责同志委托,就全面工作接受下级党组织请示。

通常情况下,管理中遵守一级对一级负责的原则。一般情况下不能破坏这种原则,否则会造成混乱,影响机关办事效率。所以通常情况下不越级行文,请示应当逐级进行。在特殊情况下,可以按照有关规定直接向更高层级党组织请示。如果因特殊情况或紧急事项必须越级请示时,要同时抄送越过的直接上级机关。

(四)注意抄送规则

一是请示不抄送下级机关。请示是上行公文,行文时不得同时抄送下级以免造成工作混乱,更不能要求下级机关执行上级机关未批准和批复的事项。二是接受归口指导、协调或者监督的单位党组织,向上级党组织请示一般应当抄送有指导、协调或者监督职责的单位党组织。

(五)必须事前请示

请示必须在拟办事项进行之前行文,绝不可先斩后奏。向上级党组织请示重大事项,必须事前请示,给上级党组织以充足的研判和决策时间。如果情况紧急来不及请示必须临机处置的,应当按照规定履职尽责,并及时进行后续请示、报告。注意请示与报告的区别,切忌用报告代请示行文,在报告中夹带请示事项,或在标题中将文种写成"请示报告"。

[例文一]请求指示的请示

浙江省文化厅关于互联网上网服务场所
管理长效机制试点若干问题的请示

浙江省人民政府:

根据文化部、工商总局、公安部、工业和信息化部《关于加强执法监督完善管理政策促进互联网上网服务行业健康有序发展的通知》(文市发〔2014〕41号)要求,我省已在全省范围内开展上网服务场所管理长效机制试点工作。在试点推进过程中,部分市、县(市、区)遇到一些较有普遍性的政策问题有待进一步明确,现请示如下:

1. "上网服务场所距中学、小学校园出入口最低交通行走距离不低于200米",其中"出入口"测量基点如何确定,"最低交通行走距离"如何测量?

2. "农村地区依法取得消防安全手续的合法用房可以设立",其中"农村地区""合法用房"分别如何界定。按试点政策,农村地区房屋性质确认为住宅的是否可用于设立上网服务场所?

特此请示,请予回复。

浙江省文化厅
2015 年 4 月 13 日

[例文二] 请求批准的请示

双鸭山市国土资源局
关于成立国土资源局矿产资源综合科的请示

市政府:

按照省厅和市委市政府的要求,为了进一步推动矿业经济,强化对我市矿业经济产业工作的全面领导,更好地为我市矿业经济招商引资做好服务,在省国土资源厅已成立矿业经济招商引资推进组综合办公室的基础上,省厅督促各市(地)尽快成立相应机构,为此,我局特申请成立国土资源局矿产资源综合科。

主要职能:一、负责组织编制年度矿业权设置计划;拟定矿产资源勘查及开发利用产业化具体措施,并综合协调监督实施。二、负责组织参与市政府矿业招商引资活动;负责矿业经济产业重点项目实施推进工作;负责对外相关部门的矿业经济协调工作。三、负责探矿权的监督管理。

当否,请批示。

双鸭山市国土资源局
2015 年 11 月 27 日

练习题

一、判断题

1. 某市商务局为建食品购销站征用土地,向市规划局行文用请示。(   )
2. 请示是一种对上级机关提出意见或建议并请求上级机关给予指示、批准

的祈请性公文。（　　）

3. 请示的写作遵循"一事一请"的原则,是为了上级机关能及时处理、批复,提高办文的效率。（　　）

4.《关于请求减征××塑料包装有限公司企业所得税的请示》。（　　）

5. 请示的内容集中单一,一文一事,其结构也比较固定;而报告涉及的内容较为广泛,结构也比较灵活。（　　）

6. 请示的写作中,请示缘由要充分有力,以引起重视和关切,促使请示事宜及时解决。（　　）

7. 请示必须必要时才行文,不得事事请示,上交矛盾。（　　）

8. 关于扩建油库的请示报告。（　　）

二、单选题

1."请示"可以直接交给领导者个人的是（　　）

A. 领导者直接交办的事项　　　B. 与领导者直接相关的事项

C. 重要文件　　　　　　　　　D. 机密文件

2."接受请示的机关应对请示事项表明是否批准的态度或予以明确的指示"这句话,反映了请示具有何种特性（　　）

A. 被动性

B. 针对性

C. 期复性

D. 强制约束作用,要求下级机关必须遵守与执行

3. 请示是下级向所属上级请求指示、批准事项的（　　）

A. 指挥性文书　　　　　　　　B. 报请性文书

C. 记录性文书　　　　　　　　D. 告知性文书

4. 请示的正文一般由请示的事由、请示事项和（　　）三部分组成

A. 请求　　　　　　　　　　　B. 目的

C. 意见　　　　　　　　　　　D. 计划

5. 无论请示的事项多么重要,时间要求多么紧急,请示的主送机关一般应该是（　　）

A. 多个　　　　　　　　　　　B. 一个

C. 两个　　　　　　　　　　　D. 视情况而定

6. 请示与报告的根本性区别是（　　）

A. 行文目的不同　　　　　　　B. 行文方式不同

C. 行文时机不同   D. 报送制度不同

三、多选题

1. 请示的行文规则是（   ）

A. 事前行文   B. 一文一事

C. 一个主送   D. 一般不得越级

2. 请示的主送对象可以是（   ）

A. 有商洽必要的平行机关   B. 需请求其批准的不相隶属机关

C. 直属的上级领导机关   D. 上级业务主管部门

3. 下列有关请示的主送机关，正确的说法是（   ）

A. 受双重领导的机关在报送时应将这些领导机关都作为主送单位

B. 请示一般不得报送到领导者个人

C. 请示根据内容需要，有时也抄送到下级机关

D. 请示应按机关的隶属关系，逐级报送，一般情况下不能越级报送

4. 请示的正文由（   ）组成

A. 请示缘由   B. 请示事项

C. 请示要求   D. 请示时间

5. 下列对"报告"与"请示"文种表述准确的是（   ）

A. 报告中不能夹带请示事项

B. 请示发出后会得到上级回应；报告发出后不一定得到上级表态

C. 报告有时一文多事，请示只能一文一事

D. 报告、请示都须定期上报

6. 请示公文的结语虽是惯用语，但不能生造，要符合逻辑。下列各句适合作请示结语的有（   ）

A. "以上妥否，请予批复"   B. "以上如无不妥，请予批准"

C. "以上事项紧急，请速批准"   D. "特此请示，请批复"

7. 以下表述正确的是（   ）

A. 请示的目的是向上级机关请求指示或批准；报告的目的是向上级机关汇报工作、反映情况、答复上级机关的询问

B. 请示中可以有报告的成分，报告中可以夹带请示事项

C. 请示是请求性上行文，报告是陈述性上行文

D. 请示和报告都只能一文一事

四、指出下列两份公文的错误

关于对山区中小学教师实行生活补贴的请示报告

地区教委、××县政府、王副校长：

　　我县地处高山、生活比较恼火，中小学教师待遇偏低，影响了教师队伍的稳定和教师工作的积极性。这解决此问题，我们已于2017年7月正式决定对我县中小学教师实行了生活补贴（小学教师每月300元，中学教师每月400元）。你们意见如何，请及时告诉我们。

　　另外，为推动中小学体育活动的开展，拟每年5月初举行一次"××县中小学体育节"活动，当否，请一并批示。

××县教育局
2017年11月4日

××市环境保护局关于环境科学研究室要求更名为
环保科学研究所的请示报告

市委、市政府、李副市长：

　　党的十六大报告指出："坚持以信息化带动工业化，以工业化促进信息化，走出一条科技含量高、经济效益好、资源消耗低、环境污染少、人力资源优势得到充分发挥的新型工业化路子。"为了实现十六大提出的伟大目标，必须把环保科学研究放在重要位置，纳入议事日程。根据市政府今年3月5日发出的×政〔2003〕35号文件《关于我市实施可持续发展战略进一步加强环境保护工作的决定》的指示精神，我局经研究，决定在原有的环保科学研究室的基础上扩展规模，增加力量，同时将环保科学研究室更名为环保科学研究所。

　　撤室建所之后，需要引进科研人员8名，还要增添一部分设备，经费约需150万元，请求市里给予支持。

　　以上报告如无不妥，请火速答复为盼。

××市环境保护局
2003年4月4日

五、根据下述材料,拟写一份请示,资料不足可自行补充

××省外资局拟于2017年12月10日派局长×××等5人到美国纽约市××设备公司检验引进设备。此事需向省政府请示。该局曾与对方签订过引进设备的合同,最近对方又来电邀请前去考察。在美考察时间需20天,所需外汇由该局自行解决。

第十二节 批　　复

一、批复的适用范围

新《条例》规定:批复"适用于答复下级机关请示事项"。上级机关针对下级机关请求指示、批准的事项,要用批复给予明确答复、阐明指示性意见。批复的写作要以下级的"请示"为前提。

二、批复的特点

(一)行文的被动性

使用批复的前提是下级机关上报请示,它是专门用于答复下级机关请示事项的公文。先有上报的请示,后有下发的批复,一来一往,被动行文,没有请示,就没有批复。

(二)内容的针对性

批复是针对下级机关的请示而写的,请示是问,批复是答。因此,批复写作时要着重解决针对性问题。下级机关请示什么事项,上级机关就批复什么事项。上级机关对请示事项无论同意与否,都必须有针对性地明确予以回答,不能答非所问。

(三)效用的权威性

批复针对请示问题做出的指示,下级无论同意或不同意都具有党政工作的规定性,是下级机关开展工作的依据。批复所给予的结论性意见,下级机关必须执行或办理,不得违背,特别是对一些重大事项的答复,体现了党和国家的有关方针、政策,具有权威性。所以批复一经下发,下级机关必须遵照执行。

（四）态度的明确性

批复的态度和观点必须十分明确。对于请求指示的事项,批复要给予明确指示。对于请求批准的事项,上级机关批准或不批准,表意要准确,态度要鲜明,不能有模棱两可的语言,不允许态度暧昧,使请示单位不知道如何处理。有时,由于情况的复杂性,也可以原则上同意,但对某些个别问题提出不同的意见和要求。

三、批复的分类

请示分为请求指示的请示和请求批准的请示,相应地作为与请示对应的文种,根据内容和性质不同,批复可分为:

（一）指示性批复

又称为阐释性批复,用于答复请求指示的请示,是针对下级机关提出的难以解决的政策问题或没有明文规定的实际疑难问题,或对现行政策、法律、法规不明确,上级机关做出的具体解释或答复。同时,还就请示事项的落实、执行或该事项的重要性、意义及落实措施提出若干指示性意见,对下级机关的该项工作有指导作用。如《交通部关于对外商投资道路运输业立项有关问题的批复》。

（二）批准性批复

又称为表态性批复,用于答复请求批准的请示,主要针对下级机关请求批准的事项进行认可和审批,通常是关于机构设置、人事安排、项目设立、资金划拨等事项的审批,带有表态性和手续性,是对请示事项表示同意或不同意的批复。如《重庆市人民政府关于设置垫忠高速公路白石收费站的批复》。

四、批复的结构及写法

批复由标题、主送机关、正文、落款几部分组成。

（一）标题

批复的标题常有三种写法:一是常见的三要素标题,由发文机关、事由、文种组成。在事由中通常将下级机关请示的问题写进去,如《教育部关于×年度高等学校增设第二学士学位专业的批复》。二是由发文机关、表态词、请示事项、文种组成,如《国务院关于同意建立金属非金属矿山整顿工作部际联席会议制度的批复》。批复是同意下级请示内容的,可在标题中明示"同意",若是否定下级请示内容的,则标题不宜采用"不同意"之类的否定性文字。三是由发文机关、事由、收文机关、文种组成,在发文机关后也可加上表态词,旨在突出所针对的请示事项和单位,如《国务院关于同意烟台市城镇住房制度改革试行方案给山东省人民政府的批复》。

(二)主送机关

批复的主送机关,一般只有一个,那就是发出请示的下级机关。如果所请示问题有普遍性或需告知其他一些机关,可用抄送等形式。

(三)正文

批复的正文一般由批复引据、批复事项、批复结语三部分组成:

1. 批复引据

批复引据即正文起首语,是批复的起因或依据,主要说明应什么来文而批复。引据写法较为固定,要写明请示标题及发文字号,如"你校《关于接收中国人民银行研究生部成立清华大学五道口金融学院的请示》(清校发〔2012〕9号)收悉"。

2. 批复事项

指示性批复和批准性批复此部分写法不同。指示性批复针对请示事项给以具体明确的答复,请示什么问题就答复什么问题,答复要具体、准确,既可以采用篇段合一形式,内容较复杂时,也可分条表述(见例文一)。

批准性批复,首先针对来文表明态度。同意请示事项的批复,用"同意"作肯定的答复,然后再逐一引述请示事项予以首肯。根据实情还可以做出相关的指示,提出实施办法、注意事项或补充意见(见例文二)。此类批复也可以只表明肯定意见,答复后没有必要的就不再作指示,行文十分简洁。

基本同意请示事项的批复,用"基本同意"或"原则同意"表态,还须写明修正意见和补充处理办法。

不同意请示事项的批复,用否定性表态语,文中首先用"不同意"表明态度,然后须具体说明理由,有理有据地纠正下级机关错误请示,亦可提供其他解决办法。

3. 批复结语

用惯用语"特此批复""此复",单独成段。如果开头已用"现批复如下"此类承上启下用语,可以批复事项完则公文结束,省略结语。部分批复不用结语而是简要提出执行要求。

(四)落款

批复在正文之后署上发文机关的名称和成文时间,成文时间应用阿拉伯数字,年、月、日齐全。

五、批复的写作要求

(一)注意行文的针对性

下级机关请示什么事项,上级机关就批复什么事项。请示要求一文一事,批复也应有针对性的一文一批复,请示要求解决什么问题,批复就答复什么问题,上下行文互相对应。

(二)批复的观点要明确

无论审批性批复还是指示性批复,上级机关的态度要明朗,观点明确,态度直截了当,不模棱两可,以免下级无所适从。

(三)批复要及时

批复是因下级机关的请示而行文,凡下级机关向上级机关行文请示的,说明事关重大,时间紧迫,急需得到上级机关的指示和帮助,所以上级机关应当及时批复,否则就会贻误工作,甚至会造成重大损失。

(四)行文要言简意赅

批复的行文要做到言止意尽、庄重周严,措辞要严密、准确,不使用不确定甚至含义不清的词语,以充分体现批复的权威性。

(五)注意与复函的区别

批复是答复请示的主要方式,但绝不是唯一的方式,不是所有的请示都要用批复来答复。当下级机关的请示是一般业务问题时可用复函;当由领导机关的办公部门答复时用复函;领导机关授权给业务部门答复时用复函。但复函注意必须经过请示的收文机关批准方可行文,而且必须把经过批准或授权的情况写进复函的正文中作为依据。

[例文一] 指示性批复

上海市食品药品监督管理局
关于明确《预包装食品营养标签通则》中
有关"低糖"释义的批复

浦东新区市场监督管理局:

你局《关于市局明确〈预包装食品营养标签通则〉中有关"低糖"释义的请示》已收悉,经咨询和研究,答复如下:

《预包装食品营养标签通则》(GB28050-2011问答)(修订版)(二十七)关于碳水化合物及其含量中明确"碳水化合物是指糖(单糖和双糖)、寡糖和多糖的总称"。在《预包装食品营养标签通则》附录C表C.1"能量和营养成分含量声称的要求和条件"中,对声称"低糖"的,要求的条件是"每100克食物中碳水化合物(糖)的含量小于等于5克",该表述中的"(糖)"是指单糖和双糖。

此复。

上海市食品药品监督管理局
2018年1月19日

[例文二] 批准性批复

贵州省人民政府关于同意建立
贵州护理职业技术学院的批复

省教育厅:

你厅《关于建立贵州护理职业技术学院的请示》(黔教呈〔2017〕8

号)收悉。根据《中华人民共和国高等教育法》《普通高等学校设置暂行条例》等有关规定,经研究,现批复如下:

一、同意建立贵州护理职业技术学院。学院由省卫生计生委主管,实行党委领导下的院长负责制,办学经费以省级财政投入为主。

二、学校为全日制公办普通高职院校,以全日制普通高职教育为主,同时举办中等职业教育,学科门类以护理等为主,专业设置按有关规定报批,在校生规模暂定为 6000 人。

三、省卫生计生委要加强对该校的领导和管理,加大投入力度,不断改善办学条件,切实解决学校发展中遇到的困难和问题。省教育厅要会同有关部门加强对学校的业务指导,帮助学校做好师资队伍、学科专业等方面规划建设。

四、贵州护理职业技术学院要强化内部管理,加快师资队伍和教学基础设施建设,不断提高教育教学质量和办学效益,实现全面协调可持续发展,更好地服务地方经济社会发展。

贵州省人民政府
2017 年 2 月 20 日

练习题

一、单选题

1. 批复不具有以下哪一特点(　　)
   A. 法定的权威性与执行性 B. 周知性
   C. 被动性 D. 针对性
2. 批复中的表态和指示性意见具有(　　),下级机关必须服从和执行
   A. 明确的指导性 B. 行文的被动性
   C. 鲜明的针对性 D. 法定的权威性
3. 批复的使用是针对以下(　　)文种
   A. 意见 B. 报告
   C. 请示 D. 函
4. 下列批复引语符合规范要求的是(　　)
   A. 你局来文收悉

B. 你局上月报来的请示收悉

C. 你局×〔2017〕×号文《关于×××的请示》收悉

D. 你局《关于×××的请示》(×〔2017〕×号)收悉

5. 批复这种公文具有被动性,行文要有原因和依据。其原因和依据是(　　)

A. 下级工作遇到了困难　　　　B. 下级工作取得了成绩

C. 下级报送了请示事项的公文　　D. 领导检查工作时发现了问题

6. 批复按其内容可分为(　　)

A. 指示性批复和表态性批复　　B. 表态性批复和指挥性批复

C. 法规性批复和指示性批复　　D. 告知性批复和法规性批复

二、多选题

1. 关于批复的说法正确的有(　　)

A. 批复具有被动性和明确的针对性

B. 批复标题可标明"同意"的表态词

C. 批复撰写前必须进行充分的调查研究工作

D. 批复是用于答复下级机关请示事项的下行文

2. 下列有关说法,能用来说明批复有明确针对性的是(　　)

A. 批复只发给请示的单位及有关单位

B. 批复的内容只答复请示的具体事项

C. 批复的内容应予认真遵守与执行

D. 批复的开头和结尾要与请示的标题与发文字号相互照应

3. 批复的正文包括(　　)

A. 批复引据　　　　　　　　B. 批复内容

C. 批复作用　　　　　　　　D. 批复结语

4. 写批复时应注意以下(　　)方面

A. 一事一批　　　　　　　　B. 批复要及时

C. 态度要明确　　　　　　　D. 针对性要强

5. 以下作为批复的标题正确的是(　　)

A. 中华全国总工会关于铁路工会经费上交和留用比例的批复

B. ××省教育厅对《××学院关于建造学生宿舍楼的请示》的批复

C. 国务院关于同意江苏省设立无锡市××区给江苏省人民政府的批复

D. 国务院关于江苏省设立无锡市××区给江苏省人民政府的批复

6. 下列批复的开头(引语)不正确的有( )

A. "你局×劳发〔2016〕31号请示已收悉。"

B. "你局×劳发〔2016〕31号文件收悉。"

C. "你局2016年6月20日《关于我市实行城镇职工基本医疗保险个人账户过渡性补助的请示》(×劳发〔2016〕31号)收悉。"

D. "你局关于在我市实行城镇职工基本医疗保险个人账户过渡性补助的请求已经知晓。"

7. 批复是答复下级请示的文件,是( )

A. 被动发文　　　　　　　　B. 主动发文

C. 是对报告的批件　　　　　D. 具有权威性的文件

8. 在拟写"批复"时注意( )

A. 行文语气要谦恭　　　　　B. 及时做出答复

C. 措辞要严密、准确　　　　D. 态度明确,必要时应说明理由

三、指出下列公文错误

关于若干问题的批复

××乡政府、县计划生育办公室、电影公司:

对你乡的多次请示,一并答复如下:

一、原则批准你乡建立水果生产工贸公司,负责本乡水果的加工、销售工作。

二、今年你乡要盖礼堂一座,并准备开辟为对外营业的影剧院,有利于活跃农村生活,增加宣传阵地。基本同意你们这一要求。

三、你乡提出试行《关于违反计划生育规定处罚办法》,最好不执行,因为这个办法违反上级有关文件规定。

特此作答。

××县人民政府
2017年7月15日

关于要求拨给
抢修校舍专款请示的批复

××镇教育办:

你们的请示收悉。这次强台风的破坏,使你镇校舍损失惨重,造成许多班级

无教室上课。经研究,可考虑拨专款15万元以内给你镇抢修教室,不足部分请自筹解决。

此复。

××县教育局
二〇一七年七月三日

四、根据以下请示,以××市人民政府的名义制发一份批复

平中县人民政府关于建立植物园的请示

××市人民政府:

为了广泛收信植物品种,宣传普及植物科学知识,开辟动植物浏览区,进一步提高我县园林绿化水平,根据绿化先进地区的著名专家建议,我们拟建一定规模的植物园。本着不占用农田,投资少、见效快的原则,认为天坪山林场具有地处远郊,面积较大,土质肥沃,水源较好,交通方便等多种有利条件,我们拟将天坪山林场由农业局划给园林局管理,建立平中县植物园。

妥否,请批示。

平中县人民政府
2017年9月1日

此文发文字号为平府〔2017〕40号

第十三节 议 案

一、议案的适用范围

新《条例》规定,议案"适用于各级人民政府按照法律程序向同级人民代表大会或者人民代表大会常务委员会提请审议事项"。议案是各级政府使用较为频繁的一种文种,其涉及的内容范围极广,涉及国民经济与社会发展计划和财政预算、决算问题,以及政治、经济、科技、卫生、文化教育、体育等方面。按法律规定此类重大事项需向同级人民代表大会或人民代表大会常务委员会提请审议,并列入大会议程,进行讨论、审议和决定。议案是向国家立法机关或权力机关的议事原案。经审查通过的议案,具有较强的法律效力。

二、议案的特点

(一)法定的主体

作为行政公文的议案,适用于各级人民政府。作为会议公文的议案,适用范围较为广泛。根据《宪法》的规定,"全国人民代表大会代表和全国人民代表大会常务委员会组成人员,有权依照法律规定的程序分别提出属于全国人民代表大会和全国人民代表大会常务委员会职权范围内的议案"。《中华人民共和国全国人民代表大会组织法》第九条规定,"全国人民代表大会主席团、全国人民代表大会常务委员会、全国人民代表大会各专门委员会、国务院、中央军事委员会、最高人民法院、最高人民检察院,可以向全国人民代表大会提出属于全国人民代表大会职权范围内的议案";第十条规定,"一个代表团或者三十名以上的代表,可以向全国人民代表大会提出属于全国人民代表大会职权范围内的议案"。《中华人民共和国地方各级人民代表大会和地方各级人民政府组织法》第十八条规定,"地方各级人民代表大会举行会议的时候,主席团、常务委员会、各专门委员会、本级人民政府,可以向本级人民代表大会提出属于本级人民代表大会职权范围内的议案"。

议案不适用于中国共产党系统的各级机关。议案提出的主体是少数的法定机构。党团组织、社会团体、政府各部门、企事业单位等,不是议案提出的主体。

(二)法定的程序

议案的提出、审议、批准、实施等程序必须严格按照法定的框架进行,这是它与其他文种的明显区别。法定机关向全国人大提出的议案,由主席团决定交各代表团审议,或者并交有关的专门委员会审议、提出报告,再由主席团审议决定提交大会表决。

(三)议案内容具有特定性

《宪法》和有关组织法对人大及其常委会的职权作了明确的规定,

议案内容必须符合《中华人民共和国地方各级人民代表大会和地方各级人民政府组织法》第十八条的规定,向人民代表大会提出的审议决定的议案,必须是属于本级人民代表大会及其常委会职权范围内的事项,即要围绕立法、监督、人事任免和重大事项的决定等职权来提出议案。议案不是普通的行文,必须遵循"一文一案"的原则,一个议案中杜绝涉及两种以上的不同事项。

(四)议案提出的期限有规定

议案的提交有严格的时间限期的规定,必须在大会主席团宣布或决定的截止时间之内,将所提请审议的议案提交大会审查委员会,列入大会议程,具体时间由大会主席团决定。逾期再提交议案的,大会审查委员会不再接受,所提请的议案也就失去效用,无法进入大会议程。

(五)议案行文对象具有定向性

只能由法律规定的机关按照法定程序向同级人民代表大会或人民代表大会常务委员会提交,不能向其他任何部门或单位行文。

三、议案的分类

根据议案的内容,可以将议案分为三类:

(一)立法议案

这类议案主要是用于提请审议法律、法规等。这类议案主要在两种情形下使用:一是有关机构制定了某项法律或法规之后需要提请人大审议通过时;二是建议、请求制定某项法律法规。如《国务院关于提请审议〈中华人民共和国食品安全法(草案)〉的议案》。

(二)任免议案

这类议案主要是政府向同级人民代表大会提请任命、免去或撤销行政机关工作人员职务。国家驻外机构的主要负责人的工作以及职务安排的任免事项,也适用于这类议案。如《重庆市人民政府关于提请审议××、××两位同志职务任免的议案》。

(三)重大事项议案

重大事项,一般指本行政区域内,属于本级人大职权范围内的涉及国计民生的重大问题,包括政治、经济、文化、教育、科技、卫生、宗教等全方位的具有根本性的重大事项。这类议案是提请人民代表大会就某个重大事项进行审议,并做出决定或决议的议案。如《国务院关于提请审议兴建长江三峡工程的议案》。

四、议案的结构及写法

议案由标题、主送机关、正文、落款几部分组成。

（一）标题

标题由机关名称、审议事项和文种三要素组成,一般需要在议案部分加上"提请审议……""提请审议批准……",以使公文更加明确。如《国务院关于提请审议〈中华人民共和国邮政法(草案)〉的议案》。

（二）主送机关

议案的主送机关,具有单一性和定向性。议案提交的法定机关只是同级人民代表大会或人民代表大会常务委员会。

（三）正文

议案的正文一般包括三个部分:案据、审议事项、结语。

1. 案据

提请审议议案的依据,即为什么要提出该项议案,这是议案的理由。应当理由充分,有说服力,且必须有法可依。案据一般包括背景、原因、必要性、依据、意义和目的等。案据的详略可根据行文需要,在写法上可详细,也可略写。但是,重大事项的案据应该写得详细。

2. 审议事项

审议事项即议案的内容或建议的内容,是提请审议事项或问题以及解决问题的方案、途径。如果议案中没有具体的方案,所提交审议的议案就无法进行审议、表决和批准,这也就不是议案了。若提请审议的议案已经制定了法律法规的,解决的方案就在法律法规中,这部分只需要写清楚提请议案的法律法规的名称就可以了,并附上法律法规文本;若是任免性质的议案,必须写明任免人员的名字和拟担任职务;若提请审议重大决策性事项,必须写明决策内容,以供人民代表大会审阅等。无论是哪一类议案,都必须清楚写明提请审议的事项及落实、完成该事项的措施和办法等,不能只有提请审议的问题,而没有切实可行的解决途径。

3. 结语

议案结尾为格式化语言,一般为"现提请大会审议同意"或"现提请审议"或"请予审议决定"等。

(四) 落款

议案由行政机关首长签署,而不是加盖机关公章。如国务院的议案须由国务院总理署名,省级政府的议案由省长署名,别人不可以代替。还需标明发文日期,即提交议案的日期。

五、议案写作时应注意的问题

(一) 遵循一案一事的原则

由于议案内容的单一性和有限性,议案的写法有严格的要求和格式,必须依照一案一事的原则。一个议案中不能出现两个以上不同内容的建议或意见。如果议案的内容纷繁复杂、杂乱无序,人民代表大会或其常委会无法进行审议、决定和批准,就会直接影响提请审议议案目标的顺利实现。

(二) 要注意议案同提案之间的差异

议案和提案有一定的相似点,但是,二者有着明显的区别,切不可以将两者混为一谈。议案是适用于各级人民代表大会或其常务委员会,而提案则只适用于各级政协会议和企业职工代表大会。议案提请审议经大会审查通过以后,具有较强的法律约束力和法律效力,提案的约束力和法律效力相对议案而言较为弱些。

(三) 议案的内容具有可行性和必要性

只有重要事项才适合作为议案提交人大会议审议,议案所提出的方案、办法和措施等,也必须是有效可行的。议案所涉及的内容,一般情况下是具有全局性的重大事项或问题,政策性很强。所以,在议案的撰写中,必须谨小慎微、一丝不苟。同时为了保障议案的质量,提出议案的机关或代表应该在提交之前,进行广泛深入的视察、调查、走访等,广泛听取人民群众的意见和要求,熟稔有关法律的规定,切实做好政策、法律和法规等相关方面的材料准备工作,确保议案所提及的适用事项或问题能够既反映出人民群众的意愿,又可以保证议案的准确性、合理性和可行性,这样才能获得通过。

[例文一]立法议案

北京市人民政府关于提请审议
《北京市烟花爆竹安全管理规定修正案(草案)》的议案

市人大常委会:

  为适应首都经济社会发展,保障市民生命财产安全,充实和完善相关的制度、措施,调整禁放范围,强化安全管理,提升和改善首都环境质量,我们起草了《北京市烟花爆竹安全管理规定修正案(草案)》,请予审议。

北京市人民政府
2017年9月14日

[例文二]任免议案

武汉市人民政府关于提请审议×××任职的议案

市人大常委会:

  提请审议:

  任命×××为武汉市人民政府副市长(挂职)。

  请审议决定。

市　长　××
2017年×月×日

[例文三] 重大事项议案

国务院关于提请审议
国务院机构改革方案的议案

全国人民代表大会：

  中国共产党第十九次全国代表大会明确要求深化机构和行政体制改革。党的十九届三中全会审议通过了《深化党和国家机构改革方案》，同意将其中涉及国务院机构改革的内容提交第十三届全国人民代表大会第一次会议审议。现将根据《深化党和国家机构改革方案》形成的《国务院机构改革方案》提请第十三届全国人民代表大会第一次会议审议。

国务院总理　李克强
2018 年 3 月 9 日

练习题

一、判断题

1. 议案与普通公文一样，适用于党政机关系统。（　　）
2. 议案的提出必须有法律依据。（　　）
3. 一个代表团或 30 名以上代表，可以向全国人民代表大会提出属于全国人民代表大会职权范围内的议案。（　　）
4. 社会团体有权提出议案。（　　）
5. 任免性议案是指行政机关向权力机关提请任命、免去行政机关工作人员职务，请求人民代表大会审议批准的议案。（　　）
6. 国家驻外机构的主要负责人的工作以及职务安排的任免事项，适用于任免性议案。（　　）
7. 提出议案的主体仅限于权力机关。（　　）
8. 议案只能由有议案提出权的机关和人大代表提出。（　　）
9. 议案与提案一样，既适用于各级人民代表大会及其常务委员会，又适用于

政协会议。( )

10. 议案只能由法定机关依照程序向上一级机关提交审议。( )

二、单选题

1. "议案"在结尾处一般写( )

   A. 请予审核　　　　　　　　B. 请予批复

   C. 请予审议　　　　　　　　D. 请予复函

2. 议案的提出主体有( )

   A. 最高检察机关　　　　　　B. 政协

   C. 共青团　　　　　　　　　D. 中共××市委

3. 议案根据法定程序向( )提请审议事项

   A. 人民代表大会　　　　　　B. 人民代表大会常务委员会

   C. 同级人民代表大会或其常务委员会　D. 上级机关

4. 能提出议案的是( )

   A. 县级人民政府　　　　　　B. 村民委员会

   C. 街道办事处　　　　　　　D. 消费者协会

5. 议案的行文对象具有( )

   A. 定向性　　　　　　　　　B. 双向性

   C. 不确定性　　　　　　　　D. 针对性

6. 议案的提出主体具有( )

   A. 法定性　　　　　　　　　B. 一般性

   C. 不确定性　　　　　　　　D. 重要性

7. 议案落款由( )签署

   A. 政府机关首长　　　　　　B. 发文机关

   C. 政府首长和发文机关　　　D. 办公室(厅)主任

8. 议案的内容具有( )

   A. 政策性　　　　　　　　　B. 可行性

   C. 权威性　　　　　　　　　D. 指导性

三、根据材料拟定议案

××省政府拟向省人大常委会提请审议《××省电子通信条例(草案)》这一立法文件,请拟写一份议案。

第十四节 函

一、函的适用范围

新《条例》规定,函"适用于不相隶属机关之间商洽工作、询问和答复问题、请求批准和答复审批事项"。"函"是平行公文,其使用范围较广,使用频率较高。

二、函的特点

(一)短小简便

函所涉及事项单一,内容简约直接,形式精短,在商洽工作、联系有关事项时十分简便和迅速。在公文中,函是最轻便快捷的一个文种。

(二)广泛性

函用途较为广泛,除了主要用于不相隶属机关相互商洽工作、询问和答复问题外,也可以向有关部门请求批准事项,向上级机关询问具体事项,还可以用于上级机关答复下级机关的询问或请求批准事项,以及上级机关催办下级机关有关事宜,如要求下级机关函报报表、材料、统计数字等。函具有用途的多样性。

(三)灵活性

函对发文机关的资格要求很宽松,不受级别高低、单位大小的限制。高层机关、基层单位、党政机关、社会团体、企事业单位,均可发函。在行文方向上,函主要是在平行机关之间、不相隶属的机关之间行文。但是除了平行文外,还可向上行文或向下行文,没有其他文种严格特殊的行文关系的限制。

三、函的分类

根据内容和用途不同,函划分为:

(一)商洽函

商洽函是用于平行机关之间和不相隶属机关商洽工作、联系有关

事宜的函。例如商量合作事宜、商调干部、联系参加学习、查询或了解有关人或事、洽谈业务等。（见例文一）

（二）询问答复函

询问答复函是平行机关、不相隶属机关之间询问、答复和处理具体问题的函。上级答复下级询问或主管部门批复申请事宜时使用的函，也属于此类。（见例文二）

（三）请求批准函

请求批准函即发文机关向没有上下级关系的主管部门请求批准的函。请求批准有两种文书可用：请求上级机关批准，须用请示；请求不相隶属的有关业务部门批准，必须用请求批准函。（见例文三）

（四）告知函

告知函即用于向非隶属关系的组织告知有关工作或活动的函。（见例文四）

另外，按发文目的分，函可以分为去函和复函两种。去函即主动商洽工作、询问事项、告知情况等所发出的函。复函则是为回复对方所发出的函。

四、函的结构及写法

函由标题、主送机关、正文、落款几部分组成。

（一）标题

函的标题可以按照公文的一般要求来写：发文机关+事由+文种。如果是去函，标题中文种只写"函"；如果是复函，则可写明"复函"。如《广东省物价局关于停车场收费管理有关问题的复函》。

（二）主送机关

函必须标明主送机关。函的主送机关应写全称或规范化简称，一般不写单位或部门领导人。如是去函，其主送机关可以是一个，也可能多个。如是复函，其主送机关就是来函的单位，只有一个。

（三）正文

其结构一般由发函缘由、事项、结语等部分组成。

1. 发函缘由

制文的依据、理由与背景,即为什么要发函。如请批函开头部分为"为什么要请求批准"的内容,商洽函开头部分为"提出商洽问题的原因"。复函的缘由部分,一般首先引叙来文的标题、发文字号,然后再交代根据,以说明发文的缘由。例如"你单位××年×月×日来文收悉"或"你单位《关于××的函》(××〔2017〕×号)已收悉",概括交代发函的目的、根据、原因等内容后,一般用"现将有关问题说明如下:"或"现将有关事项函复如下:"等过渡语转入下文。

2. 事项

这是函的核心内容部分,主要说明致函事项。函的事项部分内容单一,一函一事,行文要直陈其事。无论是商洽工作,询问和答复问题,还是向有关主管部门请求批准事项等,都要用简洁得体的语言明确表述去函意图,或是将有关信息告诉对方,或是请对方协办有关事项,或是向对方询问有关问题,或是请求对方批准某一事项,写作上一定要具体清楚、明白无误。如果属于复函,还要注意答复事项的针对性和明确性。

3. 结语

结语一般要用礼貌性语言向对方提出希望。或请对方协助解决某一问题,或请对方及时复函,或请对方提出意见或请主管部门批准等。通常应根据函询、函告、函商或函复的事项,选择运用不同的结束语。如"特此函询(商)""专此函达、请予函复""可否,请速函复""请即复函""特此函告""特此函复"等。有的函也可以不用结束语。

(四)落款

无论是去函还是复函,在正文之后署上发文机关的名称和成文时间,成文时间应用阿拉伯数字,年、月、日齐全。

五、函写作时应注意的问题

(一)一事一函

无论问函、复函均应做到一事一函,不要把性质不相关的几件事放在一份函中叙述。一份函所涉及的问题多而又互无关系,就难以集中或准确地陈述和答复问题,更不能及时处理问题,严重影响行政效率。

（二）行文简洁明确,用语把握分寸

开门见山、直叙其事是函写作的最基本的要求。因为函是一种比较简便的公文,讲究快捷。函一般要写得很简短,简明扼要,切忌含糊其词,不知所云。

无论是平行机关还是不相隶属机关间的行文,都要注意语气平和有理,不要依势压人或强人所难,也不必逢迎恭维、曲意客套。至于复函,则应注意行文的针对性和答复的明确性。

（三）注意函与请示、批复的区别

函、请示与批复是处理国家事务经常使用的三种文体,准确把握三者的区别才能加深对函的理解,进而正确地使用函这种文体。

一是把握函与请示的区别。在公文处理中,请示与请求批准的函都有请求批示或批准的意思,但二者有明显的区别:请示是上行文,请批函是平行文。向有隶属关系的上级机关请求指示、批准事项用请示,而向没有隶属关系的机关请求批准有关事项,则用请批函。二是把握复函与批复的区别。批复是对有隶属关系或领导关系的下级单位的请示件的答复,复函是对无直接隶属关系的单位与个人关于某事情或问题的答复。办公厅(室)或业务主管部门经授权,行文答复下级机关的请示,应使用复函。

[例文一]**商洽函**

贵港市商务局关于请求协助验收档案整理工作的函

市档案局：

为做好原贵港市外贸公司积存的历史文件档案材料整理工作,我局委托广西××科技有限公司开展了该项工作。目前,该项工作已完成,为确保工作达到国家要求的档案整理的相关规范和要求,特请求贵局派业务人员协助验收该项工作。

专此致函,敬请予以大力支持为盼。

贵港市商务局
2017 年 12 月 6 日

[例文二]询问答复函

国务院办公厅关于同意建立民办教育工作
部际联席会议制度的函

教育部:

  你部关于建立民办教育工作部际联席会议制度的请示收悉。经国务院同意,现函复如下:

  国务院同意建立由教育部牵头的民办教育工作部际联席会议制度。联席会议不刻制印章,不正式行文,请按照国务院有关文件精神认真组织开展工作。

  附件:民办教育工作部际联席会议制度(略)

国务院办公厅
2017 年 8 月 5 日

[例文三]请求批准函

化龙镇人民政府
关于请求协助解决化龙镇区绿荫广场土地指标的函

市国土资源局:

  为进一步健全化龙城镇基础设施配套,提升城镇综合功能,方便镇区居民业余生活,我镇拟在滩高路以北、南洋路以东规划建设绿荫广场一处,以灌木、绿地为主。广场规划建设停车位32个,进出道路4条,占地7.593亩。该宗地规划为村镇建设用地区,符合化龙镇土地利用总体规划(2006—2020),但不符合城镇规划,且广场无法单独供地。项目计划近期建设,为避免形成违法,望贵局安排挂钩入库,解决土地指标问题。

妥否,请予函复。

化龙镇人民政府
2016年7月29日

[例文四]告知函

山东省物价局关于重新明确船舶交易服务收费标准的函

省交通运输厅、海洋与渔业厅:

为规范船舶交易服务收费行为,保护交易双方的合法权益,促进交易市场的健康发展,现将我省船舶交易服务收费的有关问题明确如下:

一、我省船舶交易服务机构依法开展船舶交易服务,按照实际交易额采取差额累进计价方式收取服务费用,收费标准为:50万元(含)以下部分不超过0.8%,50万元—300万元(含)部分不超过0.4%,300万元以上部分不超过0.25%。

二、船舶交易服务费包含船舶交易过程中的鉴定、勘验、评估等服务费用,收费单位不得另行收取其他任何费用,并按规定做好收费公示工作,自觉接受物价部门和社会的监督。交易服务收费应使用税务票据,照章纳税。

三、本规定自2016年6月1日起执行,有效期至2019年5月31日。期满三个月前重新报批。

山东省物价局
2016年5月18日

练习题

一、判断题

1. 函主要是平行文。（   ）
2. 在一定情况下,函可以用"请示"代替。（   ）
3. 请求批复的函用批复作答。（   ）
4. 既然函的撰写和印刷相对来说不像其他公文那样严格,那么函的写作不必拘泥于"一文一事"。（   ）
5. 函的语言表达非常讲究,必须礼貌、得体、尊重对方,一般不用"必须""应该""注意"等指示性语言。（   ）
6. 函应一事一函,宜短不宜长。（   ）
7. 凡是向不相隶属的机关（无论是高级别、低级别还是相同级别）行文,一律使用函。（   ）

二、不定项选择题

1. 下列情况不属于函使用范围的一项是（   ）
   A. 不相隶属机关商洽工作　　　　B. 上下级之间询问和答复问题
   C. 向有关职能主管部门请求批准　D. 答复平级机关的审批事项
2. 从公文内容看,函可分为（   ）
   A. 商洽性函　　　　　　　　　　B. 询问答复函
   C. 告知函　　　　　　　　　　　D. 请求批准函
3. "你单位×年×日来函收悉",是（   ）的开头
   A. 商洽性函　　　　　　　　　　B. 询问性函
   C. 去函　　　　　　　　　　　　D. 复函
4. 请求有关主管部门批准某事项,应用（   ）行文
   A. 商洽函　　　　　　　　　　　B. 申请书
   C. 请批函　　　　　　　　　　　D. 请示
5. 下列不属于函的结束语的一项是（   ）
   A. 盼复　　　　　　　　　　　　B. 此复
   C. 以上情况当否,请批复　　　　D. 特此函复
6. 下列关于函的判断正确的一项（   ）
   A. 是机关之间使用的公文,大都可用公函来代替
   B. 函都是一方向另一方主动发出的

C. 某市政府与另一市政府建立了经济协作关系。最近,某市政府致函另一市政府商洽办理五件不同类型的事项

D. 函的主送机关一般只有一个,根据情况需要,也可以有多个

7. 下列事项应当使用函的是(   )

A. 某县教育局行文请求县财政局增拨希望工程资金

B. 县政府办公室经授权回复县教育局的请示事项

C. 公路局拟行文到某大学了解本单位员工进修情况

D. 民政部同意某县改市

8. 某机关主动制发的函称作(   )

A. 信函   B. 便函

C. 去函   D. 复函

9. 向级别与本机关相同的有关主管部门请求批准某事项应使用(   )

A. 请示   B. 报告

C. 通报   D. 函

10. 答复不相隶属单位提出的有关问题或事项,用(   )

A. 批复   B. 批示

C. 意见   D. 函

11. 函的行文讲究(   )

A. 直陈其事   B. 委婉其辞

C. 语气平和   D. 用语坚决

12. 请求批准函的结构有点类似于请示,要写明(   )

A. 请求的原因   B. 具体请求事项

C. 答复意见   D. 结束用语

13. 对于函的拟写正确的是(   )

A. 商洽函要体现商量、接洽的性质   B. 商洽函要尽量多写客套语言

C. 问复函要问得清楚,答得明白   D. 问复函要写得留有余地

14. 以下几种机关之间,因工作需要往来公文,可以使用函的有(   )

A. 省财政厅与省经贸委   B. ××大学与市劳动局

C. 省教育厅与省人民政府 D. 县公安局与乡人民政府

15. 在函正文的结尾处,下列哪些用语可以使用(   )

A. 请尽快函复为盼   B. 敬请予以大力支持

C. 请即函复   D. 特此函告

16. 在撰写函时应符合以下哪些要求（　　）

A. 用语讲究礼节，语气委婉得体

B. 撰写函，必须使用正式公文用纸

C. 具备正式函的规范格式，结构完整用语准确

D. 尊称与致意性的词语应经常使用

17. 以下哪些语句往往用于函结尾处以表示尊重对方（　　）

A. "不知贵方意见如何，请函告"　　B. "特此批复"

C. "请予以接洽是荷"　　D. "请参照以上意见办理，不得有误"

三、指出下列公文的不妥之处，并说明正确的写法

关于拟派郑××等教师前往加拿大进修的请示

××省科技干部局、××局长：

　　××大学成立于2007年，由于专业设置多，有：涉外会计、国际金融、国际贸易等八个专业。而教师数量少、质量不高。目前虽从各地调进部分教师，但仍不能满足教学需求。为此，××大学决定通过各种渠道培训教师。

　　现加拿大××学院邀请我市××大学青年教师郑××于2018年3月前往加拿大进修一段时间（邀请书见附件）。进修期间由加拿大××学院提供包括学费、食宿、医药、保险等费用的奖学金。经研究，我们决定同意派郑、李二人前往加拿大进修国际贸易与国际金融专业。二人均已通过托福考试，具备出国条件，且专业对口。今后如有可能，亦望多派研究生给××大学，以充实其师资力量。

　　以上请示务必于2017年12月月底前答复，勿误。

　　附件（略）

××市人民政府
××年×月×日

关于联系教师进修的函

××大学教务处：

　　首先让我们以××市公关学校的名义，向贵处表示衷心的感谢，过去为我校办学给予了很大的帮助。目前我校又面临一个很难解决的问题。

原来事情是这样的:我校开办不久,师资力量很差,决定派年轻教师××到贵校旁听进修一年。我校与有关部门多次商量。但××进修期间的住宿问题,至今也没有得到解决。提高教学质量的关键是师资。为提高我校教育质量,恳请贵处设法在贵校给解决住宿问题。但不知贵处是否有什么困难。如果需要我校给贵处办什么事情,请尽管提出,我校会竭力去办。再说一句,贵处如能解决我校进修教师住宿问题,我们将以我校领导的名义向贵校领导深深地表示谢意。

××市公关学校(印章)
××年×月×日

四、请根据以下材料拟写一份函

××建筑公司因业务发展需要,拟从广州大学挑选5名应届毕业生充实管理队伍。请以该公司名义,拟一份致广州大学商洽此事的函。具体内容(如对毕业生的要求、办理办法等)可作合理想象。

第十五节 纪 要

一、纪要的适用范围

新《条例》规定:纪要适用于"记载会议主要情况和议定事项"。纪要又称会议纪要,"纪"与"记"含义相同,意为记录,"要"就是要点,连起来就是记录要点的含义。纪要是在归纳、整理会议记录及其他相关会议材料的基础上,按照会议的宗旨和要求,针对会议讨论研究的工作事项和问题综合整理而形成的公文,它既可以反映会议的基本情况、主要精神和中心内容,也可以用以解决问题、统一协调各方面的步调,要求与会单位共同遵守、执行,还可以向上级机关汇报会议情况。

二、纪要的特点

(一)纪实性

会议纪要必须是会议宗旨、基本精神和所议定事项的概要纪实,不能随意增减和更改内容,任何不真实的材料都不得写进会议纪要。如果材料失真,将会给贯彻执行会议精神造成困难,并影响纪要的效力。纪要的纪实性特点使得它具有凭证作用和资料文献价值。

(二) 概括性

纪要是对会议主要内容和精神的高度概括,撰文者要善于分析,综合会议讨论的各种意见,按照一定的逻辑顺序编排要点,提纲挈领地反映会议的基本精神和主要成果,概括其要点,提炼其精髓。

(三) 指导性

纪要内容包括对某些重要问题进行讨论后形成的一致看法和解决问题的方案,是针对某些重大事项所做出的政策规定和提出的原则意见,它要求与会单位和相关部门以此为依据展开工作,落实会议的议定事项。

三、纪要的分类

按照会议的形式,纪要可以分为:

(一) 办公例会纪要

办公例会是党政机关召开的办公会议和例行会议,目的是研究处理日常行政事务,常常有固定的时间和出席人。根据会议研究决定的问题形成的书面材料就是办公例会纪要。例如《中共中央政治局会议纪要》。

(二) 专门工作会议纪要

专门工作会议纪要即召开专门性的工作会议,总结过去一段工作,分析当前形势,研究提出今后一段时期的工作方向、原则、目标及相关步骤、措施所形成的会议材料;也是研究一些重大理论和实际问题时提出共同研究的意见、办法所形成的书面材料。例如《道路交通安全专题形势分析会议纪要》。

(三) 座谈会议纪要

座谈会是根据形式的需要为专门研究解决某一重要问题而临时决定召开的会议。座谈会议纪要就是将讨论的问题概括和整理所形成的书面材料,具有较强的辩论性和说服力,因而在一定领域内具有权威性和影响力。例如《全国文物拍卖管理工作座谈会会议纪要》。

四、纪要与相关文种辨析

纪要是会议的产物,它与会议记录、会议决议、会议简报、会议公报有着某些联系,但又有明显的不同。

（一）纪要与会议记录

二者都是会议的产物,都能反映会议情况和成果,也都有存查的作用,但有明显的区别。（见表 2-4）

表 2-4　纪要与会议记录的区别

区别＼文种	纪要	会议记录
文种性质不同	法定公文	事务文书
形成过程不同	会议记录的整理	逐项记载,会议原始面貌的反映
内容详略不同	简要性、提纲挈领写明会议主要精神	原始记载,有闻必录,兼收并蓄
形式不同	格式和制作程序有规定	约定俗成,本子、信笺均可
意义作用不同	指导、指挥、协调、交流	作为资料保存和备查的作用

（二）纪要与决议

纪要与决议也不同,具体区别见表 2-5。

表 2-5　纪要与决议的区别

区别＼文种	纪要	决议
适用范围不同	记载会议主要情况和议定事项	会议讨论通过的重大决策事项
所涉事项不同	一会议一纪要,可涉及多个事项	一事一决议,一个会议可有多个决议
成文依据不同	与会单位、人员取得一致即可	必须讨论且与会人员多数通过才能成文

续表

区别 \ 文种	纪要	决议
内容不同	反映会议基本情况和主要精神	只反映会议通过事项
约束力不同	弱	强

(三)纪要与会议简报、会议公报

另外,纪要与会议简报也不同。纪要属于法定公文,会议简报则是事务性文书。纪要在兼有反映情况、沟通信息功能的同时,还具有指导性。会议简报主要用于反映会议动态、沟通情况,所载内容只具有参考性。

纪要与会议公报的内容有类似之处,但公报是报道会议的核心内容的,是纪要的"纪要",另外会议公报仅用于党和国家的高层会议。

五、纪要的结构及写法

纪要的基本结构包括标题、正文两部分。

(一)标题

纪要的标题与一般公文略有不同,因为会议纪要主要是以会议的名义发出的,而不是以领导机关的名义发出的。会议纪要的标题一般有两种。通常情况下,标题由会议名称加文种构成。如《全国农村工作会议纪要》。第二种是正、副标题式,这是一种新闻式标题,通常是为了醒目和吸引读者。正题揭示会议的基本精神,副标题由会议名称和文种构成,如《以十九大精神为指导,开创冬季工作新局面——××市政府第×次市长办公会议纪要》。这种标题常用于报刊发表的会议纪要。

需要说明的是,根据2012年最新的《党政机关公文格式标准》,定期例会的纪要,可采用专用页眉,因而不用再拟制标题。公文首页页眉标明:"××市人民政府市长办公会议纪要",上边缘至版心上边缘为35 mm,推荐使用红色小标宋体字。这是例行办公会议纪要的常用形式。

(二) 正文

会议纪要正文的布局是极其规范的,约定俗成,一般分为三部分,一是会议概况,二是会议事项,三是结尾。

1. 会议概况

主要包括会议召开的根据、目的、会议时间、地点、名称、主持人、与会人员、基本议程。这是对会议基本情况的介绍,要写得简明概括,详略得当。这部分表达完毕后,可用"会议纪要如下"或"会议确定了如下事项"为过渡,转到下一部分。

2. 会议事项

这是纪要的核心部分。常务会、办公会、日常工作例会的纪要,一般包括会议内容、议定事项,有的还可概述议定事项的意义。工作会议、专业会议和座谈会的纪要,往往还要写出经验、做法、今后工作的意见、措施和要求。根据会议的性质、规模、议题等不同,大致有以下几种写法:

一是按孤立的问题顺序,一个问题接一个问题地去写。适用于内容比较简单的通知型会议纪要,按问题顺序排列,逐个问题说明会议研究了什么问题及对这个问题所做出的决定。二是集中概述法,即把会议的中心议题所涉及的问题和意见,按内容分类加以归纳,进行整体的阐述和说明。如座谈会、讨论会等就采取这种写法。三是按会议所研究、决定的内容分几个部分来写。一般包括:对过去工作的总结、对当前形势的分析、对未来工作总的要求以及为实现这个要求所采取的措施。

3. 结尾

一般有三种写法。一是提出希望、号召,要求有关单位认真贯彻会议精神,努力完成上级提出的各项任务。二是纪要结尾根据会议内容和纪要要求,对贯彻落实会议精神的关键问题予以强调,或对会议做出评价,或交代会议的有关事项,或对会议的召开做出贡献的单位和个人表示感谢。第三种是不另写结尾,正文的主体部分结束就是全文的结尾。

与其他公文不同的,纪要需标注出席人员名单,一般用3号黑体字,在正文或附件说明下空一行左空二字编排"出席"二字,后标全角冒号,冒号后用3号仿宋体字标注出席人单位、姓名,回行时与冒号后的首字对齐。如有请假和列席人员名单,除依次另起一行并将"出席"二字改为"请假"或"列席"外,编排方法同出席人员名单。

六、纪要写作时应注意的问题

(一)明确要旨,重点突出

一次工作会议涉及的问题很多,因而必须要明确宗旨,准确反映会议的精神实质,不能既想"抱西瓜"又想"拣芝麻"。

(二)材料真实,简洁有效

纪要必须依据会议的实际内容,不能随心所欲地增减或更改内容,不能添枝加叶。同时,纪要是对所有会议材料的概括、综合和提炼,因而必须按照会议精神和领导意图对材料进行筛选和精心安排,做到简洁有效。

(三)条理明晰,语言恰当

条理性、理论性是纪要的一个显著特点,也是与会议记录的一个主要区别。会议记录一般就把每个人的发言尽量客观详细地记录下来,纪要则是需要对会议意见进行整合、分析和整理加工,这个过程就是条理化。理论化就是对会议讨论的意见尽力给予理论上的概括,提纲挈领,画龙点睛。在语言上,要根据纪要的不同用途恰当地使用不同的词语。上报的会议纪要就应使用对上的语气,如"会议讨论了以下几个问题""会议考虑"等;下发的则用"会议决定""会议强调""会议号召"等。

[例文]

关于加强我市危险化学品道路运输安全
监管的工作会议纪要

2017年7月12日下午,市委常委、常务副市长刘××在市政府办

公楼五楼会议室召开会议,研究我市危险化学品道路运输安全监管问题。副市长陈×、杨××出席了会议。纪要如下:

会议听取了市公安、交通运输等部门对加强我市危险化学品道路运输安全监管的意见和建议,并就此进行了研究。会议指出,我市是广东省重要的石化基地,危险化学品运输量大,危运车辆众多,安全监管责任重大,但目前我市危险化学品道路运输安全形势比较严峻,存在运输车辆非法改装、超载现象较普遍;挂靠外省籍车辆众多,管理困难;司乘人员偷窃危险化学品;充装单位源头把关不严;职能部门各自为政,没有形成监管合力等突出问题。各级政府和有关部门要高度重视,加强对危险化学品运输安全监管。会议决定:

一、建立健全机构

(略)

二、加强监督管理

(略)

三、加强规划调研

(略)

出席:陈×、杨××、潘×(市政府),梁×(市经信局),刘×、谢××(市安监局),陈××(市交通运输局),陈××(市环保局),李××(市法制局),李××(市公安消防局),杨×、王××(市公安交警支队),卢××(市工商局),谭××(市质监局)

练习题

一、判断题

1. 撰写纪要可以根据工作需要作各种调查,广泛选取材料。(　　)

2. 会议纪要就是会议记录。(　　)

3. 会议纪要的精髓在于"要",不能大量直接引用或列举与会人员的原始发言。(　　)

4. 平行文包括"函"和"会议纪要"。(　　)

5. 会议纪要一经下发,便对有关单位和人员产生一种指示作用和约束力。
(　)

6. 会议纪要是具有纪实性和指导性的事务文书。(　)

二、不定项选择题

1. 纪要与会议决议的不同表现在(　)

A. 在程序上纪要只需要征求与会者意见并经会议主持者审阅即可

B. 内容上,纪要可以包含几个不相联系的事项

C. 纪要可以表达少数人的意见

D. 在写作上要明确要旨,重点突出

2. 以下关于会议纪要的标题说法正确的是(　)

A. 标题需写明会议名称与文种

B. 可采用双标题式

C. 采用专用眉首,则不用标题

D. 可以采用一般文章标题的形式在标题中简要明确地揭示中心思想

3. 纪要正文的开头部分,应写明(　)

A. 会议内容　　　　　　　B. 会议概况

C. 会议议定事项　　　　　D. 会议主要精神

4. 纪要的核心内容是(　)

A. 会议概况　　　　　　　B. 会议事项

C. 结尾　　　　　　　　　D. 会议正文

5. 以下关于会议纪要的说法正确的是(　)

A. 会议纪要是机关用以传达贯彻会议主要精神与议定事项,同时也据此检查会议议定事项执行情况的一种会议文件

B. 会议纪要有交流会议信息、介绍经验的作用,但没有约束执行的效用

C. 专题性大型会议,一般运用归纳叙述方法撰写会议基本情况

D. 对会议中出现的重大分歧,会议纪要中应如实加以记载

6. 在语言上,要根据纪要的不同用途恰当地使用不同的词语。下列词语中下发的会议纪要常用的是(　)

A. 会议认为　　　　　　　B. 会议决定

C. 会议强调　　　　　　　D. 会议号召

7. 会议纪要在开头部分要先写明会议的基本情况,它包括(　)

A. 会议召开的根据、目的　　B. 会议名称、议题、成果

C. 时间地点、与会范围(人员)   D. 会议议定事项

8. 下列各项正确反映会议纪要的特点是( )

A. 纪实性   B. 鼓动性

C. 概括性   D. 指导性

9. 会议纪要区别于会议决议的方面是( )

A. 行政机关只用会议纪要不用会议决议

B. 会议纪要的内容可重可轻,涉及的问题可大可小;会议决议的内容一定是原则性重大问题

C. 会议纪要可以反映会议上不同的观点或几种同时存在的意见;而会议决议只能反映多数人通过的统一的观点或意见

D. 会议纪要是把会议情况整理出要点,经机关领导人审核签发后即可定稿;而会议决议初稿写成后,必须经正式会议、按法定程序通过后才能生效

10. 关于纪要的说法不正确的是( )

A. 全面反映会议内容   B. 表现形式灵活多变

C. 行文方向不固定   D. 写作快速及时

三、指出下列公文中的错误

××市税务局市场征收工作经验交流大会纪要

××××年5月四日,××市税务局召开了"市场征收工作经验交流大会",×××副局长对去年6月1日农贸市场实行征税以来的工作进行了回顾总结,部署了今后工作。

×副局长在总结中指出,在各级党政领导重视支持和有关部门的密切配合下,经过广大税务专管员的努力,一年来征收税款×××余万元,市场物价基本稳定,摊位、品种并未减少,"管而不死"的方针得到了贯彻,在税收工作上取得了不少成绩:

一、运用税收经济杠杆,加强税收管理。在保护合法经营、打击和限制投机违法活动方面发挥了积极的作用,如××区税务分局第×税务所,从宣传着手,提高商贩的遵纪守法的观念;从检查着手,促使商贩正确申报;从管理着手,做到十足收齐。

二、初步摸索、积累了一些行之有效的征收管理办法。如××区税务分局与工商局密切配合,思想上统一认识,管理上统一步调,处理上统一行动,通过一年实

践,证明这样的做法有利于加强市场征收工作。

三、在培养、锻炼新生力量方面迈出了可喜的一步。据统计,一年来拒腐蚀的事例共有289起,不少分局摸索、总结了一些培养干部的经验,××区税务分局第×税务所在大会上介绍了他们"晓之以理,导之以行,抓紧队伍"的做法,就是这些经验的代表。

×副局长还号召市场税务专管员向一年来立功受奖的同志学习,拒腐蚀,永不沾;只有思想上筑起一道防线,方能在种种"糖弹"面前立于不败之地。

最后,×副局长要求各单位进一步加强市场专管员的队伍建设,在政治思想、业务水平、工作经验上都有一个新提高;认真贯彻市委18号文件,密切与其他部门的配合,把整顿市场秩序的工作做好。

四、根据下面提供的会议记录,请撰写一份会议纪要

产学研讨论会会议记录

时间:2017年2月16日上午

主持人:毛大龙

出席人:黄立鹏、王梅珍、陈星达、陈运能、张福良、黄炜

列席人:林建萍、徐进、李克让、梁慧、朱国定、吕秀君、郑禄红、李滨、张剑锋、董珍时、夏朝丰、陆丽君、刘雪燕、任振成、冯盈之、范建波

一、毛大龙同志传达了全国第二次产学研工作会议精神和2017年全省教育工作要点。要求要结合上级指示精神,创造性地开展工作。

二、会议决定,王梅珍同志协助毛大龙同志主持学院行政日常工作。各单位、部门要及时向分管领导请示、汇报工作,分管领导要在职权范围内大胆工作,及时拍板。如有重要问题需要学院解决,则提交办公会议研究。

三、毛大龙同志再次重申了会议制度改革和加强管理问题。毛院长强调,院长办公会议是决策会议,要研究、解决学院办学过程中的重大问题。要形成例会制度,如无特殊情况,每周一上午召开,以确保及时研究问题、解决问题,提高工作效率。具体程序是,每周四前,在取得分管领导同意后,将需要解决的议题提交至办公室。会议研究决定的问题,即为学院决策,各单位、部门要认真执行,办公室负责督促检查。

毛院长就有关部门反映的教学管理中的若干具体问题,再次重申,一定要理顺工作关系,部门与部门之间、机关与分院之间、分院与分院之间一定要做好沟

通、衔接工作,互相理解,互相支持。机关职能部门要注意通过努力工作来树立自己的形象。基层分院要提高工作效率,对没有按时间控制点完成任务的要提出批评。要切实加强基础管理工作,查漏补缺,努力杜绝教学事故的发生。

四、会议决定,要进一步关心学生的生活问题。责成学生处结合教室管理等工作,落实好学生的勤工俭学任务。将教工餐厅移到二楼,一楼餐厅全部供学生使用,以解决学生就餐拥挤问题。针对校外施工单位晚上违规施工,影响学生休息问题,会议责成计划财务处立即向高教园区管委会反映,尽快妥善解决。

五、会议决定,要规范学生的技能鉴定工作。重申,学生毕业之前须取得中级以上技能证书,才能发给毕业证书。由产业园设计中心(考工站)具体组织学生的报名、培训和考核工作。

六、会议决定,要加强对外交流和学习。争取利用暑假时间,组织教工到境外考察学习。

七、针对今年的招生工作,会议决定,召开一次专题会议,统筹解决今年招生中的重大问题。

第三章 事务性公文写作

第一节 计　　划

一、计划的概述

计划是国家机关、团体、企事业单位对一定时期,根据某种愿望预先做出安排时使用的一种公文。计划主要用于对未来的工作任务预先拟定目标,设想步骤、方法等,做到事先心中有数。它是避免盲目性、保证各项任务顺利完成的一重要措施。计划文书在工作中发挥着明确工作目标、指导行动和方向、激励热情和斗志的积极作用。从党中央、国务院到村委会和个人,都需要制订计划。所以,在工作、学习和生活中每个有一定文字表达能力的人都应该学会计划的写作。

二、计划的分类

计划一般按性质、范围、时间来划分比较简明。按性质可分为生产计划、工作计划、科研计划、作战计划等;按范围可分为部门计划、单位计划等;按时间可分为五年规划、年度计划和季度计划等。

在公文写作中,规划、方案、纲要、要点、打算、设想、预测等也都属于计划的范畴。虽然这些文种的内容都是关于未来的设想,即还没有发生或将要发生的,但是,它们之间有范围、时间、粗细、远近等方面的差别。

计划的时间有长有短,内容可全面可单项,如五年规划、年度计划、季度计划和月度计划,其内容有国民经济发展计划、工业生产计划、教育工作计划等;规划、纲要的时间跨度大、范围广,带有全面性和长期性,方案、预测的时间跨度小,多指专项工作,思考得较细;设想、打算属于初步的或非正式的东西,设想的时间较长,打算的时间较短,思考不很周密,带有粗线条的想法。因此,作者可以根据内容、时间、重要程度等多种要求,选用其中的某一种。例如,考虑未来十年的工作可用规划,考虑未来三五年的工作也可用规划,考虑近期要做的某项工作可用方案、意见、打算等。

三、怎样写计划

(一)在制作计划之时,必须要有明确的目的

比如,十九大报告提出"决胜全面建成小康社会",这就是一个明确的计划。虽然不能说十九大报告就是一个计划文体,但在奋斗目标这个部分实际上就是计划。而我们在制订实现这个宏伟计划的时候,也必须明确提出实现这一总任务的具体方法、步骤。所以在制订计划时,必须要有明确的目的性。

(二)要进行调查研究

制订计划时必须坚持科学的态度,进行认真细致的调查研究,充分了解客观存在的条件,再结合本单位和个人的具体情况,制订适宜的计划。研究国家相关的方针政策,了解上级下达的任务、提出的要求;查问、收集有关资料;研究本单位开展工作的各种具体条件;预测实际工作中可能出现的问题,研究可行的措施和办法等。这样的计划就是从实际出发而制订出来的,不是凭主观臆造、脱离实际的计划。

坚持走群众路线也是制订计划的前提,要广泛了解群众意图,听取各方的意见。任何计划在正式形成前,都要坚持走群众路线,切忌闭门造车。在计划制订的过程中,发动群众一起研究讨论是极为重要的方法。要将与群众一起讨论得出的好的意见写进计划草稿,再回过头来与群众进一步讨论、修改和补充,尽可能达到领导和群众意见一致的效果。这样的计划才应该算是正式计划。

制订计划,既要明确群众意图又要留有充分的余地,这二者必须

兼顾，不能偏颇失衡，不然就会挫伤群众参与的积极性；同时也不能因循守旧，不敢突破。

在计划写作的时候，要具体、明确、肯定，便于操作和执行；要提出任务、时间、步骤、措施和方法，以及组织人力等。值得注意的是，我们务必要防止在计划中制造不切实际的假、大、空，这样的计划不仅不能指导我们的工作和学习，反而会给我们的事业带来负面的效应以致造成无法挽回的恶果。

计划是工作的指南，行动的"纲领"。所以，在执行计划的过程中应该经常进行对照检查。在对照检查中，一旦发现某些地方违背客观情况或客观情况发生了变化，要根据客观情况进行适当修改。在计划执行过程中，会出现始料不及的状况，所以部分修改计划甚至变更全盘都是正常的事情。情况发生了变化，就要下决心修改或变更计划，以适应新形势的需要。但是我们必须明白，公文写作不是文学创作，计划的写作也不例外，不能随心所欲地修辞和描写，要尽量避免不必要的言辞修饰。

（三）计划的写作方法取决于写作内容

通常计划分为条文式、说明式、表格式，有时这三种可以配合使用。一般来说，一篇采用文字叙述的方式制订的计划，主要包括如下三部分内容。

第一部分，标题。计划的标题包括名称、期限和种类，例如《××大学××年××工作计划》。标题的位置写在第二行中间。如果标题文字较长，要事先设计好，写成两行或三行。如果计划还不成熟或未经通过，则要在标题后注明"（初稿）"或"（草稿）"或"（供讨论用）"等字样。

第二部分，正文。计划的主要内容全写在这里。这部分既要有总的原则，又要写具体的要求和措施。文字叙述式计划的具体内容是：目的、任务、方法、步骤、组织安排、完成时间等项。目的、任务是指标部分，要写清"为什么做""做什么"，文字要简括、精炼；方法、步骤等属于措施部分，要写清"怎样做"，文字要具体、明确。简要的计划也可以采用表格式填写,计划项目和表格的形式应该根据需要来设计,不要把项目列得过于复杂,不利于执行,必要时可作文字说明。

第三部分,单位名称、个人名称和日期。这部分写在正文右下方第三行处。如果名称在标题里面已表现出来,在这里也可以省略。若作为文件下达给下属机构,还必须在单位名称处加盖公章,否则无效。

怎样写好计划?写好计划不仅是靠文字功力可以胜任,它还涉及具体的业务工作,它反映的是一个人的综合能力。尽管如此,写作计划根据内容的需要,还是有一些章法可循的。

首先应该分清所写的计划属于哪一类,适宜用什么计划种类来表达,从而确定具体义种,即计划、规划、设想、要点、方案、安排中的一种,再根据具体内容进行写作。

计划时间较长、范围较广的,就应当选择用"规划"。规划不必写得过细,能起到明确方向的作用就够了,规划的写作也应该切合实际,但这个切合实际只是个大致的切合。初步的、不太成熟的计划,就要用"设想"。因为设想是为计划作准备的,也不必写得很细,但是设想要写得条理清晰、简单明了,设想不仅需要突出一个"想"字,更需要有突破和创新。倘若计划是某一项工作,则选择用"方案"或"安排"来写。工作项目比较复杂者用"方案",较简单者为"安排",方案和安排都必须写得很细(或很全面,或很具体),否则工作就没法开展。当然,若考虑到要给下级执行时留有余地,方案可变成"实施意见",安排也可变成"安排意见"。如果计划内容既不是单项工作,又不是很宏大的,这就该用真正的"计划"了。因为狭义的计划是广义计划中最适中的一种。当然,若只想把计划摘要加以公布,则可用"要点"来写。

四、各种工作计划特征和写作特点

(一)规划

规划是计划中最宏大的一种。从时间上说,一般都要在三至五年以上;从范围上说,大都是全局性工作或涉及面较广的重要工作项目;从内容和写法上说,往往比较概括,如《××市经济和社会发展十年规划》《××县工业结构调整规划》等。规划是为了对全局或长远工作做出统筹部署,以便明确方向、激发干劲、鼓舞斗志。相对于其他计划类公文而言,规划带有方向性、战略性、指导性,因而其内容往往要更具有严肃性、科学性和可行性。这就要求写作者必须首先进行深入的调查和周密的测算,在掌握大量可靠资料的基础上,根据党、国家和单位的发展方针确定发展远景和总体目标,然后充分吸收有关意见,以科学的态度,反复经过多种方案的比较、研究和选择,确定各项指标和措施。

规划因具有严肃性,所以一般都是通过"指示性通知"来转发的,其格式都是由"标题"和"正文"两部分组成,一般不必再落款,也不用写成文时间。规划的标题是"四要素"写法:单位名称+时间期限+内容范围+"规划"二字。如《××市"十三五"期间经济发展规划》。规划的正文一般都比较长,大致有以下几方面内容:(1)前言。这是有关的背景材料,也就是制订规划的起因和缘由。这是制订规划的依据,因此不能简单地罗列事实,而应把诸多有关情况认真地综合、分析,找出其有利因素和不利因素。这样才会使人相信之后所提的规划目标言之有据。(2)指导方针和目标要求。这是规划的纲领和原则,是在前言的基础上提出的,因此既要写得鼓舞人心,又要写得坚定有力,要用精练的语言,概要地阐述出来。(3)主要任务和措施。这是规划的主体和核心,是解决"做什么"和"怎样做"的问题,因此任务要提得明确,措施要提得概括有力。这部分写作通常有两种结构:对于全面规划或任务项目较多的规划,因其各项任务比较独立,没有多少共同的完成措施,一般采用以任务为主线的"并列式结构"(措施都在各自的任务之后分别提出);对于专题规划或任务较单一的规划,因其任务项目较少而其项目之间的联系又较大,一般采用任务、措施分说的"分列式结构"。(4)结尾。这是远景展望和号召。这部分要写得简短、有力、富有号召力。

(二)设想

设想是计划中最粗略的一种。设想在内容上是初步的,多是不太成熟的想法；在写法上是概括的、粗线条的勾勒。但时间不一定都是远的，范围也不一定都是宏大的。一般说来，时间长远些的称"设想"；范围较广泛的称为"构想"；时间不太长、范围也不太大的则称为"思路"或"打算"。设想是为制订某些规划、计划做出准备的，是一些初步想法。设想在严肃性、科学性和可行性方面的要求相对少一些，因为它是为正式的规划或计划作准备，给各级领导看，或是交给群众讨论的，只要基本成形就可以，且在提出任务或目标时，往往还有一些简短的论述语句。设想与规划一样，在内容的写法上都是比较原则性和概括性的，不可能也没有必要写得太细。

设想因具有超前性，所以其写作要求并不十分严格，其格式也不大一样：如果是给领导看的，报给上级，就要严肃一些，随报告报送，不必落款，也不必写行文时间；如果是交给群众讨论的，或者不以通知或报告的形式转发或上报，就要落款并写明具体行文时间。设想的标题可以是"四要素"，也可以是"三要素"，或省略单位名称，或省略时间期限，还可以是"二要素"，省略单位名称和时间期限，如《关于学校机构改革的初步设想》。设想的正文一般有两种写法。第一种是只讲目标、要求的条项并列式写法，适用于时间较长远的"设想"或工作计划的最初构思或打算。第二种是也按规划、计划、方案或安排的格式结构，只是内容粗略一些的想法，适用于预备性计划，即只是征求意见的"构想""思路"或"打算"。

(三) 计划

狭义的计划是广义工作计划中最适中的一种。这个特点表现在，时间一般在一年、半年左右，范围一般都是一个单位的工作或某一大项重要工作，内容和写法要比规划具体、深入，要比设想正规、细致，要比方案简明、集中，要比安排多样、概括。

计划由于大多以一个单位的工作内容为范围，只在单位内要求执行，所以一般不以文件形式下发，因而除标题和正文外，往往还要在题下或文后标明"×年×月×日制订"字样，以示郑重。计划的标题也是"四要素"写法，其中哪一个要素都不应省略。由于计划是对一个单位的全面工作或某一项重要工作的具体要求,所以写作时要比规划和设想具体、详细得多,正文一般包括以下几方面内容:(1)开头。或阐述依据,或概述情况,或直述目的,要写得简明扼要。(2)主体。计划的核心内容,阐述"做什么"(目标、任务)、"做到什么程度"(要求)和"怎样做"(措施办法)三项内容,既要写得全面周到,又要写得有条不紊,具体明白。全面工作计划一般采取"并列式结构"(任务、措施分说)。(3)结尾。或突出重点,或强调有关事项,或提出简短号召,当然也可不写结尾。

(四)要点

所谓要点,实际就是计划的摘要,即经过整理,把主要内容摘出来的计划。一般以文件下发的计划都采用"要点"的形式。

要点大多是上级机关某一项重要或较大工作计划的摘要,一般都要以文件形式下发,因而多用某个通知作"文件头",所以只要有标题和正文两部分内容就可以了,不必再落款,再写成文时间。但也有些要点,由于涉及的工作重大,为郑重起见,往往要在标题下标明发文机关名称和制发具体时间。要点的标题可写"四要素",也可写"三要素",但"三要素"的写法一般要在题下标明被省略的发文机关名称。正文写法,由于要点的内容是摘录计划的主要之点,所以其正文都写得比较概要,既不要兼顾到各个方面,也不必讲具体做法,更不用讲道理,没有过渡段。在结构方式上,要点大都是并列式,可分若干项目一贯到底,也可分几大项,大项下分若干小项,其中的小项可在每一大项下单独排列,也可全文排列。

(五)方案

方案是计划中内容最为复杂的一种。由于一些具有某种职能的具体工作比较复杂,不作全面部署不足以说明问题,因而行文内容构成要多一些层次。一般有指导思想、主要目标、工作重点、实施步骤、政策措施、具体要求等项目。

方案的内容由于是上级对下级或涉及面比较大的工作,一般都用带"文件头"的形式下发,所以不用落款,只有标题、成文时间和正文三部分内容。方案的标题有两种写法:一个是"三要素"写法,即由发文机关、计划内容和文种三部分组成,如《××大学五年发展规划总体方案》;一个是"二要素"写法,即省略发文机关,但这个发文机关必须在领头的"批示性通知"(文件头)的标题中体现出来,如《治理采掘工业危机,实现良性循环方案》。为郑重起见,方案的成文时间一般不省略,而且要注在标题下。方案的正文一般有两种写法:一是常规写法,即按"指导方针""主要目标(重点)""实施步骤""政策措施"及"要求"几个部分来写,这个较固定的程序适合于一般常规性单项工作;二是变项写法,即根据实际需要加项或减项的写法,适合于特殊性的单项工作。但不管哪种写法,"主要目标""实施步骤""政策措施"这三项必不可少,实际写作时的称呼可以不同,如把"主要目标"称为"目标和任务"或"目标和对策"等,把"政策措施"称为"实施办法"或"组织措施"等。在"主要目标"一项中,一般还要分总体目标和具体目标;"实施步骤"一般还要分基本步骤或阶段和关键步骤,关键步骤里还有重点工作项目;"政策措施"的内容里一般还要分"政策保证""组织保证"和"具体措施"等。

(六)安排

安排是计划中最为具体的一种格式,由于其工作比较确切、单一,不作具体安排就不能达到目的,所以其内容要写得详细一些,这样容易让人把握。

安排的内容由于是涉及范围较小或单位内部的工作,所以一般有两种发文形式:一种是上级对下级安排工作,尽管涉及面较小,也要用带"文件头"的形式下发。"安排"的格式是"标题"和"正文"两部分。另一种,如果是单位内部的工作安排,也可直接下发文件,格式就由"标题""正文""落款及时间"三部分组成。但不管哪种形式,作为"安排"本身都不该有收文单位,如果必须有,则或者以"文件头"形式下发,或者以"关于……安排的通知"名义下发。安排的标题可是"三要素"写法,也可是"二要素"写法(省略机关名称)。安排的正文一般由"开头""主体"和"结尾"三部分组成;也有的省略"结尾","主体"结束,正文即随之结束。"开头"同计划的开头差不多,或阐述依据,或简明扼要概述。"主体"是正文的核心,一般包括任务、要求、步骤、措施四方面内容。在结构上可按这四方面内容分项来写;也可把任务和要求合在一起,把步骤和措施合在一起来写;还可以先写总任务,然后按时间先后顺序一项一项地写具体任务,每一项有每一项的要求及措施,要依据工作性质及具体内容来定。但不管是怎样的结构,其任务都要具体,其要求都要明确,其措施都要得当。

方案和安排有共同之处,即写作题材都是单项的工作,只对一项工作做出部署和安排。这也正是方案、安排与规划、设想、计划、要点的根本不同。但二者在内容范围上也有个大小之分:方案的内容范围适合于上级对下级或涉及面比较大的工作;安排的内容范围则适合于单位内部或涉及面较小的工作,如《××市关于计划生育的工作安排》。方案和安排还有一种较为概要一些的写法,以便于下级具体实施时灵活掌握,叫作"意见"。方案大多称"实施意见",如《××市"十三五"期间社会主义精神文明建设的实施意见》;安排往往称"安排意见",如《××系统关于开展增收节支活动的安排意见》。在此需要说明的是,有些机关把单位内部或涉及面很窄的单项工作计划也称为"方案",这是不合适的,因为这些工作都比较切近、具体,也并不复杂,只要用"安排"就足够了,如果原则性较强,则可称为"安排意见"。

五、计划写作注意事项

不论哪种计划,写作中都必须注意掌握以下五条原则。

第一,对上负责的原则。要坚决贯彻执行党和国家的有关方针、政策和上级的指示精神,反对本位主义。

第二,切实可行的原则。要从实际情况出发定目标、定任务、定标准,既不要因循守旧,也不要盲目冒进。即使是做规划和设想,也应当保证可行,能基本做到,其目标要明确,其措施要可行,其要求也是可以达到的。

第三,集思广益的原则。要深入调查研究,广泛听取群众意见,博采众长,反对主观主义。

第四,突出重点的原则。要分清轻重缓急,突出重点,以点带面,不能眉毛胡子一把抓。

第五,防患于未然的原则。要预先想到实行中可能发生的偏差、可能出现的故障,有必要的防范措施或补充办法。

[例文一]规范的计划

2017年×××公司安全生产工作计划

根据集团有限公司"企业负责、属地管理、各负其责、确保安全"的原则,以及县安全管理部门2017年安全生产工作安排部署,为确保公司全年无重大事故安全生产,实现公司董事会下达的安全生产指标,公司领导对今年的安全生产工作提出了新的要求,我们要抓住机遇,负重自强,团结登攀,锐意进取,依据××集团有限公司下达的《安全承诺书》及考核方法及标准,认真组织开展安全生产管理、监督和考核等工作,并力争在生产安全、交通安全、人身财产安全、资金安全等管理工作上有重大突破。为使环境、职业健康安全管理体系正常有效运行,2017年我们应重点做好以下几方面的工作。

一、确立指导思想,明确管理目标

1. 以科学发展观为指导,用安全发展科学理念引领安全工作,坚持"安全第一、预防为主、综合治理"的方针,坚持"以人为本"和"谁主管、谁负责"的原则,认真贯彻落实国家有关安全生产的法律法规和强制性标准,规范和加强安全生产的监督管理考核力度,不断提高自身管理水平,牢固树立"生命、健康、卫生、环保"的管理理念,为公司稳定发展服务。2017年我们工作的原则是:"加强领导、健全体系、明确责任、突出重点、强化监管。"

2. 安全目标

(1)无重大火灾、工伤设备、交通事故,无影响社会和集团稳定事件。

(2) 千人重伤率:××‰。

(3) 千人负伤率:××‰。

(4) 争创各级文明、标准化安全生产现场。

二、完善管理制度,健全安保体系

1. 完善安全生产责任制度。落实各级领导、部门以及各岗位员工在管理和生产过程中的安全职责,是安全生产工作制度化、规范化、科学化的重要手段,是搞好安全生产的基础。

2. 完善安全教育培训制度。新的形势对企业的安全教育提出了新的要求,对安全教育培训制度进行必要的调整,使之更加制度化、规范化,以提高全体人员的安全意识和安全生产管理水平,也是企业长期发展的需要。

3. 完善安全生产奖罚办法。制定合理的奖罚办法是为了更好地落实安全生产责任制,激励先进,鞭策后进。

4. 完善职工伤亡事故管理办法。这是为了进一步规范公司生产安全事故的报告制度和处理办法。

5. 充实加强安全生产领导小组成员,在总经理的领导下开展各项安全管理工作,配备专职安全员负责日常安全监督检查管理工作,安全重点部门应指定兼职人员负责安全工作。

三、加强学习宣传,全面提高认识

1. 各级领导要进一步学习和贯彻《中华人民共和国安全生产法》和《安全生产管理条例》,提升员工的安全意识,努力营造"人人关注安全,人人关爱生命"的氛围……做到依法办事。

2. 各岗位员工要通过对国家有关安全生产的法律、法规和强制性标准的学习,理解和掌握相关条款,明确自己的安全职责。

3. 各岗位员工要了解安全生产的各项规章制度和操作规程,提高安全意识,完成"要我安全"到"我要安全"最终到"我会安全"的质的转变。

4. 开展好"安康杯"安全竞赛活动和"安全生产宣传月"活动,通过政策宣讲、图片展览、安全常识教育等活动,提高领导和员工的安全意识,努力营造"人人关注安全,人人关爱生命"的氛围。

[例文二]不规范的计划

外语教研室工作计划

一、主要工作:

1. 规范教学行为、备课组活动,提高现代化教育技术技能,确保英语教学工作达标。

2. 加强新课堂教学改革研究,切实开展有效教学的探索和研究。

3. 名师工程,充分发挥学科带头人、后备带头人及骨干教师的示范带头作用,为提高青年教师业务水平搭建平台。

4. 加强教学质量调查、检查常规工作,建立教学及教学改革评价小组,不断提高英语教学质量。

5. 观摩职业英语教育教学改革。

6. 探索课改新路,营造教研氛围。

7. 积极开展走进新课堂活动,进行以课改为主题的课堂教学实验。开发校本教材。

8. 组织英语备课组集体备课、教学设计、说课评课、教学反思等活动,并开展组内教材培训活动。

9. 全体教师分期分批到小学和学前幼儿园实习,以便促进教学改革。

10. 总结教学改革经验。

11. 培养良好习惯,提高学生素质。

12. 实施教学改革。

13. 教材分析。

14. 补考考卷评定和分析。

15. 毕业班论文大纲审核。

16. 全体教师互听课、互评。

17. 教学常规检查。

18. 网上观看职业教育教学改革专家授课,教学研讨并写出心得体会。

19. 多媒体教学。

20. 积极参加技能节的活动。

21. 全体教师分期分批到小学和学前幼儿园实习。

22. 毕业班学生毕业论文初稿修改。

23. 期末考试。

24. 评定考卷与卷面分析。

25. 教师教学工作考核。

26. 教学工作总结。

××师范大学外语系教研室
2017 年 1 月 15 日

点评:这个计划缺乏目的性,没有提出计划的指导思想,即没有说明为什么要这样做。同时这一计划缺乏工作措施,只是像处方似的罗列了所要工作的项目,没有具体做法,缺乏操作性,容易流于口头,而难以落实。格式上也存在问题,题目没有单位的全称而在落款处使用全称。工作中我们经常会看到类似的计划,原因在于其没有认真地学习和掌握计划的基本写作要素,也不积极进行调查研究,这样的计划不仅不能指导我们的工作和学习,反而会给我们的工作学习带来不必要的困惑和混乱。由此可见,认真学习好公文的写作是十分必要的。

练习题

一、判断题

1. 纲要不是计划类文书。(　　)

2. 计划的目标不能留有余地,制定了就要坚决执行。(　　)

3. 计划的实质是对理想、目标的具体化。(　　)

4. 计划虽不是正式公文,但一经机关会议通过和批准,就具有正式文件的效能。在它所管辖的范围内,就具有了权威性和约束力。(　　)

二、单选题

1. 计划主体的三要素是(　　)
   A. 任务目标、要求、措施办法　　B. 标题、正文、落款
   C. 前言、主体、结尾　　　　　　D. 时间、事由、文种
2. 用于全面的、长远的发展计划叫作(　　)
   A. 安排　　　　　　　　　　　　B. 要点
   C. 打算　　　　　　　　　　　　D. 规划
3. 计划类文书标题中不能省略的项目是(　　)
   A. 机关名称　　　　　　　　　　B. 适用时间
   C. 内容类别　　　　　　　　　　D. 发文时间
4. 撰写的草案性计划,也可以称作(　　)
   A. 打算　　　　　　　　　　　　B. 要点
   C. 安排　　　　　　　　　　　　D. 设想

三、多选题

1. 计划的特点是(　　)
   A. 目标的现实性　　　　　　　　B. 内容的预见性
   C. 措施的可行性　　　　　　　　D. 作用的约束性
2. 计划常见的结构形式有(　　)
   A. 图表式　　　　　　　　　　　B. 条文式
   C. 表格式　　　　　　　　　　　D. 条文表格结合式

四、写作题

过去的一学期就要结束了,新的学年也即将来临,从课堂学习到日常生活,每一位同学都付出了很多心血。请你根据自己学习生活的情况写一篇对过去一学年的总结,或者就即将来临的新学期写一篇计划。(选择一种写作即可,字数不少于400字)

第二节　总　　结

一、总结的含义

总结,顾名思义,就是对某一时期的工作或是对某一项工作进行

系统、全面地回顾和分析,借此肯定成绩、反思教训、提出办法、推进工作、用以指导今后工作的一种文书。总结从范围上划分有地区工作总结、部门工作总结、单位工作总结;从时间上划分有年度工作总结、季度工作总结、月份工作总结;从性质上划分有综合性工作总结和专题性工作总结。我们在日常工作中学会总结经验,交流情况,对于加强工作的计划性、克服盲目性都有着十分积极的作用。

二、总结的特点

(一)客观性

总结主要是对已完成工作的全面回顾、检查,这决定了总结的客观性,即要尊重事实,以事实为依据。总结所选取的材料、数据都必须是真实、无误的,不得任意虚构,主观臆造。任何夸大、缩小事实,随意杜撰、歪曲事实的做法都会使总结丧失其应有的价值。

(二)回顾性

与计划相反,总结是回顾、反思以往的工作,对前一段的工作进行检查,而计划是对将要开展的工作进行规划、安排。所以,总结和计划相互关联,计划是总结的依据;总结又是制订下一步工作计划的重要参考。

(三)典型性

总结不是对事实的泛泛陈述,更不是记工作的流水账。总结以完成工作计划为导向,对自身的工作活动进行实事求是地分析、评价,并得出具有普遍性和规律性的认识或结论。通过总结获取的经验教训是本质的、突出的、有规律的,对今后的工作具有指导意义。

(四)证明性

总结应用自身工作中的真实的、典型的材料来证明其具有客观性、指导性,即总结中的事实材料能够证明所得出的经验、教训或判断、评价,必须保证事实与结论的一致性、合理性,经得起理论和实践的检验。

三、总结的作用

总结在工作中具有多方面的作用,是被广泛使用的文种之一,其主要作用有以下几个方面。

(一)指导性

总结是对已经完成工作的回顾,并从中发现工作中的经验与不足,甚至是教训。例如,是否达到计划所预期的工作目标?这些目标又是如何到达的?对已完成工作任务得失的分析归纳,可以进一步探析过去工作中的成绩与失误的原因,并用总结出来的经验指导以后的工作,有利于今后工作的开展,保证工作任务的顺利完成,提高工作效率;而总结出来的不足或教训,则可以避免在以后的工作中犯同样的错误,少走甚至可以做到不走弯路,起到规避工作风险的作用。

(二)交流性

总结旨在对已有工作的分析评价,提炼成功经验,反思失败的教训。不过,总结所反映的对象往往局限于某一单位或部门一定时期工作任务的总结,因此,单位、部门之间通过总结可以彼此交流,互通信息,减少盲从性,实现经验的推广,还可以增强工作的主动性,达到共同提高的目的。

(三)史料性

鉴于总结是对已有工作的客观的、真实的记录、描述,是各个单位、部门工作计划完成情况的历史记载,对于单位、部门的发展规划具有查询参考的史料价值,是重要的存档文件。

四、工作总结的内容

工作情况不同,总结的内容也就不同,总的来说,一般包括以下几个方面。

(一)基本情况

包括工作的有关条件、工作经过情况和一些数据等。

(二)成绩、缺点

这是工作总结的中心、重点,总结的目的就是要肯定成绩,找出缺点。

（三）经验教训

在写总结时，须注意发掘事物的本质及规律，使感性认识上升为理性认识，以指导将来的工作。

五、总结的格式和构成

（一）总结的格式

总结的格式，也就是总结的结构，是组织和安排材料的表现形式。其格式不固定，一般有以下几种。

1. 条文式

条文式也称条款式，是用序数词给每一自然段编号的文章格式。通过给每个自然段编号，总结被分为几个问题，按问题谈情况和体会。这种格式有灵活、方便的特点。

2. 两段式

总结分为两部分：前一部分为"总"，主要写做了哪些工作，取得了什么成绩；后一部分是"结"，主要讲经验、教训。这种总结格式具有结构简单、中心明确的特点。

3. 贯通式

贯通式是围绕主题对工作发展的全过程逐步进行总结，要对各个主要阶段的情况、完成任务的方法以及结果进行较为具体的叙述。常按时间顺序叙述情况、谈经验，这种格式具有结构紧凑、内容连贯的特点。

4. 标题式

把总结的内容分成若干部分，每部分提炼出一个小标题，分别阐述。这种格式具有层次分明、重点突出的特点。

一篇总结，采用何种格式来组织和安排材料，是由内容决定的，所选结论应反映事物的内在联系，服从全文中心。

（二）工作总结的构成

总结一般是由标题、正文、署名和日期几个部分构成的。

1. 标题

标题,即总结的名称,标明总结的单位、期限和性质。

2. 正文

正文一般又分为三个部分:开头、主体和结尾。

(1) 开头。

交代总结的目的和总结的主要内容;或介绍单位的基本情况;或把所取得的成绩简明扼要地写出来;或概括说明指导思想以及在什么形势下作的总结。不管以何种方式开头,都应简练,使总结很快进入主体部分。

(2) 主体。

这是总结的主要部分,是总结的重点和中心。它的内容就是总结的内容。

(3) 结尾。

结尾是总结的最后一部分,对全文进行归纳,总结或突出成绩;或写今后的打算和努力的方向;或指出工作中的缺点和存在的问题。

执笔人在起草文章之前,要对前一年或前一段的工作情况有全面了解,同时要熟悉下一年或下一阶段的工作任务。这是写好总结的必不可少的准备工作。

六、两种主要工作总结的写法

总结的种类很多,写法大体上都大同小异,这里主要介绍一下全面工作总结和专题工作总结的写法,大家可以从中学习和掌握总结的写作要领,触类旁通。

(一) 全面工作总结的写法

标题要写明:单位名称、总结时限、总结的类别;总结的正文要写清所开展的活动,成绩有哪些,问题有哪些,经验体会,今后打算或建议;最后在文末留下总结人姓名、总结时间。

(二) 专题工作总结的写法

专题工作总结是针对某一项具体的活动所做的总结,不必像全面的总结那样详细。但一般也分三部分:第一部分为标题;第二部分主要有五个方面:活动的目的,活动时间,基本情况,成绩问题,经验和体会;第三部分为署名和日期,如果总结的标题中没有写明总结者或总结单位,就要在正文右下方写明,最后还要在署名的下面写明日期。

写好总结,需勤于思索,善于归纳。通过经常、认真的总结,可以提高领导者的管理水平,培养出更多理论与实践相结合、具有工作能力的管理人才。在写总结的时候,不仅要对做出的成绩加以肯定和弘扬,也要对工作的失误有正确的认识,要有勇于承认错误、承担责任的胸襟。这样有利于形成批评与自我批评的良好作风。写好总结,需从以往的工作实际出发,可养成调查研究之风。总之,写好工作总结是非常重要的,但也是非常困难的,难度主要表现在两方面:一是对过去工作归纳的标准(总);二是不容易概括出工作的经验、教训、规律(结)。因此,要正确处理好两者的关系:总是结的依据,结是总的提炼。

七、工作总结写作的基本要求

不论何种格式的工作总结,其写作都应遵循以下要求。

(一)掌握客观事实,广泛占有材料,这是写总结的基础

总结,就是总括事实,得出结论。没有事实就无法得出结论。总结的材料要准确、典型、丰富,写总结的人得花大量的精力去搜集、积累丰富的材料,又要对搜集的材料进行筛选,确保材料的真实性和典型性。

(二)对占有的材料作认真的分析研究,这是写好总结的关键

认真分析与研究,首先要有正确的指导思想。这就要求写工作总结者加强学习中国共产党的指导思想,并将其作为评价工作得失的理论依据。其次,要坚持实事求是的原则,克服夸大成绩、回避错误的缺点。最后,要坚持运用辩证法,全面地看待过去的工作。既能看到得,又能看到失;既能看到现象,又能看到本质;既能看到主流,又能看到支流。

（三）反映特点、找出规律，这是撰写工作总结的重点

每个单位都有自己的特点，好的总结应当总结出那些具有典型意义的、反映自身特点以及带规律性的经验教训。

（四）要走群众路线，从群众中来，到群众中去，是党的一切工作的根本路线

只有走群众路线，才能集中群众的智慧和经验，丰富总结的思想内容。

（五）具体写作过程中的要求

1. 编好写作提纲

在编提纲的过程中，要明确回答想写什么问题，哪些问题是主要问题等。即使是简单的总结，不写提纲，也得有个腹稿。

2. 交代要简要，背景要鲜明

总结中的情况叙述必须简明扼要，说明工作成绩的大小以及工作的先进、落后。叙述一般要用比较法，通过纵横比较，使得背景鲜明突出。

3. 详略须得当

根据总结的目的以及中心内容，安排好详略、主次，避免使用"基本完成""将要完成""预计达到"等词汇。在写成绩时，既有抓住主要成绩，又要避免添油加醋、浓墨重彩，不要把总结写成了"业绩回报""工作汇报"；对存在的主要问题，要分析到位，不避重就轻，实事求是地描述。其实，工作总结只需要把所干工作实实在在、有始有终地进行全面客观评价。对所做的工作，既要看到取得的成绩，又要看到不足的地方，对于存在的问题，既要实事求是，又要全面客观。所以，只有在心系群众的基础上，真正干了工作，才能用"实绩"写出群众满意的"总结"来。

八、总结写作中要注意的几点

（一）标题要对

标题是文章的眼睛。部门总结的标题：部门名称+年度名称+总

结,如《××县林业局 2017 年度工作总结》。

公司总结的标题:关于+公司名称+年度名称+内容+总结,如《关于××公司 2017 年度营销工作的总结》。标题规范了,一是便于存档,二是便于查找,一举两得。

(二) 引言要精

引言应短而精,官话、套话要少。

部门总结引言,如:

×局长:

现将 2017 年总结报上,请批阅。

公司业务总结引言,如:

营销部门领导:

2017 年,在公司各级领导的亲切关怀和正确领导下,在公司各部门的积极支持下,在营销部全体员工的共同努力下,我们取得了三方面的成绩:成功实现了年营销任务 5000 万元,达到了历史最高水平;成功开发了两个年销售收入在 500 万的大客户,为明年销售收入上一个新台阶打下了良好的基础;成功地进行了全员营销培训,营销人员的基本素质得到了断面的提高。下面将分四部分向领导汇报。

若公司领导太忙,一看引言就知道你的主要工作成绩了。

(三) 总结要全

总结主要分两大部分,第一部分是总结,第二部分是特点。

总结部分要全面。把各级领导的关心、兄弟部门的支持、员工们的努力和部门的主要工作要写全面,但一般不要超过五点。

总结要写出特点,特点是总结的精彩之处,要表现出与以前的不同之处,反映出本单位主要的、重点的成绩。

特点不要超过三点,多了就不是特点了,别人也不容易记住。

(四) 不足要准

工作一定会存在一些问题、不足和遗憾,一定要找准写好。特别是要把领导认为存在的问题、员工感觉存在的问题和阻碍公司发展的主要问题要找准找对,深刻反省,写深写透。

（五）改进要实

针对成绩、特点和不足、问题，明年应怎么办？这点一定要写好。要有具体的办法和措施、步骤，要事先征求领导和员工的意见，本部门要组织好学习和讨论，制订出的改进计划要得到领导的肯定和员工的认可。

光看笔头生花、没有扎实的工作、没有认真的调研、没有准确的分析是写不出好文章的。但干好了没写出来，得不到别人的承认，感觉也很窝火。写好工作总结，得到别人的认可，也说明工作得到了承认。

九、如何写好年终总结

年终工作总结是我们在工作中经常要面对的事情，单位也好个人也好，每到年终都必须完成这项任务。因此在日常工作中，我们不但要对所做的工作时时留意记录，写作年终工作总结也成为我们必须掌握的基本技能。

写总结总是让人头疼，如果把每一天的工作归结为时间上的累加和重复，那么总结必然会失去其意义。不过真若如此，想必我们工作再久也不会有丁点儿进步和教训，工作中的得失也一并忽略了。所以实际上并非无可总结，也不是总结太难，而是我们太懒。

对写总结的恐惧，来源于我们对反思和回顾的怠慢。一年的时间，交给一两个小时去总结，当然无从下手。可如果我们在时间轴上标注出一些节点，然后依次记录下当时的收获和成绩，总结就会有的放矢，问题也会得到梳理和明确。因此，善于做每一天、每一月、每一段时间的小结，是做好年终总结的前提。

如何小结？我们可以跨界借鉴一下苏联数学家柳比歇夫的时间管理方法。

（一）记录

制作工作计时表，真实准确地反映每段工作所耗费的时长，这一点可以借助很多时间管理软件进行，用很短的语句来描述即可。

（二）统计

每填完一个时间区段后，对时间耗费情况进行分类统计，用去的时间,应该同从事的工作相称。看看每一部分工作的时间比例有多大。

(三) 分析

单纯地罗列自己的工作,只能让总结成为一篇枯燥的流水账,发现问题,还要不流于问题的现象。这需要对照工作效果进行分析,包括成本与产出、时间耗费的情况,找出造成低效的因素。

(四) 反馈

根据分析结果制订消除阻碍因素的计划,并反馈于下一时段。连续、密集记录的要义在于如下几个方面。

(1) 保持记录的真实性、准确性。真实是指工作现场的记录,而不是补记的。准确是要求记录的误差不大于 15 分钟,否则记录就无使用价值。

(2) 不要相信记忆的估算,人对时间这种抽象物质的记忆是十分不可靠的。

(3) 选择的时间记录区段要有代表性。

(4) 及时调整时间、精力的分配计划。在检查时间记录时,要找出上一时段计划时间与实耗时间的差,并以此为根据,对下一时段的时间耗用予以重新分配。

[例文一] 规范的总结

上海海关 2017 年工作总结

2017 年,上海海关在海关总署党组的坚强领导下,深入学习贯彻党的十九大精神,认真贯彻落实全国海关关长会议、全国海关党风廉政建设和反腐败工作会议精神,围绕"新时代、新使命、新目标、新征程",强化政治引领,落实总体国家安全观,坚持新发展理念,较好地完成了全年各项工作任务。

一、深入学习宣传贯彻党的十九大精神,自觉用习近平新时代中国特色社会主义思想武装头脑、指导实践

把学习宣传贯彻党的十九大精神作为首要政治任务,坚决维护习近平总书记在党中央和全党的核心地位,坚决维护党中央权威和集中统一领导,坚决第一时间贯彻落实中央领导指示要求,自觉用习近平新时代中国特色社会主义思想统一认识、武装头脑,指导海关工作实践。开展"贯彻落实党的十九大精神,大对标、大调研"活动,对标国际先进标准、对标兄弟海关更好做法、对标上海战略定位,深入基层、走进企业,摸清痛点堵点,找差距补短板,提升整体工作水平。大兴调查研究之风,深入企业和海关执法一线开展调研座谈,充分吸取各方意见和智慧,响亮提出"脚踏实地、重新出发"的号召,全面部署并扎实推进"七大工程"建设,推动上海海关整体工作走上贯彻落实中央、总署党组决策部署的快车道。

二、坚持依法把关,强化监管再上新台阶

一是海关监管不断强化。全年监管进出口货物总值5.97万亿元、报关单2311.7万份、集装箱2597.5万箱、进出境旅客4507.8万人次,分别增长14.1%、7%、1.3%、1.5%。全年监管邮轮1024艘次、国际展会257场。受理跨境电商订单1644万票,货值36.2亿元,分别增长45.2%、67.4%。二是综合治税成效显著。全年征税4305.91亿元,增长19.1%。实现归类化验补税2亿元,审价补税33.9亿元,均居全国首位。三是打击走私战果丰硕。开展"国门利剑2017"专项行动,全年立案走私违法案件2987起。开展打击"洋垃圾"走私"蓝天"行动,查获"洋垃圾"1.39万吨,退运固体废物2310吨。四是法治海关建设稳步推进。开展"国家宪法日""海关法治宣传日"等法治宣传活动,提高全员法治素养。开展知识产权保护"清风""龙腾"专项行动,查获侵权案件308起,案值2.19亿元。落实"五项公开"要求,全年对外公示信息833条。

三、落实国家战略,服务上海经济社会发展取得新成效

一是全力落实自贸区自贸港战略。研究制定海关落实国务院23

号文件的实施方案、自由贸易港海关监管框架方案,推进自贸试验区3.0版建设。围绕"一线彻底放开,二线牢牢安全高效管住"的总体要求,配套制定自贸港海关监管办法和实施细则。优化升级31项已出台的海关创新制度。自贸区新增海关注册企业2533家,企业总数达2.8万家。二是协同推进科创中心战略。撤并南汇关区,整合浦东、南汇关区资源,成立科技创新促进服务机构,面向上海所有科创主体提供一体化海关监管服务。启用张江跨境监管服务中心,受到企业广泛好评。三是服务保障"一带一路"建设。成立中国国际进口博览会监管服务保障领导小组和专题工作组,与市商务委等部门建立定期会商机制。推动"上海—莫斯科"中欧班列顺利开通。促进"一带一路"沿线商贸合作,全年关区对"一带一路"沿线国家进出口总值1.4万亿元,增长17.8%。四是积极优化贸易营商环境。支持洋山四期自动化码头建设,助力上海港集装箱吞吐量突破4000万标准箱。升级空港软硬件服务,推动上海航空货运量突破400万吨。联合上海港务当局,对上海口岸从船舶靠泊到货物提离全过程的时间节点和经费分摊进行全息扫描分析,研究流程再造、时间节点重组等一整套整改方案,努力打造"最安全、最便捷、最高效、最透明、最廉洁"的跨境贸易营商环境。

四、全面深化改革,重点领域取得重要进展

一是全国通关一体化改革深入推进。制定实施《上海海关落实一体化改革业务运行联系配合办法》,"两中心"建成并投入运作,有序推进隶属海关功能化建设,一体化改革在上海全面落地。2017年关区进出口平均通关时间分别为18.77小时和1.32小时,较上年缩短36.29%和34.98%,顺利完成压缩货物通关时间三分之一目标。二是加工贸易保税监管改革有序推进。推动海关特殊监管区域整合优化。推进货物状态分类监管,新增56家试点企业。启动"赋予海关特殊监管区域企业增值税一般纳税人资格"试点。推广集成电路全程保税监管。全年关区加工贸易及保税物流进出口1.57万亿元,增长9.9%。三是全领域改革顺利推进。深化"放管服"改革,取消2项行政审批事

项,优化74项内部核批事项。取消集装箱进出口环节涉企收费3项,为"查验无问题"货物免除费用1.96亿元。深入推进上海国际贸易"单一窗口"建设,与国家标准版顺利实现对接。

五、全面从严治党治关,队伍建设呈现崭新面貌

一是党建工作引领作用有力发挥。推进"两学一做"学习教育常态化制度化。成功召开中共上海海关第八次代表大会。压紧压实党建主体责任,推动党建述职评议考核覆盖全关所有直属党组织。落实"支部建在科上",全关科室支部占比达93.5%。深化精神文明创建,我关第五次获评上海市文明行业。二是干部人事工作有序推进。构建人力资源量化配置模型,实现人力资源综合动态调整。强化干部监督,严格执行领导干部报告个人事项"两项法规",坚持"凡提四必"。三是关警员士气显著提振。成立关文艺体育协会,组建专项协会、文体协会和小组,丰富关警员的业余文化生活。持续改进单身青年公寓等管理工作,不断提升关员的幸福感和获得感。三是党风廉政建设深入推进。认真贯彻落实习近平总书记关于进一步纠正"四风"、加强作风建设的重要批示精神,持之以恒改进作风。落实党风廉政建设主体责任,关区党风廉政建设和反腐败工作重点任务全部完成。推进"海关风险预警处置和审计监督平台"系统应用,深化"一案双查",切实守住不发生系统性、区域性风险底线。

[例文二] 不正确的总结

个人工作总结

一、工作成绩

1. 重视理论学习,坚定政治信念,明确服务宗旨。认真学习马列主义、毛泽东思想、邓小平理论和"三个代表"理论,坚持科学发展观和中国特色社会主义理论,热爱党、热爱祖国、热爱社会主义。积极参加局机关组织的政治活动,挤出时间学习党的路线、方针和政策以及局机关所发的有关文件,进一步明确什么是立党之本、执政之基、力量之源,这是推进建设中国特色社会主义的根本保证,通过深刻领会其精神实质,用以指导自己的工作。时刻牢记全心全意为人民服务的宗旨,公道正派,坚持原则,忠实地做好本职工作。

2. 重视学习业务知识,积极学习有关经济、政治、科技、法律等最新知识,自己的业务能力大大提高。

3. 勤奋干事,积极进取。圆满完成领导交办的各项任务。协助领导建立健全各项制度,使各项管理日趋正规化、规范化。成绩斐然,取得长足进步。

几年来,坚持工作踏实、任劳任怨、务实高效,不断自我激励、自我鞭策,时时处处严格要求自己,自觉维护办公室形象,高效、圆满、妥善地做好本职工作,没有出现任何纰漏,取得了一定成绩。

二、存在不足

至今为止还没发现自己有任何的不足。

××
20××年×月

点评: 这样的总结满篇空话、大话,没有任何能证明其工作成绩的具体事实。从文字里看不出经验的总结,得失的评估,工作的汇报,情况的交流。这样的总结如何能形成人生的履历,以指导今后的工作和学习呢?

练习题

一、判断题

1. "因果倒置"式的总结结构形式常用于写综合性工作总结时。(   )

2. 总结是干部人事制度改革,引进竞争机制后兴起的一种新的应用文体。(   )

3. 写总结的目的是评估得失、总结经验,认识和掌握客观事物的规律,提出今后的努力方向。(   )

二、单选题

1. 按"情况—成绩—经验—问题—意见"形式安排总结的结构是(　　)
   A. 顺序式　　　　　　　　B. 总分式
   C. 比较式　　　　　　　　D. 贯通式

2. 把工作或过程分成几个阶段,分别说明是每个阶段的成绩、经验和教训的方法适用于(　　)
   A. 大型的综合性总结
   B. 周期较长,阶段性又很明显的工作总结
   C. 内容比较单一的总结
   D. 对比性总结

3. 写总结的主要目的是(　　)
   A. 回顾工作成绩,树立今后工作的信心
   B. 找出经验或教训,总结工作规律
   C. 找出工作问题,以利解决存在的问题
   D. 详细记载工作历程,存档备查

4. 评估得失、总结经验,更好地认识和掌握客观事物的规律,从而提出适合本单位或本部门今后的奋斗目标和努力方向。体现了总结的哪一个特点(　　)
   A. 客观性　　　　　　　　B. 指导性
   C. 理论性　　　　　　　　D. 目的性

三、多选题

1. 写总结时需要注意(　　)
   A. 引言要精　　　　　　　B. 不足要准
   C. 改进要实　　　　　　　D. 数据要多

2. 总结与计划的区别是(　　)
   A. 计划是事前就完成某项任务所做出的安排
   B. 总结还可以作为制订下一阶段计划的依据
   C. 总结和计划是一项工作的两个方面
   D. 总结是事后对计划执行情况的总检查、总评价

3. 《××厂2017年工作总结》属于(　　)
   A. 公文式标题　　　　　　B. 非公文式标题
   C. 双标题　　　　　　　　D. 单标题

4. 总结的写作要领是（　　）

A. 调查研究，掌握事实　　　　B. 反映特点，找出规律

C. 表达要叙述、议论相结合　　D. 实事求是，一分为二

5. 总结的公文式标题主要包括（　　）

A. 概括主要内容　　　　　　　B. 概括基本观点

C. 时间和内容　　　　　　　　D. 单位名称

四、写作题

根据你所熟悉的内容和部门，拟写一份××公司××部门××年度工作总结，要求字数600字以上。

第三节　简　　报

一、简报的概念

简报，从字面上理解就是内容比较简略的报道。这是国家机关、企事业单位内部向上级反映情况、汇报工作或者与下级、平行单位进行沟通时经常使用的一种公文应用文体。随着社会的不断发展和进步，简报的发送范围也日渐扩大。许多领导机关，除了把简报作为向上级汇报工作的一种文字形式，还发送简报给下属机构或平行机关，用以指导工作、揭示问题、交流经验、互通情报。

其实，简报也是一种比较古老的文体，它的起源可以追溯到汉代。汉武帝初年，就出现了名为"邸报"的手抄报，简明扼要地反映情况、交流信息。到了唐代，已经出现了印刷的邸报。邸报发展到现代，形成了公开出版的报纸和内部传阅的简报两种形式。

简报有很多种名称，可以叫"××简报"，也可以叫"××动态""××简讯""情况反映""××交流""××工作""内部参考"等。

二、简报的作用

简报的作用主要体现在以下几个方面。

（一）向上级汇报工作、反映情况

简报可以上行，迅速及时地向上级反映本单位本系统的日常工

作、业务活动、思想状况等,便于上级及时了解情况,分析问题,做出决策,有效地指导工作。

(二) 平级机关之间交流经验、沟通情况

简报也可以平行,用于平级单位、部门之间交流经验、沟通情况,以便于相互学习借鉴,促进工作。

(三) 向下级通报情况,传达上级意图

简报还可以下行,用来向下级通报有关情况,推广先进经验,传达上级机关意图。

三、简报的分类

简报的种类繁多,按照不同的分类标准,可以划分为很多不同类型。按时间划分,简报可分为定期简报和不定期简报;按发送范围分,有供领导阅读的内部简报,也有发送较多、阅读范围较广的普发性简报;按内容划分,简报可以分为工作简报、生产简报、工作简报、会议简报、信访简报、科技简报、教学简报等。下面主要介绍四种类型。

(一) 工作简报

这是为推动日常工作而编写的简报。它的任务是反映工作开展情况,介绍工作经验,报告工作中出现的问题等。工作简报又可分为综合工作简报和专题工作简报两种。

(二) 会议简报

这是会议期间为反映会议进展情况、会议发言中的意见和建议、会议决议事项等内容而编写的简报。一些规模较大的重要会议,会议代表并不能了解会议的整体情况,譬如分组讨论时的重要发言、有价值的提案等,需要依靠简报来了解会议的基本面貌。重要会议的简报往往具有连续性的特点,即通过多期简报将会议进程中的情况接连不断地反映出来。会议简报一般由会议秘书处或主持单位编写。

(三) 科技简报

这是为反映最新科学技术研究成果,介绍推广新产品、新工艺、新技术、新理论、新动向而编写的简报。这类简报内容新、专业性强,有的属于经济情报或技术情报,有一定的机密性,必要时需加密级。

(四) 动态简报

这是为反映本单位、本系统的思想、政治、经济、文化等方面情况和信息而编写的综合性简报。动态简报着重反映与本单位工作有关的正反两方面的新情况、新动向、新问题,为领导和有关部门的研究工作提供鲜活的第一手资料,向群众报告工作、学习、生产、思想的最新动态。

简报按内容也可以分为情况简报、经验简报和会议简报三类。

第一类,情况简报主要是向上级及时反映工作或生产的情况、问题,供上级研究、参考。写这类简报时,要注意:(1)迅速及时;(2)重点突出,有时可一事一报;(3)敢于揭露矛盾。

第二类,经验简报主要用来交流经验,介绍先进典型的事迹。写这类简报时应注意:(1)针对性要强;(2)要有普遍意义;(3)观点要鲜明;(4)事例要典型;(5)文字要简明扼要。

第三类,会议简报主要是供会议主持者指导会议时参考以及与会人员交流情况、反映意见。内容包括三方面:(1)报道会议精神,包括有关领导同志的重要讲话和会议的决议;(2)介绍会上交流的经验;(3)报道会议就某些问题讨论的情况。一次会议的简报要注意自始至终保持连续性,使人们对这次会议的内容、进程、结果有个完整的了解。

四、简报的特点

(一) 新闻性

简报有些近似于新闻报道,特点主要体现在"真""新""快""简"四个方面。

1."真"

"真"是内容真实,这是新闻的第一要义。简报所反映的内容、涉及的情况,必须严格遵循真实性原则,时间、地点、人物、事件、原因、结果,所有要素都要真实,所有的数据都要确凿。虚构编造不行,移花接木、添枝加叶也不行。

2."新"

"新"指内容的新鲜感。简报如果只报道一些司空见惯的事情,就没有多大价值和意义了。简报要反映新事物、新动向、新思想、新趋势,要成为最为敏感的时代的晴雨表。

3."快"

"快"是指报道的迅速及时。简报写作要快,制作的发送也要简易迅速,尽量让读者在第一时间里了解到最新的现实情况。新闻界有个说法叫"抓活鱼",时间拖久了,鱼不活了,味道也不鲜美了。

4."简"

"简"是指内容集中、篇幅短小、提纲挈领、不枝不蔓。简报名目之前冠一"简"字,可以看出简洁对它来说是多么重要。

(二)集束性

虽然一期简报中可以只有一篇报道,但更多情况下,一期简报要将若干篇报道集结在一起发表,形成集束式形态。这样做的好处是有点有面、相辅相成,加大信息量,避免单薄感。

(三)规范性

从形式上看,简报要求有规范的格式,由报头、目录、编者按、报道正文、报尾等部分组成。其中报头、报道正文、报尾是必不可少的,而且报头和报尾都有固定的格式。(可参见例文一)

五、简报的格式构成

无论何种简报,其格式一般都包括报头、报核、报尾三部分。报头包括简报名称、期数、编印单位、印发日期、密级、编号等;报核包括标题和基本内容;报尾包括发送单位、印发份数等。

(一)报头

简报的报头有些类似公文的"红头",一般也是套红印刷,但又有一些不同之处。首页间隔横线以上称为报头,由简报名称、期数、编发机关、日期、保密提示等项目组成。简报除用"××简报""××动态""情况反映"等常用四字名称之外,还可加上单位名称、专项工作等内容。如《××大学"三讲"教育简报》。简报名称用大号字套红印刷。

期数位于简报名称下方正中,加括号。如果是综合工作简报,一般以年度为单位,统编顺排;如果是专题简报,按本专题统编顺排。如果是增刊,就标明增刊字样。编发机关一般是"××办公室"或"××秘书处",位于期数下面、间隔横线上方左侧。日期位于编发机关右侧。

如果需要保密,在首页报头左上角标明密级或"内部刊物"字样。确有必要,还可在首页报头右上角印上份号。间隔横线一般为红色。

(二)报核

报头以下、报尾以上的部分都是报核。

报核包括以下项目:

1. 目录

集束式的简报可编排目录。由于简报内容单纯,容易查找,目录一般不需标序码和页码,只需将编者按、各篇标题排列出来即可。为避免混淆,可以每项前加一个五星标志。

2. 编者按

必要时可加编者按,主要内容是工作任务来源、本期重点稿件的意义和价值、征稿通知、征求意见等。编者按不可过长,短者三五行,长者半页即可。位置一般在标题之下、正文之前。

3. 报道

一期简报可以只有一篇报道,也可以有多篇报道。依次排列即可。

(三)报尾

报尾在简报末页,用间隔横线和报核分开。报尾内容比较简单,只需写明报什么机关、送什么机关、发什么单位即可。

六、简报的写法

(一)标题

简报的标题跟新闻的标题有些类似,可分为单标题和双标题两种基本类型。

1. 单标题

将报道的核心事实或其主要意义概括为一句话作为标题,如《后勤工作今年重点抓好五件事》《我校通过"211工程"专家审查验收》《查摆突出问题,研究"三讲"教育方案》。标题中间可以用空格的方式表示间隔,也可以加用标点符号。

2. 双标题

双标题有两种情况。

(1)正题后面加副题。

如:

再展宏图创全国一流市场

——××农贸市场荣获市信誉市场称号

正题,概括事实的性质;副题,补充叙述基本事实。

(2)正题前面加引题。

如:

尽责社会 完善自身

——华东师大团委开展"把知识献给人民"的活动

前一个标题是引题,指出作用和意义;后一个标题是正题,概括主要报道内容。

(二)正文

1. 导语

导语就是简报的开头语,要用简短的文字,准确地概括报道的内容,说明报道的宗旨,引导读者阅读全文。导语写作的总的要求是"开门见山",一开始就切入基本事实或核心问题,给人一个明确的印象。

导语的具体写法可根据主题需要,分别采用叙述式、描写式、提问式、结论式等几种形式。用概括叙述的方法介绍简报的主要内容,叫作叙述式;把简报里的主要事实或某个有意义的侧面加以形象的描写,以引起读者的阅读兴趣,叫作描写式;把简报反映的主要问题用设问的形式提出来,以引起读者的思考,叫作提问式;先将结论用一两句话在开头点出来,然后在主体部分再作必要的解释和说明,叫作结论式。这几种导语形式各有所长,写作时可根据稿件特点选择运用。

2. 主体

主体是简报的主要部分,它的任务是用足够的、典型的、富有说服力的材料把导语的内容加以具体化,用材料来说明观点。写好主体是编好简报的关键。主体的内容,或是反映具体的情况,或是介绍具体的做法,或是叙述取得的成绩和经验,或是指出存在的问题,或是几项兼而有之,要视具体情况而定,没有固定的条框。

主体的层次安排有"纵式"和"横式"两种形态。纵式结构按事件发生、发展的时间顺序来安排材料;横式结构按事理分类的顺序安排材料。如果内容比较丰富,各层可加小标题。

3. 结尾

简报要不要结尾,因内容而定。事情比较单一,篇幅比较短小的,可以不单写结尾,主体部分说完就结束,干净利落。事情比较复杂,内容较多的,可以写个结尾,对全文作一个小结,以加深读者印象。有些带有连续性的简报,为了引起人们注意事态的发展,可用一句交代性的话语作为结束,如"对事情的发展我们将继续报告""处理结果我们将在下期报告"等。

七、怎样写好工作简报

要明确工作简报的特点。工作简报的特点是及时而真实地反映情况。如政府各部门、企业、学校等召开的重大会议,情况发展变化很迅速,常常要每天简报一次,有时一日简报几次,以便领导机关特别是分管此项工作的负责人,及时全面地了解真实情况,指导工作。为此,执笔写简报的同志,务必机敏地掌握全面情况,并尽快形成文字。

(一)抓准问题,有的放矢

简报应该围绕本单位的实际,反映那些最重要、最典型、最新鲜、最为群众关心、最需要引起注意的问题。一是围绕领导决策,抓"超前型"问题。在领导进行某项活动或者将要讨论决定问题之前,搞小超前,努力收集与此有关的情况,经过筛选加工、研究提出可供领导参考的建议和方案。二是在领导决策之中,抓"追踪型"问题。努力掌握决策贯彻执行的情况、各方面有什么反应、发生什么偏差,迅速地反馈给领导,使领导能及时纠正偏差,使决策逐步完善。三是要着眼大局,小中见大。收集情况时,就要从全局考虑,从小处着手,抓住有代表性的小问题,作推广放大的思考,挖掘和开拓更广泛深刻的含义。四是抓新情况、新经验、新问题。在改革开放的过程中,许多新情况、新问题,迫切需要领导去认真研究和解决,制定符合实际的方针、政策和措施。所以,必须花气力积极地收集、捕捉这类信息和问题,以供领导参阅。五是注意抓倾向性、苗头性的问题。对这类问题若不及时发现和注意解决,而任其发展,可能会酿成大问题,给工作带来不应有的损失。六是抓突发性问题。如假期寝室大范围被盗,直接关系到学校治安管理和全体学生切身利益的问题。得到这类信息后,应迅速向领导报告。

抓准问题,应该注意四点。

1. 从全局着眼

简报的作者必须站在单位领导的高度、全局的高度去观察事情、分析问题。一定要跳出自己工作岗位的"小天地",放眼全局,做到"全局在胸"。

2. 善于抓趋势

所谓趋势性问题,既不是偶然发生的问题,也不是个别的问题,而是反映事物发展的动向性问题。这种动向,有好的,也有不好的,不论哪一种,只要及时抓住,就能提炼出有针对性的好的简报主题。掌握了事物发展的趋势,了解了本单位工作和生产下步朝着哪个方向发展,再去观察问题,就能是非清楚。符合事物发展方向的先进经验、阻碍事物发展的不良倾向以及事物发展遇到的实际问题,都是撰写简报应该抓准的问题。

3. 善于抓苗头

所谓苗头性问题,就是那些代表新生事物的先声、新创造的火花、新经验的先导,具有强大的生命力,采写简报应该对这种代表事物发展方向但还处于萌芽状态的苗头性问题予以高度的注意。不能只注意那些众所周知的典型性事物,还必须特别留神尚未引起人们注意的细小之事,认真剖析、放大比较、沙里淘金,抓出"小中见大"的带有典型意义的问题,用简报及时宣传、反映。

4. 具备工作敏感度

所谓工作敏感度,是指作者对于单位内外各种客观事物具有敏锐的观察能力、判断能力和预见事物发展进程的能力,以及能够及时、准确地反映事物的能力。我们要抓准问题,从长远看,必须不断地提高自己的工作敏感度。工作敏感度不是一日之功,它是长期学习、观察和实践的结果。

(二)材料准确,内容真实

简报作为加强领导和推动工作的重要工具,内容必须保证绝对真实、准确。否则,就会造成不良后果。简报一是要强调准确性。不允许对那些心理活动、环境、气氛等无形的事实搞"合理想象"。必须深入调查研究,不走马观花、浮光掠影,更不可"听风就是雨",保证材料绝对真实可靠。也就是说,要做到简报所选用的任何材料,包括人名、地点、时间、情节、数字、引语、因果关系等,都完全准确无误,没有丝毫的虚构、夸张、缩小和差错。特别在估计成绩和宣传先进时,更要严格把握分寸,有一说一、实事求是、恰如其分、留有余地。二是要强调真实性。必须注意做到不为迎合而弄虚作假,不赶"浪头"追时髦,不歪曲写作角度,不搞事态发展的"提前量",必须忠实于事实,保证符合事物本来面貌。

(三)简明扼要,一目了然

简报的写作必须注意做到简短、明快,用尽可能少的文字说清楚必须说明的问题。一是注意主题集中,一稿一事,不贪大求全。一份简报只抓住一个问题,不搞面面俱到才能使简报的主题凝聚、篇幅短小、问题说得透彻。如果简报所涉及的内容较多,可以把想说的问题进行归纳、提炼,抓住最能反映事物性质的东西做主题和重点,其他则一概摒弃;也可以将可写的几个问题,各写一期简报分期介绍,一期一个重点,一篇一个侧面,千万不可使几个观点纠缠在一篇简报上。二是注意精选材料,围绕主题精心挑选典型事例。简报所使用的材料和其他文章一样,总是以个别反映一般,不能也没有必要写尽事物的整体。因此,撰写简报之前,必须对材料进行分析研究、精心选择。凡是能够表现主题的材料,都要注意加以精选,不可轻易放过;凡是与主题无关的材料,即使十分生动,也必须忍痛割爱、坚决舍弃。选择材料还要注意选择典型材料。典型材料具有代表性,最能反映事物的本质。筛选出最能代表一般的典型材料加以使用,做到不堆砌、不罗列、不雷同、少而精。要通过材料的剪裁突出主题、缩短篇幅,使简报的主题充分而明确地表现出来,使简报的内容更加简洁。三是注意既要求简,又要写清。简报求简,是在说明问题的前提下求简。"简",应该是服从内容的需要,不能由一个极端走向另一个极端。

(四)讲究时效,反应迅速

简报是单位领导对一些问题做出决策的参考依据之一,也是单位推动工作的一个重要手段。简报的功能,决定了简报的编者必须讲求时效。这就要求简报的作者思想敏锐、行动敏捷,对问题反应得快,对材料分析得快,写作构思快,动笔成稿快,同时,还要求简报的编辑、签发、打印、发稿速度快,共同把握发稿时机。

(五)内容实在

简报的写作既不同于文学作品,也不同于评论文章。文学作品的创作,主要以形象的塑造来表达主题思想;评论文章的写作,靠理论论证来阐述观点。简报则和新闻报道一样,是靠用现实生活中活生生的生活事实来宣传党的路线、方针、政策。用事实说话,是简报的主要特征之一,也是我们编写简报应该注意的一个重要问题。

八、简报的选稿要求

选稿是机关文字工作中常涉及的问题,但简报选稿最有代表性。选好稿子,必须围绕该简报所在机关的职能来确定主要选稿原则,"有的放矢"地选稿。简报编辑要从大量来稿中挑出好的稿子,需要注意四个问题。

（一）思想要敏感

简报编辑的思想敏感应该表现在三点上：一是对中央的方针政策，对上级机关的工作部署和本单位领导的工作安排，头脑要敏感。既要能够迅速理解其精神实质，又要能够清醒而敏捷地意识到简报在贯彻落实这些部署中应起的作用。二是对周围的事物，对各方面工作的变化和发展，对各式各样的信息，反应要敏感。既能够条理清楚地把这些情况输入自己的脑海，又能够迅速地反映出简报工作应采取的对策。三是对来稿中反映的动向、火花、事物萌芽反应要敏感，既能意识、鉴别，又能牢牢抓住不放，不让好的线索在自己手中白白放过。

（二）看问题要有预见性

工作不是一成不变的，是在不断发展的。作为单位"机关报"的简报，要起到对工作的指导作用，就必须对工作的进程有预见性。也就是说，简报的编辑看问题、审稿子，不能只想到今天，只看到眼前，还要想到工作的下步发展，这样才能真正抓住符合事物发展方向的先进经验，抓住阻碍事物发展的不良倾向，抓住事物发展过程中即将遇到的实际问题，选择出有指导意义的简报来。

（三）判断要准确

简报编辑的水平，在很大程度上体现在对稿子的判断能力上。具体讲，做好稿子的选择工作，应从三个方面做好判断：一是做好稿件的真伪和准确程度的判断。也就是通过看稿，要对稿件的真实程度，对稿件在政治上、政策上、理论上以及工作上的指导意义正确与否做到心中有数。二是做好稿件实际价值的判断。有的来稿所反映的问题抓得很准，写得也很清晰，也有的来稿反映问题不突出，缺乏指导意义，简报编辑对这两类稿子是容易鉴别的，是能够迅速做出选择的。但有的稿子拉拉杂杂，往往把有价值的内容淹没在一大堆材料中了，对这种稿子，编辑要慧眼识货，能从璞玉中剖露出"和氏璧"来。三是做好稿件刊发"利与弊"的判断。有些来稿，事情是真实的，观点也是对的，但怎样刊发，什么时候刊发，应该掌握一定的火候。特别是一些反映问题的、对工作提出批评的稿子,在刊发时机上,是早发还是晚发,是发"情况简报",让大家都知道,还是发"情况反映",只供领导参阅,不扩大宣传范围;在提法和措辞上,掌握什么样的分寸、用什么样的口径,这些都需要简报编辑认真动一番脑筋,积极而稳妥地做出判断。

(四)要灵活掌握稿件的写作质量

有些来稿虽然在写作质量上差一些,但反映的问题都很重要,材料也是翔实的,就应该考虑编发。必要时,简报的编辑还可以亲自动手重写,绝不要仅仅因为文字逊色了一点,就把一些很有价值的文稿抛弃。

[例文一] 规范的简报

大气污染防治工作简报

2017 年第 6 期(总第 147 期)

全国大气污染防治部际协调小组办公室　　　　　　2017 年 6 月 5 日

天津港进港煤炭全部改为铁路运输

编者按:

　　自 2017 年 4 月 30 日 24 时起,天津港码头全面停止接收长途公路散运煤炭焦炭,提前 3 个月实现了国家确定的目标任务。5 月 1 日,天津市领导组织现场实地检查,未发现汽车运输煤炭进出天津港的情况。据测算,进出天津港运煤货车每天减少 6000 余辆次,全年预计减少 200 多万辆次,减少汽车运输煤炭 6000 多万吨,既可大幅减少煤炭运输车辆尾气排放污染,又能有效解决煤炭运输扬尘污染,有利于改善生态环境,天津港环境面貌发生了明显变化。本期刊登部分内容,以供参考。

天津市委、市政府深入贯彻习近平总书记关于加强生态文明建设重要指示精神和党中央、国务院相关决策部署，认真落实张高丽副总理在京津冀及周边地区大气污染防治协作小组第八次会议上提出的2017年7月底率先将天津港每年6000多万吨的煤炭从汽车运输转为铁路运输的重要要求。市委书记李鸿忠同志专门作出批示，要求认真落实习近平总书记的重要指示和张高丽副总理的重要讲话精神，扎扎实实、步步为营抓好大气污染防治工作。市委副书记、市长王东峰同志和副市长孙文魁同志亲自部署，现场检查，推动落实。中国铁路总公司总经理陆东福、副总经理李文新等负责同志积极组织协调落实铁路运力。经过多方共同努力，自今年4月30日24时起，天津港码头全面停止接收长途公路散运煤炭焦炭，提前3个月实现了国家确定的目标任务。5月1日市领导组织现场实地检查，未发现汽车运输煤炭进出天津港的情况。据测算，进出天津港运煤货车每天减少6000余辆次，全年预计减少200多万辆次，减少汽车运输煤炭6000多万吨，既可大幅减少煤炭运输车辆尾气排放污染，又能有效解决煤炭运输扬尘污染，有利于改善生态环境，天津港环境面貌发生了明显变化。主要采取了以下措施：

天津港煤炭运输全部实行海铁联运。中国铁路总公司大力支持，组织有关单位召开天津港集港煤炭海铁联运专题会议，制定铁路煤炭增运实施方案，切实保障铁路运力，自4月30日24时起，天津港进港煤炭全面实施铁路运输、海铁联运。联合铁路总公司在内蒙古乌兰察布、河北武安和山西阳泉（应县）建设有色矿、铁矿石、煤炭三个物流基地，火车在当地装卸，天津港进港煤炭和出港矿粉及矿石直接在物流基地集中或分流，实现无缝对接，彻底解决天津港进港煤炭汽车长途运输和散货堆放短途汽车转运等问题。目前，天津港向三个物流基地派驻的业务工作组已全部到位，阳泉煤炭分拨基地正常运营，武安铁矿石分拨基地、乌兰察布有色矿分拨基地正在加快建设。

认真开展汽车运输煤炭车辆集中整治。市政府研究制定了《关于加强我市中型重型载货汽车及汽运煤炭车辆管理的工作方案》，自5月1日起，凡向天津运送煤炭的企业自用载货汽车，由企业向市公安交通管理部门申请核发车辆通行证，严禁无证通行，严防散煤流入。市公安局会同市交通运输委、市环保局、市综合执法局等单位，在市域范围内开展专项治理行动，对存在违反载货汽车禁行规定的，严格依法依规实施处罚，严格管控。

清空天津港散货物流中心。对约12平方公里的天津港散货物流中心这一煤炭入港集散地进行集中清整，切断汽车运输散煤通道。制定实施清运方案，挂图作战，调配运力，坚决清理原有存煤，确保煤炭只出不进。截至4月30日，整体清空工作基本完成，并对依法封存质押货物进行苫盖，封闭堆场卡口、道路，加强监督管理。同时，对散货物流区场进行统筹规划，调整功能布局，打造产城联运示范区。

大力推进天津港港区环境综合整治。天津港港区实行清洁化作业，进一步规范作业标准，落实环保措施，做到货物苫盖、车辆密闭、洒水喷淋、车辆冲洗全覆盖。对道路桥梁、绿化、裸露地面等进行综合治理，港区环境面貌发生了新变化。

下一步，天津市委、市政府将继续深入贯彻落实党中央、国务院关于生态文明建设和环境保护重大决策部署，把治理环境污染作为深入推进京津冀协同发展的重大政治任务，联防联控联治，敢于担当担责，以抓铁有痕的劲头坚决打赢环境保护攻坚战。同时，按照打造北方国际航运核心区的标准和要求，做好港口资源整合和统筹规划，建设综合性码头，大力发展邮轮母港、港口旅游、航运服务等现代服务业，不断改造提升港口功能，优化港口环境，积极推进天津港转型升级、提质增效和创新发展，为服务雄安新区建设和京津冀协同发展作出新贡献。

抄报：国务院办公厅

分送：全国大气污染防治部际协调小组成员，京津冀及周边地区大气污染防治协作小组成员，长三角区域大气污染防治协作小组成员；各省（自治区、直辖市）人民政府办公厅、环境保护厅（局），副省级城市人民政府办公厅、环境保护局；……

部领导，总工，机关各司局、各直属单位、派出机构。

[例文二]不规范的简报

关于学校两基工作简报

××区教育局：

　　4月21日，××校长和中心学校"两基"迎国检工作领导小组办公室成员三人参加了区"两基"迎国检工作推进会。会上区督学××传达了省市"两基"有关会议精神，重点传达了市长××同志×月×日在全市"两基"迎国检会议上的讲话精神，要求要强化责任，突出重点，采取有效措施开展工作，确保教育经费，改善办学条件，做好扫盲工作。通报了前一阶段全区教育系统"两基"迎国检进展工作情况，并对今后的工作做了安排部署。区长××同志作了重要讲话。首先××区长讲述了"两基"迎国检的历史。接着××区长强调，一是要认清形势，做好"两基"迎国检工作；二是突出重点，全面落实"两基"迎国检工作，确保做到"七个到位"（教育经费的落实到位、办学条件改善要到位、控辍保学要到位、师资力量配齐要到位、扫盲成果巩固要到位、学校安全管理要到位、档案资料的整理要到位）；三是强化措施，狠抓落实，确保"国检"顺利通过；四是全面启动义务教育检测系统，务必使采集的信息全面、准确。最后，区督导室主任××同志就"两基"迎国检的有关工作作了培训指导，并对在信息采集过程中出现的问题做了解答。会后，××校长及时和××乡政府领导进行了沟通，并就今后做好"两基"迎国检工作交换了意见。

××市××区××实验学校
××××年×月×日

　　点评：这一篇简报从内容上看没有什么大的问题，而在格式上则出现了很大的错误。首先是报头缺失，报核、报尾的格式显然都是错误的。标题不应该冠以"关于"字样，简报既不该用主送，也不能列单位落款和日期。通过学习，大家也应该对照发现其错误之处。

练习题

一、判断题

1. 简报是公文,可以代替"报告""通知""通报"等。( )
2. 简报只能上送下达,不可以发送兄弟单位和相关单位。( )
3. 横隔线和编号不属于简报的报头。( )
4. 简报的报尾包括报、送、发、呈。( )

二、单选题

1. 对于简报的标题,应做到( )
   A. 写明发文机关名称、事由、文种   B. 写明主编单位与文种
   C. 概括揭示简报主题   D. 用套红大字排印,反映简报类型
2. 撰写一篇简报,一般情况下要符合下列哪点要求( )
   A. 要有一定的理论深度
   B. 一般用分条列项形式表述
   C. 要求简明精练,突出重点,字数一般控制在千字左右
   D. 要求首先讲清形势,说明意义
3. 简报编者或领导认为应该对某篇简报有所说明或评议时,应加编者按,位置在( )
   A. 报头   B. 报头之下,标题之上
   C. 标题之下,正文之前   D. 报尾

三、多选题

1. 简报的作用有( )
   A. 请示问题   B. 指导工作
   C. 反映情况   D. 互通信息
2. 简报按照内容分为( )
   A. 动态简报   B. 会议简报
   C. 综合简报   D. 工作简报
3. 简报的结尾部分有( )
   A. 发展趋势   B. 会议简报
   C. 发出号召   D. 今后的打算

四、写作题

以报道班级里的××同学通过自己兼职赚钱资助偏远山区孩子上学为内容，写一份简报。

第四节 调查报告

一、概述

调查报告是通过对典型问题、情况、事件的深入调查，经过分析、综合，揭示出事物客观规律的书面报告。调查报告是一种重要的公务文书，应用范围相当广泛，为领导机关掌握情况、研究问题、进行科学决策提供依据；也可以引导人们正确看待社会的热点、焦点问题，为国家建设服务。

二、调查报告的特点

（一）针对性

调查报告应社会的实际需要而产生。在党和国家的各项方针、政策的贯彻执行中，常常会出现新情况、新问题需要研究解决，也常常有好的经验需要推广。调查报告正是从这一客观需要出发，就现实工作急需解决的各种问题，有针对性地进行调查研究之后所作的书面回答。

（二）真实性

调查报告是为解决实际问题撰写的，因此，客观事实是调查报告赖以存在的基础。写调查报告，从调查对象的确定，到开展调查活动，从对问题的分析研究，到提出解决问题的途径，都要以大量的充分确凿的事实作为依据。真实是调查报告的生命线。

（三）论理性

调查报告不同于一般文章，就在于它是通过对大量材料的分析与综合，揭示出事物的客观规律。分析与综合的过程，揭示事物客观规律的过程，就是论理过程。由事论理，寓理论事，最后引出结论。

(四) 典型性

调查报告的典型性表现在两个方面：一是调查对象典型；二是文章所运用的材料典型。好的调查报告不仅对调查对象总结工作、提高认识具有指导意义，更重要的是对全局性工作具有现实意义和普遍的指导意义。

(五) 时效性

调查报告具有很强的时间性，它回答的是所面临的工作中亟待解决的问题，因此，撰写调查报告，从调查研究到定稿的各个环节都要抓紧时间，不然，"时过境迁"就失去了指导意义。

三、调查报告的分类

根据内容的不同，调查报告分为基本情况调查报告、新生事物调查报告、典型经验调查报告、揭露问题调查报告、全面性调查报告和专题性调查报告等。

(一) 基本情况调查报告

这是关于某一领域、某一地区、某一单位或社会的某一方面基本情况的调查报告。

(二) 新生事物调查报告

这是及时向社会比较全面地介绍某一新生事物的调查报告。通过揭示新生事物成长的规律及其产生的意义，向人民展示它的强大生命力，并通过预见性的判断指出它的发展趋势，达到指导工作的目的。

(三) 典型经验调查报告

这是对某一地区或单位贯彻执行党和国家的方针、政策的典型经验进行总结、推广的调查报告。它不仅可以起到表彰先进、树立典型的作用，而且可以推广典型经验，用于指导性的工作。

(四) 揭露问题调查报告

这是针对工作中发生的重大事故、出现的严重失误所写的调查报告。这种调查报告通过全面、深入、细致的调查，用确凿的事实说明事故或问题发生的原因、情况和结果，分析其产生的背景及性质，以澄清是非，查明真相，达到解决问题、批评教育、告诫人们吸取教训的目的。

（五）全面性调查报告

全面性调查报告所反映的内容比较广泛，可以包括社会的政治、经济、军事、文化、教育、卫生等各方面的状况，以及社会各阶级、阶层的状况。如，中央和有关省、市共同调查写出的《关于当前我国工人阶级状况的调查报告》《××市经济形势调查》等。这类调查报告的篇幅一般较长，内容比较详尽，能够较全面地反映某个地区、某一条战线、某一个阶级或阶层的全貌，对正确地制定党和国家在某一时期或某一方面的方针政策有较大的参考价值。但一般基层单位使用较多，其作用往往被"统计材料"所代替。

（六）专题性调查报告

这是针对某一具体事物进行细致入微的调查研究，找出它形成、发展（或消失）的根本原因，科学地阐明其自身的运动规律，指出这种规律的价值，目的在于宣传、推广或回答人们普遍存在的疑问。

根据内容所反映的对象，专题性调查报告又可以分为新事物调查、典型调查、揭露问题调查、案例调查等。其中典型调查使用最多，它又可以细分为典型人物调查、典型经验调查、典型事件剖析等，常见于报纸杂志和机关内部资料、文件。

四、调查报告的撰写

调查报告一般由标题和正文两部分组成。

（一）标题

调查报告的标题形式比较灵活，通常有两种构成形式：一种是单行标题，一种是双行标题。单行标题又分两种形式：一种是公文式标题，由事由和文种构成，如《关于××钢铁总厂管理经验的调查报告》；另一种是内容概括式标题，如《湖南农民运动考察报告》。双行标题又叫主副式标题，由主标题和副标题构成，如《亏损企业的现状不容忽视——关于××市亏损企业的调查报告》。

无论采用哪种形式拟制标题,都要力求做到简洁、醒目、观点鲜明。

(二) 正文

调查报告正文的结构一般由前言、主体和结语三个部分组成,其各部分的基本内容和写作要求如下。

1. 前言

着重介绍基本情况并提出问题。一般概括说明三方面内容:一是调查工作的基本情况,二是"调查对象"的基本情况,三是调查研究结论的提示。但不同的调查报告,前言内容的基本事项不完全相同,也有调查报告,没有前言部分,起笔直接进入主体部分。

2. 主体

这是调查报告的核心内容,也是对调查研究结果的具体引证、说明部分。其结构形式主要有两种:一种是纵式结构,根据事物的发生、发展、结局过程来组织材料。另一种是逻辑结构,即根据事物的内在联系,分几个部分来安排材料,各部分可以设小标题,也可用序号标出,各部分之间可以是并列关系,也可以是递进关系。

3. 结语

调查报告的结束语,带有结论性质,总结概括全文提出相关的建议或对策等,是分析问题、解决问题的必然结果,要求简明扼要,言尽即止。

五、撰写调查报告应注意的问题

(一) 掌握分析研究"三步",提示事物的客观规律

分析研究贯穿于调查报告写作的全过程。第一步,展开深入细致的调查、分析、研究,选准调查对象,确定调查的内容、方法、提纲。第二步,根据调查获取的大量原始材料,要进行去粗取精,去伪存真,由此及彼,由表及里的分析研究。第三步,经过认真的分析研究,真实地反映由材料分析到提出观点得出结论、提出建议办法的必然性。这一步分析研究与前两步的分析研究有所不同,它是前面两步分析研究的

集中体现,因而更深入、更完整、更系统、更具有理论价值。

(二) 用事实说话,把观点和材料统一起来

应该注意两点:一是要善于选择运用具体、典型的材料说明观点,其中包括典型事例、综合性材料、对比性材料和数据等。二是善于综合运用叙述、说明、议论的表达方式,把观点和材料紧密结合起来。

所谓调查报告,用一句简单的话说,就是根据调查的结果写出来的反映客观事物的书面报告。另一种说法是,用思想的基本观点,对某一事件、某一经验、某一问题、某一情况或某一政策的贯彻执行情况进行深入细致的调查研究,并把调查来的材料和情况进行认真、周密的分析,透过现象,揭示本质,这样写成的报告,就叫调查报告。

由于调查的目的不同,其作用也不一样。有的调查报告是用来向上级领导机关汇报工作的材料,作为上级确定路线、方针、政策和指导工作的依据;有的调查报告是在报纸、刊物上发表的。用来扶植新生事物,推广先进经验,宣传党的路线和政策,指出现代化建设中某一条战线的发展方向;有的调查报告是为了揭露问题,为处理和解决问题而提供材料;有的调查报告是为了还原历史事实的本来面目。

由此可知,调查报告是我们了解情况、总结经验、树立典型、推动工作并在实际工作中常用的一种文体。不仅新闻记者、报刊编辑、宣传部门的干部应该掌握它,领导干部及一般干部也都应该熟练地掌握它,运用它。在这方面,毛泽东同志早为我们树立了榜样,他在中国新民主主义革命时期,先后写过《中国社会各阶级的分析》《湖南农民运动考察报告》等指导中国革命的著名文献。

六、调查报告的格式

调查报告,是在调查研究的基础上,按照调查的格式和要求撰写而成的带有"报告"性质的文字材料。

调查报告的格式在结构上相对固定,这是它"公文性"的体现,也是它不同于其他论文格式之处。调查报告格式的开头、主体、结尾三部分比较明显,不像一般论文那样,结构上变化多端。

（一）开头

一般是对调查对象的简单介绍，或对调查目的、时间、经过作简单的说明，调查报告提纲挈领地点出所要反映的事物的轮廓，目的在于首先给读者一个大致而又清晰的印象，便于接受下文所表述的事实和道理，以提高阅读效果。和一般论文开头不同的是，调查报告格式比较固定，无论何种类型的调查报告，开头都是围绕上述内容而展开，只是侧重点和详略程度不同罢了。

（二）主体

主体部分是作者向人们介绍的重点。作者占有材料的多寡、观点的正确与否、层次是否清楚、理由是否充足等，都在这部分体现出来。这部分内容如何，决定着调查报告的价值，因而是写作的重点所在。

这部分内容在层次安排上，全面性调查报告的格式多按问题或问题的不同侧面为顺序，这种调查报告格式结构，习惯上称为"横式结构"。专题性调查报告则多按事物发展的时间先后或事物发展的规律为顺序，这种调查报告格式结构，习惯上称为"纵式结构"。这种调查报告格式的优点是脉络清楚，符合人们的思维规律，易于掌握；缺点是容易写成"流水账"，失之于平淡。所以，在实践中又产生了"以纵为经，以横为纬，纵横交错"的调查报告格式结构，即从纵的方面叙述事件、交代过程，从横的方面分析、比较，或进行理论升华。

（三）结尾

结尾的写法也比较多。可以提出解决问题的方法、对策或下一步改进工作的建议；或总结全文的主要观点，进一步深化主题；或提出问题，引发人们的进一步思考；或展望前景，发出鼓舞和号召。

七、调查报告的写作技巧

写好一篇调查报告，需注意的事项很多，如，立意新颖、观点鲜明、结构严谨、层次清楚、语言流畅、朴实生动等。这些问题都是撰写调查报告普遍需要注意的，在此不再赘述。而如下两条原则是写作调查报告时必须遵循的。

(一) 实事求是是写好调查报告的前提

调查报告是在调查研究的基础上形成的,它来源于社会实践,又指导社会实践,同时接受社会实践的检验。因此,调查报告的内容必须坚持实事求是的原则,才能起到应有的作用,否则将是一纸空文,毫无价值,甚至起到破坏性的作用。那么,怎样才能在撰写调查报告时维护实事求是的原则呢?

一是要尊重事实。不少人习惯于听命于领导,即使是来自实际的调查,也要按领导意图修改、定稿。而领导又往往是根据经验或更高一级的领导的意图,这样就难免出现与当前事实不符的情况。要克服这种倾向,就要深感责任的重大,要有敢于坚持真理的勇气。要有尊重事实、坚持真理的科学态度,以保证调查报告内容的真实性。

二是要面向实际。有些人养成了一个不好的习惯,写作时不是让理论服从于和服务于实际生活,而是让实际生活作为理论的图解和注脚。这种本末倒置的做法,导致有些调研报告"理论上一大套,实际上不对号",失去了指导实际工作的作用。要克服这种倾向,就必须迈开双脚,深入调查领域中去,占有大量丰富的材料,按照实际工作自身的发展规律,提炼出有价值的观点,并以此去充实和发展书本上原有的理论,而不被其所束缚。

三是出以公心。不言而喻,写调查报告的同志对所调查的事物有自己的看法,这是很必要的,以免人云亦云,没有创见性。但同时也要防止固执己见、主观武断,尤其不能从一己利益出发,或受某人之托,写出违反原则、违反实际情况的调查报告。

总之,实事求是的原则是一条科学的原则,撰写调查报告时应坚持不唯上、不唯书、不唯己的基本原则,才能写出符合实际情况、具有较高参考价值的调查报告。

(二) 正确分析研究大量材料

第一,要善于把对事物的量的分析和质的分析结合起来。

调查报告在对事物进行分析时,首先要考虑到它的数量,因为数量比较直观、具体,而且量的变化决定着事物质的变化。但光对量进行分析还不够,还要上升到质的高度去认识,才能体现出事物的价值。因此对二者的分析必须结合起来,交错进行。在对事物的量和质进行综合分析时,要注意把数量统计准确,不能"大约摸";数量的对比要科学;对事物性质的表述要恰如其分,不能盲目做结论,以免产生不好的后果。

第二,要善于从宏观和微观两方面分析事物。

任何事物都有宏观、微观之分。在撰写调查报告时,要善于把调查对象放到整个宏观背景中去认识,同时又要细致入微地探明它的内部规律。只有这样,才能全面深刻地认识事物。所以必须把宏观分析与微观分析结合起来,才能全面、正确地认识事物。

第三,要把对现实的分析和对历史的分析结合起来。

事物的发展都具有继承性,任何现实都是历史的继续,是历史的发展结果。

第四,要把对调查对象的分析与对其外部情况的分析结合起来。

"有比较才有鉴别。"判断一事物的优劣、是非,除了作历史的纵向分析比较以外,还要把调查对象放在同类事物之中进行横向的分析比较。比如,一篇反映某企业产品质量提高状况的调查报告,首先将该产品的现实的质量与它自己历史上的质量情况对比,通过一系列的事实和数量分析,证明质量确实提高了。但作者并没有到此停笔,笔锋一转又将该产品的质量与外厂、外省,甚至国外同类产品做比较。这样,对该产品质量的评价就比较客观、中肯、准确、可信,使人们既看到了该产品质量提高的一面,又看到了它的不足之处,从而对事物有了一个较为全面的认识。

第五,要善于抓住事物的主要矛盾。

辩证法告诉我们,客观事物中普遍存在着矛盾,没有矛盾便没有世界。从这个意义上说,写作调查报告也是揭示矛盾、分析矛盾的过程。一个比较复杂的事物中往往含有多种矛盾,在一定阶段、一定范围内,必然有一个主要矛盾,起着领导的、决定的作用,在一事物矛盾着的两方面中,也必有一方是主要的,另一方是次要的。事物的性质,主要是由取得支配地位的矛盾的主要方面所规定的。我们在分析事物的过程中,必须善于抓住主要矛盾或矛盾的主要方面,方能将事物的性质表述准确,得出合乎实际的结论。抓住了主要矛盾,文章的政策水平和理论水平就明显地提高了,其结论的科学性也就随之增强了。

[例文一] 规范的调查报告

文化部：全国专业剧场发展情况调研报告

专业剧场是展演文艺创作精品、丰富群众文化生活的重要场所,也是传承优秀传统文化、弘扬社会主义核心价值观的重要阵地。近年来,我国专业剧场发展迅速,已经成为推动艺术市场繁荣发展的重要力量。但总体上看,专业剧场的总量还明显不足,运行管理机制仍不健全。应进一步明确专业剧场的性质,制定相关标准规范,培育健康市场环境,加大专业剧场的建设力度,引导专业剧场健康稳定发展。

一、全国专业剧场基本情况

据统计,截止到2013年年底,我国有专业剧场873家,占全国演出场所的30.7%。全年专业剧场演出4.05万场,观众总人数3229万人次。

（一）专业剧场的分布情况

1. 从区域分布看,呈现东多西少的特征。据统计,我国东部地区有专业剧场507家、中部地区有203家、西部地区163家,分别占全国专业剧场总数的58.1%、23.3%和18.6%。东南沿海地区专业剧场数量远大于西部地区。其中北京、江苏、浙江、上海、山东和广东六省市的专业剧场总数为324家,占全国专业剧场总数的37.1%。

2. 从行政层级看,呈现上重下轻的结构。全国4个直辖市和27个省会城市共有专业剧场307个,平均每个城市拥有9.9个专业剧场;全国306个地级城市共有专业剧场379个,平均每个地市拥有1.2个专业剧场;全国1927个县级城市的专业剧场总数为187个,平均每10

个县级城市才拥有1个专业剧场,西部地区绝大部分县级城市没有专业剧场。

3. 从剧场规模看,以大中型剧场为主。调研发现,在全国专业剧场中,座位数在801至1200的剧场所占比例最高,有396家,占总数的45.4%;其次是1201—1600座的剧场112家,占总数的12.8%;800座以下的剧场295家,占剧场总量的33.8%;1601座以上的剧场70家,占剧场总数的8.0%。

4. 从建成年代看,21世纪以来建成的专业剧场最多。调研显示,1960年以前建成的专业剧场150家,占总数的17.2%;1961—1980年建成的专业剧场110家,占12.6%;1981—2000年建成的专业剧场288家,占33%;2001年以后建成的专业剧场有325家,占37.2%。这表明21世纪以来我国进入了专业剧场建设的快速发展期,有超过三分之一的专业剧场是2000年后新建成的。

(二)专业剧场的经营管理情况

1. 专业剧场经营模式呈现多样化。目前我国专业剧场的经营模式大体可分为自主经营、托管经营、院线式经营和场团合一四种模式。(略)

2. 政府补贴仍是专业剧场的主要收入来源。专业剧场的收入主要有三大来源:演出收入(含场地出租和自营演出收入),政府拨款或惠民演出补贴收入,演出之外的物业出租及配套服务收入。据测算,2013年全国专业剧场总收入达到60亿元。其中演出收入21.9亿元,占资金来源的36.5%(其中自营演出收入13.4亿元,占61.2%,场地出租收入8.5亿元,占38.8%)。政府补贴收入28.6亿元,占47.7%,配套设施及其他服务收入9.5亿元,占15.8%。这表明在当前我国专业剧场发展中,政府支持仍起主导作用。

3. 专业剧场演出最多的艺术类型是戏曲和音乐剧。2013年,专业剧场的演出场次约为4.05万场,观众总人数约3229万人次,平均每个专业剧场每年演出约46场,平均每场观众797人。从演出艺术类型看,专业剧场演出场次最多的前5位依次为戏曲0.83万场,音乐剧

0.82万场,儿童剧0.67万场,话剧0.61万场,曲艺杂技0.46万场。

二、专业剧场建设和运营管理中存在的主要问题

(一)专业剧场总量不足和利用率不高的现象同时并存。如前所述,我国专业剧场已达到873家,但与我国庞大的人口基数相比,专业剧场总量仍明显不足。资料显示,2007年美国、德国、英国、法国、日本每百万人平均专业剧场数分别为1.8个、3.4个、4.0个、4.2个和4.4个,而我国2013年每百万人平均专业剧场数仅为0.64个。同时,我国部分剧院在建设中还存在贪大求洋、选址不科学等问题。如一些新建的大剧院在建设立项时缺少科学论证,只是片面追求成为当地标志性建筑,因此在设计规划时注重外观形式而忽视功能考虑、注重标新立异而忽视内部设计,导致专业剧场前期投入大、后期维护成本高,专业剧场内部设施与剧场体量不配套。

与此同时,我国专业剧场利用率不高的现象仍较普遍。调研显示,全国只有北京、上海、广州等一线城市专业剧场全年平均演出场次达到100场以上,其他地区专业剧场年平均演出场次约为40场,其中年演出场次达到50场以上的专业剧场只占总数的35%。一部分老剧场甚至出现闲置的现象。据了解,在20世纪五六十年代,全国各地修建了一大批剧院,以满足百姓观看演出和电影的文化生活需要。但由于时代久远,一部分老剧场因为城市改扩建而被拆除或挪作他用,如2000年以前沈阳市演出公司负责管理全市中心地带的7所老剧场,近十年有6个剧场被拆迁或挪作他用。目前全国仍在使用的老剧场有400余个,根据调研走访情况看,这些老剧场由于设施设备老化、存在较大的安全隐患,面临难以继续使用的问题。如云南普洱地区下辖9个县。每个县都有老影剧院或剧场,但大都建成在30年以上,多数已无法正常使用。

(二)专业剧场分布不均和结构不合理的现象同时并存。一是县级专业剧场偏少。我国专业剧场分布从宏观地域看呈现东多西少、上重下轻的特点,特别是县级专业剧场更是极度缺乏,即便是县级专业剧场拥有比例最高的陕西省,也基本上是3个县城中才拥有1个专业

剧场。二是小专业剧场偏少。从专业剧场规模结构看，我国专业剧场中500座左右的小专业剧场仅占剧场总数的25%。而国外发展经验表明，小型专业剧场作为低成本运营的市场终端，在激发市场活力、培育人们消费习惯、培养优秀人才与优质项目上有着大剧院不可替代的作用。目前国内城市小型专业剧场的极缺，导致了整个产业链的不完整，很多民营演出团体或小型演出项目找不到合适的演出场地，创作的活力与热情受到制约。三是城市中心区域专业剧场偏少。从专业剧场的城市布局看，近10年来全国各地修建的大剧院70%以上都位于城市的新区或开发区，与专业剧场主要消费人群的聚居区距离较远，难以形成人气带动。

（三）专业剧场建设快速发展和管理运营相对滞后的现象同时并存。调研显示，我国专业剧场超过三分之一都是2001年以后建成的，其中1000座位数以上的大剧院共120个，总投资额度达到500亿元以上，我国专业剧场建设进入快速发展时期。各地新建专业剧场无论是体量规模，还是硬件设施设备，都有质的提升。一些新建的大型专业剧场，舞台机械投资甚至达到亿元以上。

但随着硬件条件的改善，我国专业剧场管理运营滞后的问题日益凸显。目前我国专业剧场管理运营模式呈现多元化发展态势，但整体管理运营水平不高，大多数专业剧场处于收支平衡或亏损状态。调研显示，国内80%以上的专业剧场没有形成完整的管理制度，大部分专业剧场缺乏专业的管理、运营团队。2013年，全国专业剧场整体收入60亿元，仅有40%的专业剧场能够实现盈利。

（四）演艺市场潜在需求旺盛和实质消费不足的现象同时并存。根据国际经验，人均GDP在1000美元以下，居民消费主要以物质消费为主；人均GDP在3000美元左右，进入物质消费和精神文化消费并重时期；人均GDP超过5000美元，居民的消费转向精神文化消费为主的时期。而早在2008年，我国的人均GDP即已超过了3000美元，2013年达到6629美元。随着物质生活水平的提高，人们对于文化生活需求日益旺盛，对于现场舞台艺术等高雅精神文化的享受日趋看重。

但调研表明,当前人们这种潜在的演艺文化需求却并没有转化为文化实质消费。据测算,2013年全国人均观看专业艺术演出仅0.024次,北京市人均观看0.12次,上海0.084次,浙江0.057次,中西部地区更少。

三、当前专业剧场突出问题的原因分析

我国专业剧场存在以上突出问题的原因是多方面的,既有体制机制、消费习惯等方面的客观因素,也有人才、经费等方面的现实原因。

(一)专业剧场定性定位模糊(略)

(二)专业剧场的建设、管理和服务标准欠缺(略)

(三)专业管理和运营人才匮乏(略)

(四)文化消费习惯尚未形成(略)

(五)引导、激励社会资本进入剧场的渠道、政策仍不完善(略)

四、政策建议

专业剧场的繁荣发展是建立健全现代文化市场体系的重要组成部分,也是丰富人民文化生活的必然要求。为推进社会主义文化强国建设,需要进一步发挥专业剧场的服务效能,需统筹规划,多方协作,合力推进。

(一)明确专业剧场性质和定位,加强相关配套政策及资金的支持。(略)

(二)制定相关标准规范,对专业剧院的建设和运营管理给予必要的规范、指导。(略)

(三)建立健全系统化的剧场经营管理人才培养、考核、认证制度。剧场经营管理人才匮乏是制约剧场发展的重要瓶颈。可借鉴国外经验,通过建立剧场从业人员认证制度,通过培训考核和继续教育等多种方式培养剧场专业人才。(略)

(四)引导培育健康的市场环境。作为演出市场的终端,剧场很多问题的解决有赖于整个演出市场健康有序发展。(略)①

---

① 《报告:政府补贴仍是专业剧场的主要收入来源》,中国经济网,2015年12月31日,http://www.ce.cn/culture/whcyk/cysj/201512/31/t20151231_7984514.shtml。访问日期:2018年10月13日。

[例文二] 不规范的调查报告

经济调查报告

近年来，××市委、市政府把发展国民经济作为拉动全市经济的切入点，已经取得明显成效。根据市委领导关于"要注意总结园区建设的成功经验"的指示精神，最近我们对××园区经济进展情况进行了调查研究。现将有关情况整理如下，供有关方面参考。

一、园区经济进展情况

目前，我市的园区建设主要有两种模式，一种是由政府组织管理的园区，如××工业园区、中国（××）民营工业园、××华侨投资区；另一种是由企业自主开发的园区，如高新科技产业园区、北生药业科技园、银河软件科技园、国发海洋生物产业科技园等。

园区管委会作为市政府的派出机构，全权负责工业园区的规划、招商、开发、管理事务，实行一站式服务，为投资者免费代办项目所需全部手续。工业园良好的投资环境和高效的办事作风吸引了大批客商前来投资创业。

园区第一期工程拟投资4亿元左右。据市场分析，这些产品均有很大的市场需求，以上项目达产后，预计年产值达3.6亿元，创利税8000万元。发展前景亦十分看好。

二、发展园区经济的作用

××发展园区经济虽然时间不长，但对全市经济和社会发展已经显示出积极作用。××具有良好的区位优势，丰富的资源依托，良好的基础设施等优势。但××目前工业化程度较低，没有形成完整的工业体系，三产结构由于工业的跛足显得比例不合理。因此推动工业化进程成为今后几年的工作重点，园区经济通过良好的投资环境，吸引众多企业前来投资创业，对扩大我市工业规模，增加工业产值具有不可估量的作用。可以看出园区经济走上良性循环时将会极大推动我市工业化进程。

高新技术产业是21世纪的主导产业，是经济领域的制高点，××欲要在新世纪实现跨越式发展,就必须占领这个制高点。园区是资金、技术、人才的汇聚点,建立高新技术产业园区,对我市高新技术产业自身的发展,以及吸引一些国内外知名企业落户园区创业,对高新企业都将发挥巨大的作用。

三、存在问题与建议

在调研过程中,我们看到了园区经济蓬勃发展的同时,也发现一些值得重视的问题,主要有管理体制混乱的感觉;园区相关优惠政策未能配套落实。这将影响整个园区的形象和格局、性质。

事实证明市委、市政府做出关于发展园区经济的决策是正确的,如何解决和避免园区经济发展中出现的问题提出如下建议:

一是理顺管理体制。对企业园区顺应管理需要的政府决策机制、机构,统一负责解决、处理,具体负责园区发展建设有关事项的"调研、策划、协调、督办",避免多头干预。

二是营造投资环境。在调研过程中,市里的主要领导,局委办的"一把手"热情度很高,处理各种事务非常配合和支持,但改变这种现状除了采取开展业务培训,提高公务员素质的举措之外,应该建立严格的奖罚制度,对"害群之马"应给予经济上以及其他处罚,对那些行为恶劣者可公开批评。

三是建设特色园区。在园区建设的策略方面,要充分体现特色使之成为园区的一个引人瞩目的亮点。

四是加大宣传力度。宣传重点面向国际500强企业以及国内的优秀企业的形式。

点评:很显然这个调查报告没有经过认真细致的调查研究,缺少园区基本情况的介绍,没有任何的数据支撑,也就是说没有翔实的调查依据。而在这样毫无依据的前提下得出的调查结论也是没有根据的。整篇报告都是在凭空臆想,主观定论,使人感觉到如堕五里雾中。调查报告本应该是在调查研究基础上形成的,它来源于社会实践,又反过来指导社会实践,同时接受社会实践的检验。而这种调查报告的内容空洞,结论唐突,且有些用词过于口语化,怎么能起到应有的作用呢?不仅没有价值,可能还会起到负面的作用。

练习题

一、多选题

1. 调查报告的特点主要有( )

   A. 针对性　　　　　　　　B. 真实性

   C. 理论性　　　　　　　　D. 典型性

2. 根据内容的不同,调查报告可分为( )

   A. 基本情况调查报告　　　B. 新生事物调查报告

   C. 典型经验调查报告　　　D. 揭露问题调查报告

   E. 全面性调查报告　　　　F. 专题性调查报告

3. 撰写调查报告要把握以下几个环节( )

   A. 深入调查,获取材料　　B. 比较分析,排除归纳

   C. 揭示客观规律,确定主旨　D. 精心谋篇布局,完成撰拟工作

4. 调查报告一般包括哪几个部分( )

   A. 前言　　　　　　　　　B. 标题

   C. 正文　　　　　　　　　D. 结语

5. 怎样才能在撰写调查报告时维护实事求是的原则( )

   A. 尊重事实不唯上　　　　B. 面向实际不唯书

   C. 出以公心不唯己　　　　D. 尊重经验不唯书

二、判断题

1. 客观事实是调查报告赖以存在的基础。( )

2. 调查报告的典型性表现在实施调查的主体具有典型性,以及文章所运用的材料典型。( )

3. 调查报告主要是为了向上级机关提交建议以及向主管部门请求批准。( )

4. 从报告内容涉及的范围看,中央和有关省、市共同调查写出的《关于当前我国工人阶级状况的调查报告》是一份新生事物调查报告。( )

5. 报告和请示都是上行公文,主送机关都是直接上级领导机关。因此,为了节约时间、精力、提高工作效率,可以把请示事项写在调查报告中,一并呈送上去。( )

三、写作题

请做一份关于中学生上网的社会调查报告,内容应涉及中学生及其家长对网络的态度和相关行为的情况;网络环境对中学生的影响;对策与建议。

第五节　领导讲话稿

一、领导讲话稿的概念

所谓领导讲话,就是领导者为实施领导权,在各种会议或仪式上所作的指示性发言。领导讲话一般都是通过讲话稿来实现的,领导讲话稿就是指各级领导人在各种重要会议上所作的带有指示或指导性讲话时所用的文稿。领导讲话稿是领导者从事领导管理活动的重要载体和手段。广义上说,开幕词、闭幕词、大会工作报告,也都是领导讲话稿。所以领导讲话稿是一种常用的会议文书。

领导讲话稿提倡由领导人自己撰写,也可由领导授意,秘书代写,最终由领导审定使用。领导讲话稿不像大会工作报告那样有着鲜明的集体意识性,它可以有领导个人的观点。有些领导在胸有成竹的情况下,也可以不用文稿,直接在大会上演说,由别人记录下来才形成文稿。这说明领导讲话稿,事先不必像工作报告那样经过反复的讨论和推敲。

二、领导讲话稿的基本分类

领导讲话稿适用范围相当广泛,种类也比较多。一般可分为以下六种类型。

(一)导向性讲话

会议开始时,就召开会议的背景、缘由、目的、开好会议的要求发表讲话,多是以会议主持人或执行主席身份讲话;会议进行中,就讨论中提出的问题,结合有关文件精神进行有针对性的讲话,引导与会者用文件、上级指示精神统一认识。

(二) 指导性讲话

在大会工作报告之后,对会议的中心议题作重点阐发,结合当前形势和本地区本单位的实际,向与会者提出应当怎样分析和认识一些具体问题。其中往往提出对某些实质性问题的处理原则,具有明显的指示、指导性质。

(三) 总结性讲话

可分为阶段性总结和会议总结讲话。在会议进行中所作的阶段性讲话一般是按会议议程,在转入下一议程之前,就会议已经讨论的问题,针对讨论中的发言、讲话情况作客观的评价,肯定成绩,指出不足,作为阶段性小结;在会议结束时,对会议进行总结,提出贯彻会议精神的意见和要求。

(四) 宣传鼓动性讲话

在誓师会、动员会、庆祝大会、成立大会、运动会开幕式、群众集会等大会上,运用较多的是宣传鼓动性的讲话稿。这种讲话稿,重视思想的宣传和精神的鼓舞,一般不作指示,不部署工作,但可以改变听众的精神面貌,唤起听众投身某项工作或事业的热情。

(五) 专题性讲话

布置中心工作,或研究某一问题,或统一与会者思想的会议,运用较多的是专题性讲话。这种讲话针对某项工作、某一问题,进行深刻的理性分析,深入浅出,循循善诱,逻辑性强,说服力强。

(六) 总结评论性讲话

总结会、表彰会、办公会、经验交流会以及大会闭幕式上的领导讲话,侧重于总结评论。或对前一段的工作,或对大会的成果,或对各种有价值的意见或建议,作一番总结评论。肯定成绩、指出问题和今后的努力方向,是这种讲话的主要内容。

按照所参加会议的性质,也可以分为工作会议的讲话稿、专题会议的讲话稿、代表大会的讲话稿、座谈会的讲话稿、研讨会的讲话稿等。

三、领导讲话稿的主要特点

一是权威性。讲话历来是政治家和各级领导宣传政见、安排部署工作的有效形式。领导讲话不同于一般的演讲和发言，目的是贯彻上级的指示精神，实施本级的决定，对分管的工作提出科学性、指导性意见。因此，领导讲话具有一定的权威性、全局性、综合性、指导性和有效性。领导者的职务不同，讲话的效果也不同。

二是思想性。领导讲话要有一定的思想性、理论性、教育性，起点要高，立意要深，这样才能让人思考，让人信服，让人知道其所以然，从而打动听众。

三是鼓动性。领导者要达到某种政治目的，部署某项任务，针对形势、问题或某种思想动态，展开富有启发性、示范性的议论，提出目标，发出号召，通过讲话起到激励、鼓动的作用。因此，领导讲话具有鼓动性。

四、领导讲话稿的结构及写法

（一）标题

领导讲话稿的标题有两种写法。

一是单标题。由讲话人姓名、会议名称、文种组成，如《习近平在十八届中央纪委二次全会上发表重要讲话》。也可以省略讲话人姓名，如《在中华人民共和国澳门特别行政区成立庆祝大会上的讲话》。

二是双标题。写法是：将主要内容或中心思想概括为一句话作主标题，再由讲话人姓名、会议名称、文种等组成副标题。如《把教育工作认真抓起来——邓小平同志在全国教育工作会议上的讲话》。

（二）日期

将讲话当天的日期加括号置于标题下方中央。

（三）称谓

根据会议的性质、与会者的身份，分别使用"同志们"（党的会议常用）、"各位代表"（代表大会常用）、"各位专家学者"（学术会议常用)、"女士们,先生们"(国际性会议常用)等。

(四) 正文

1. 引言

讲话稿的引言有多种写法,归纳起来有下列主要类型。

(1) 强调时间、空间,概略描述场面。

庆祝大会比较多地采用这种引言。如:

大家晚上好! 我谨代表中国政府和人民,代表我夫人,并以我个人名义,对大家出席"一带一路"国际合作高峰论坛表示热烈欢迎! 在座的很多朋友对北京并不陌生,也在这里留下了许多回忆。北京是千年古都,见证了历史的沧桑变迁。北京也是一座现代新城,随着中国发展不断展现新的风貌。北京更是一座国际化大都市,东西方不同文明时时刻刻在这里相遇和交融。——习近平 2017 年 5 月 14 日《在"一带一路"国际合作高峰论坛欢迎宴会上的祝酒辞》

(2) 表示慰问和祝贺。

上级领导出席下属某部门或系统会议时的讲话,较多采用这种引言。如:

今天,我来参加这个会议,主要是表示对教育工作的支持,并且向你们,向全国教育工作者表示慰问。——邓小平 1985 年 5 月 19 日《在全国教育工作会议上的讲话》。

(3) 开门见山,提出中心话题。

在传达精神、布置工作的会议上的讲话,较多采用这种引言。如:

中午好! 很高兴同大家见面,并向大家介绍金砖国家领导人会晤及新兴市场国家与发展中国家对话会情况。昨天,金砖国家领导人厦门会晤圆满闭幕。我们五国领导人围绕"深化金砖伙伴关系,开辟更加光明未来"的主题,就当前国际形势、全球治理、金砖合作等深入交换看法,达成广泛共识。厦门会晤通过了《金砖国家领导人厦门宣言》,重申开放包容、合作共赢的金砖精神,全面总结了金砖合作 10 年来的成功经验,为加强金砖伙伴关系、深化各领域务实合作规划了新

的蓝图。——习近平 2017 年 9 月 5 日《在金砖国家领导人厦门会晤记者会上的讲话》

2. 主体

作为讲话稿的核心部分,讲话稿在写作中需要注意的问题无非是主题明确、内容充实、层次清楚、表达通畅、文字准确。关于内容、文字问题无须多说,这里重点强调结构的安排。

主体部分的层次安排主要是并列和递进两种方式。

并列式结构就是将几个方面的问题相互并置地排列起来,说完一个,再说一个,各个层次之间如果相互交换位置,一般不影响意思传达。在部署工作的会议或总结性会议上的讲话,这种写法比较常见。

递进式结构是由现象到本质、由表层到深层的层次安排方法,各层意思之间呈现逐层深入的关系。在统一思想的会议上,较多采用这种讲话方式。

讲话稿的主体,因会议不同、讲话人的身份不同、内容侧重点不同、领导之间先后讲话的次序不同,其写法也会有较大的差异。以上说的两种结构方式,只是就大体而言,具体操作起来还需要灵活处理。

3. 结尾

相当多的实用文体都不一定要有结尾,但讲话稿不同,它一定要有一个结尾。否则,听众会认为:××领导还没有讲完怎么就转身下台去了?

写结尾要注意两点。

首先,结尾要结在必然收束的地方。主要内容表达完毕了,主体部分结构完整了,文章就到了要结束的地方。这时如果还不结束,听众就会不耐烦。反过来,如果内容还没表达完,主体还不完整,即使有一个专门的结束语,讲话稿也不完整。

其次,可采取自然结束和专门交代两种结尾方式。自然结束不用专门的结束语,但听众都能听得出来,讲话到这里结束了。专门交代则使用模式化的结束语。

五、领导讲话稿的写作要求

（一）广泛大量地搜集素材

常言道："巧妇难为无米之炊。"素材，是写作的基础，如同建筑必须有水泥钢筋、木石砖瓦等建筑材料一样。起草讲话稿绝不可凭主观想象，而是要建立在充分的素材的基础上，所以领导讲话稿的起草过程实际上是对素材的归纳、消化、加工和升华的过程。搜集素材有两个含义，一个是要有众多的文本材料；另一个就是平时多注意思考，进而形成有独特见解的观点群。

收集材料的途径有三。

一是调查研究，取得第一手现实材料。写"讲话稿"时尤其需要这样的依据。通过调查取得的第一手材料往往具体生动，真实可靠，印象深，感受深。常言道"涉浅水者得鱼虾，入深水者得蛟龙"，调查研究必须深入实际、深入群众、深入现场，沉下去、摸实情。要坚持实事求是的思想路线，不唯书，只唯实，不见风使舵，不随风倒，更不能带着各种框框去找材料，削足适履，歪曲事实。

二是广开材源，积累第二手材料。这就是收集一些与所写公文有关事物的变革情况，以便分析其发展变化，做出正确的分析判断，提出有见解的观点。报纸、文件、会议材料、信息、简报等与工作有关的材料等，都可及时分门别类积累起来，用时非常方便。

三是有备无患，储备基础材料。积累一些与文稿写作有关的公文，包括法规、政策、文件、讲话、纪要等，甚至收集一些古今中外的精辟议论，作为形成文稿观点和进行综合分析的依据，或直接引证所用。

调查、收集、积累材料有三忌：一忌凭兴趣出发，要从工作需要、贯彻执行党的方针政策的需要出发。如果凭兴趣出发，就可能片面、狭隘，甚至有意无意地歪曲了材料。二忌听风就是雨，道听途说，一知半解。三忌实用主义地调查收集材料。

总之，调查积累材料，要靠勤看、勤问、勤想，一要广，二要实。要养成勤奋读书、阅报、看文件、记笔记和思考的好习惯，一些词语、成语要常读读、看看,对一些重要文件、讲话的关键段落要能够背诵。这样可使材料库和思想库应有尽有,样样俱全,头绪清晰,有备无患,用时才会信手拈来。

好文章要有真知灼见,那就要在思想认识上达到一定高度,形成观点群并有较强的逻辑线索。历史上的不朽名作,都是在相当的思想积累、生活积累、感性积累、观念积累之下,经过提炼加工而完成的。

写文章不能就事论事,要把理性与现实结合起来。有了材料,不能堆砌,而要虚实结合,理论联系实际。无实,空洞无据,不能服人,更不能具体生动地感人;无虚,就事论事,就没有深度,不能发人深省,启迪人的智慧。选材用材得当才能避免"空"和"长"的问题。

(二)认真细致地构思谋篇

构思谋篇非常重要。这好比做衣服,没有衣料不行,但有了衣料,剪裁不好也不行,甚至会把衣料给毁掉了。起草讲话稿也一样,即使有了必要的材料,如果结构安排不好,仍然写不出好的文稿来。要注意两点,即设计好文章结构和深化讲话主题。

1. 设计好文章结构

结构就是言之有序,就是文章内容的组织和排列形式,即构思、谋篇。安排结构的基本原则是四个字:不板不乱,也就是不死板、不杂乱。具体要求有四:一是纲目清楚,思路贯通;二是层次清晰,段落完整;三是衔接紧密,符合逻辑;四是开头明快,结尾有力。

安排结构要考虑到以下四点:第一,全面考虑阐述问题、分析问题、解决问题的需要。第二,层次段落要围绕主旨,按照表现事物本质和特征的需要来安排。第三,条理清楚,方便表述,符合人们的认识规律,便于领会和接受。第四,各部分、各层次之间有正确、严密的逻辑和照应关系,通篇浑然一体。

布局的方式一般有两种:一是列书面提纲。提纲是详是略,应根据文稿内容需要和作者的行文习惯而定。一般搞文字工作的人都有体会,重要讲话,诸如大型会议上的领导同志讲话,提纲应尽可能列得细一些,甚至可以细到每段几个层次,每个层次阐明什么问题以及精彩的阐述语言等。这样,再稍加扩充、润色、归整,就可以成为一篇像样的文稿。二是打腹稿。虽没布局成文,但中心有个轮廓勾画,短一些、急一些的文稿多采取这种办法。

2. 深化讲话主题

深化讲话主题要把握以下重点。

一是细化领导要求。领导意图与要求最初表现的形式是比较复杂的。有的十分明确,有的仅是倾向,有的比较零碎,个别情况下还有意见分歧。因此,要对其进行提炼、深化处理,形成一个正确的领导集团(班子)的旨意。这个深化过程,首先是补充完善。领导人的新思想刚刚产生时,由于认识和实践的局限,很难完全正确,这就要调动各种手段,综合运用多方面的知识,从实际出发,把它统合起来,成为完整、严谨、系统的领导思想。其次是凝练提高。要经过智囊组织的熔炉加工、优化、磨砺,再加入领导思想体系。再次是延伸挖掘。要善于分析领导思想的发展趋势,按着这个趋势拓展思路,延伸思维。这种延伸不是随意的而是从工作需要出发,从客观事物发展变化的实际出发,有所突破和创新,使新的思想始终保持一种对工作的最佳导向力(这是一项富于开拓性的工作,要善于学习,培养分析能力、判断能力、推理能力和综合能力)。

二是对客观事物的再认识。讲话稿主题是通过各种具体材料支持、丰富和完善的。

三是政策策略的具体完善。党的路线、方针、政策包括策略思想,一般通过会议或纲领性文件下发,贯彻到各级组织和各地区。但路线的贯彻离不开具体问题、具体事件、具体政策。深化主题,必须紧紧把党和国家的路线、方针、政策与当地实际相结合,创造性地揭示在具体问题、具体事件上的意义,对具体事项上都有的现实和明确、具体的表现,把党和国家的政治意图明确在各项具体事务中表达出来。

四是要量体裁衣。同样一项工作、一件事情,不同的角色就有不同的讲法。有些话在私下讲可以,但正式讲就不行;有些事口头讲可以,书面讲就不行。这就是分寸,这就是区别。起草领导讲话稿要站在领导层位,把握好角度,既要克服本位意识、部门色彩,又要防止"出格""越位"。

(三)精益求精地反复修改

形成初稿后,须一丝不苟、字斟句酌地做好修改工作。因为第一遍写出的稿子往往来不及仔细推敲,难免有些毛病。不少问题是在修改中发现和订正的,不少内容是在修改中充实和完善的。即使起草时字斟句酌,也毕竟只是一时之功力,一人之智慧,仍要进行反复修改。只有反复推敲,精雕细刻,才能成为精品。正如古人所言:"玉不琢,不成器。""文字频改,工夫自出。"修改一遍,就会有一次提高。有人说"一成文章半成改",有的人甚至说"好文章是改出来的",可见修改在写作中的重要作用。

反复修改之后,要提前把讲话稿送到领导手中,以便于领导查漏补缺,提前熟悉讲话内容,充分准备,从而使讲话达到预期效果。

(四)需要注意的三个方面

第一,避免雷同。领导者参加会议应邀讲话,常常会遇到多位领导人讲同一个问题,如果在这种情况下再重复讲,势必使听众失去兴趣,会场将产生无人关注的局面。

第二,独树风格。领导讲话最忌千篇一律地发表意见,因此在讲话中能够体现出针对性和独特的风格,便会更好地实现传播效果。

第三,适当调剂。由于会议不同,领导的讲话有长有短,如果讲话冗长,一般来讲与会者会感到疲劳,精力往往不会像开始那样集中。特别是到会议最后,主要的东西已经讲完,听众的情绪开始松弛下来,如果此时领导讲话稿长篇大论,则易出现台上开大会,台下开小会,有人闲聊、打瞌睡,甚至有人收拾东西准备走人。

(五)处理好三个关系

1. 权威与平易的关系

一篇好的讲话稿,总是权威性与平易性相结合的产物。领导讲话无疑要具有权威性,这种权威,与讲话人的身份、地位、所代表的方面相符合,要立场坚定,原则性强,严肃、认真、鲜明、有力地展示自己的观点,起到应有的强调、号召作用。这种权威,确实是一种原则的把握。起草领导讲话,还要注意教而有诚。领导讲话坦率、诚挚,就能够很快沟通、大大缩短与听众之间的距离,在自然而亲切的气氛中传达自己的思想、观点。特别是起草领导对干部进行批评教育的讲话稿时,要多把自己摆在受教育的位置上,进行换位思考,揣摩干部们的真实想法。要把握好语言的轻重和分寸,既能点到痛处,又要尊重对方,把善意贯穿于施教的全过程,使人们能为领导的真诚所感动,乐意接受领导的批评。不仅要言之成理,还要善于把"理"说透,将各种事理渗透到亲切、自然的语言诱导中,便于领导权威的自然贯彻,消除逆反心理,起到讲话应有的权威效果。

2. 庄重与幽默的关系

领导讲话无疑要庄重,这是领导讲话所必须把握的原则。这个原则要求一个领导者不论是在何种社会环境中,运用什么样的语言,都不能超越一定的原则限度去阐述、说明、表现领导者的思想意识。起草领导讲话稿一定要坚持这个原则,行文沉稳、扎实、郑重其事,以使领导活动严肃、认真、原则性强,达到预期目的。但如果在讲稿中一味照本宣科或讲些大话、套话、空话,没有一点灵活性,也打动不了听众。所以,灵活性是原则性运用过程中一种必要的补充,以基本原则为指导,对具体问题进行具体分析和灵活处理。幽默性则是灵活性的绝妙体现。在讲话中适当增强语言的幽默性,不但会提高语言的感染力,而且也会为领导者的风度增添异彩。

3. 深入与浅出的关系

领导讲话,总是要通过阐明一定的道理来说服人、教育人。"以理服人"可以说是讲话所必须遵循的一条原则,但是通篇都是名词、定义、概论,一味进行简单的"满堂灌",会使人觉得深奥难懂。起草领导讲话稿,要将说理性与通俗性结合起来,使所要阐明的道理生动、明了,听众易于接受,把高深的道理讲得明白流畅、简单透彻。因此,掌握语言的技巧也是一个重要的方面。讲话语言的技巧是多种多样的,如借题发挥法、引经据典法、用数字说明法等,掌握一定的技巧,并在起草中灵活应用,会使领导讲话有理有据,生动有趣,具有较强的吸引力。

【例文】

《习近平在党的群众路线教育实践活动总结大会上的讲话》
(2014年10月8日)
例文请扫左侧二维码阅读

点评: 习近平总书记的这篇讲话主题鲜明、立意高远、内涵丰富、思想深刻,彰显了党要管党、从严治党的坚定决心。讲话凸显出执政党强烈的忧患意识和责任担当,展示了要以锲而不舍的决心和毅力,把党的作风建设持续不断引向深入,是执政党永远坚持群众路线的郑重宣示,是对人民殷殷期待的郑重回应,极富感染力和号召力。

练习题

一、判断题

1. 领导讲话是领导者为实施领导权,在各种会议或仪式上所作的权威性发言。( )

2. 领导讲话稿必须有鲜明的集体意识性,不能有领导个人的观点。( )

3. 领导讲话不同于一般的演讲和发言,目的是贯彻上级的指示精神,实施本级的决定。( )

4. 领导讲话稿的观点提炼要配套,在一篇讲话稿中先后阐述的多人观点要相互照应、配合,形成体系,具有内在的逻辑性,发挥"整体效应",而不应该互不相应,甚至互相冲突。( )

5. 起草领导讲话既要避免雷同,又要独树风格,并要做到适当调剂。( )

二、单选题

1. 领导讲话是领导参与公务活动的一种方式,是实施领导职能的( )

A. 重要途径　　　　　　　　B. 主要措施

C. 基本方法　　　　　　　　D. 唯一手段

2. 领导讲话稿的特点不包括(　　)

A. 权威性　　　　　　　　　B. 思想性

C. 煽动性　　　　　　　　　D. 鼓动性

3. 领导讲话稿需要重点研究的是哪一部分(　　)

A. 标题　　　　　　　　　　B. 开头

C. 主体　　　　　　　　　　D. 结尾

4. 起草领导讲话要处理好的关系不包括(　　)

A. 权威与平易的关系　　　　B. 庄重与幽默的关系

C. 深入与浅出的关系　　　　D. 指导与教育的关系

5. 领导讲话稿的谋篇布局就是谋划讲话稿的(　　)

A. 作用目的　　　　　　　　B. 遣词造句

C. 篇章结构　　　　　　　　D. 文笔修辞

三、多选题

1. 领导讲话稿的观点提炼的要求是(　　)

A. 观点要正确　　　　　　　B. 观点要鲜明

C. 观点要配套　　　　　　　D. 观点要尖锐

2. 深化领导讲话稿主题时要注意把握(　　)

A. 细化领导要求　　　　　　B. 对客观事物的再认识

C. 量体裁衣　　　　　　　　D. 政策策略的具体完善

3. 领导讲话稿的写作在构思谋篇时要注意(　　)

A. 设计好文章结构　　　　　B. 善于运用修辞手法

C. 深化讲话主题　　　　　　D. 广泛借用事实数据

4. 调查、收集、积累材料不能(　　)

A. 凭兴趣出发　　　　　　　B. 从工作需要出发

C. 道听途说　　　　　　　　D. 实用主义地调查收集资料

第四章　申论基础知识

第一节　申论概述

一、申论的含义

申论考试首次出现在2000年中央机关公务员考试中。经过多年的实践,以及专家学者们的改进与完善,申论现已成为国家公务员录用考试的一门基本科目。

"申"字在汉语里主要是两个意思,一是说明,二是主张、观点。申论的"申"用主张、观点来解释似乎更为合理。"论"即论证。所以,申论是提出观点并且进行论证的意思。因此,从字面上理解,申论考试的基本考察目标是要求考生能就某个现实具体问题提出自己的观点并进行阐述和论证。

二、申论考试题的设计原理

一般认为,申论考试的原型是古代科举考试中的策论形式。"策论"是我国古代官吏选拔考试中的一种考试模式,一般由皇帝提出一个问题,要求参试者就这个问题提出自己的解决方法、对策。的确,申论考试也适当地借鉴了"策论"的一些经验与做法,如,比较注重提出解决问题的对策,比较注重对问题的分析和论证等。

但实际上申论主要还是借鉴了一些发达国家的先进经验,对比西方国家的公务员考试招录,我们不难发现申论考试明显借鉴了"提篮考试"、阅读理解测试、文件起草等考试测评方式。

申论在考题设计上运用了"模拟测评"的现代测评理念,"情景假设"是申论考试的基本特征。申论通过文字材料描述了某个社会生活中的问题,它要求考生假想自己是一个特定角色(一般是政府工作人员),面对这个问题,要求考生去分析研究并解决这个问题。

我们不难发现,申论的设计原理是把公务员在工作中的重要工作环节——行政决策进行了模拟,通过书面化的形式设计成考题来选拔公务员,以检测考生是否具有应对未来工作的能力。下面我们把政策科学中的行政决策基本程序和申论考题来做一个对比分析:

行政决策基本程序　　　　　申论基本题型
(1)发现问题与问题诊断　　　概括材料反映的问题
(2)政策目标确定
(3)政策方案设计　　　　　　提出解决问题的措施
(4)方案评估优选
(5)政策说服　　　　　　　　根据材料的问题写议论文
(6)决策追踪与政策修正

申论的题型就是要求考生模拟完成行政决策的基本程序:概括材料反映的问题就是对问题进行表述,就是模拟"发现问题与问题诊断"的过程;提出解决问题的措施就是模拟"政策方案设计、方案评估优选"的过程;写议论文就是模拟"政策说服"的过程。

申论实际上仍是重点考察公务员在实际工作中的公文写作能力,但申论与传统公文写作考试有明显的不同:首先,申论更看重考生的理解能力、分析能力和解决问题的能力,并非单纯的文字表达能力,测试目标具有综合性;而传统公文写作考试偏重于考察文字表达能力,测试目标较单一。其次,申论更注重考察文章中包含的作者的思想、观点,重内在;而传统公文写作考试偏重于考察形式规范,偏外在。

可以说,申论在科目设置、考试形式上都是按国际标准设计的,但在内容上明显具有了中国特色。它注重对应试人员能力和素质的考查,按现代人力资源测评要求,把能力细分成阅读理解能力、综合分析能力、提出和解决问题能力、文字表达能力几项,分别设计答题要求进行测评,增强了考试测评的科学性。

三、申论的试卷结构

申论的试卷结构比较规范,一般包括三个部分:注意事项、给定资料、作答要求。

(一)注意事项

注意事项一般是介绍考试内容、时间、作答要求。例如2018年中央机关省级以上(含副省级)综合管理类申论试题的注意事项为:

1. 本题本由给定资料和作答要求两部分构成。考试时限为180分钟。其中,阅读给定资料参考时限为50分钟,作答参考时限为130分钟。满分为100分。

2. 请用黑色字迹的钢笔或签字笔在题本、答题卡指定位置上填写自己的姓名、准考证号,并用2B铅笔在答题卡上填涂准考证号对应的数字栏。

3. 请用黑色字迹的钢笔或签字笔在答题卡指定区域内作答,超出答题区域的作答无效!

4. 待监考人员宣布考试开始后,你才可以开始答题。

5. 所有题目一律使用现代汉语作答,未按要求作答的,不得分。

6. 当监考人员宣布考试结束时,考生应立即停止作答,并将题本、答题卡和草稿纸都翻过来放在桌上。待监考人员确认数量无误、允许离开后,方可离开。

严禁折叠答题卡!

(二)给定资料

给定资料是要求考生阅读的文字材料,字数在3000—10000字左右,近年来的考试中5000—8000字的材料居多。给定资料是经出题人整理、加工过的文字材料,它反映出了出题人的考查意图。认真研读给定资料是做好申论的第一步,也是最关键的一步。

最常见的给定资料反映的是一个社会问题,但也有反映两个甚至多个关联问题的。例如,2015年下半年重庆申论试题涉及互联网农业、农产品批发市场建设、农产品物流三个相互关联的问题。

(三)作答要求

作答要求是考生要完成的题目。作答要求一般给出了答题的内容要求、答题标准、字数要求和本题分数。下面是2018年中央机关公务员考试省级以上(含副省级)综合管理类的作答要求:

1.根据给定资料1,对调研组的调研材料,从成绩、问题和建议三方面进行概述。(15分)

要求:(1)准确、全面;(2)恰当提炼,条理清晰;(3)不超过350字。

2.上级部门来W市考察,请你根据给定资料2,就W市在经济转型升级过程中的探索,写一份汇报提纲。(20分)

要求:(1)紧扣资料,内容具体;(2)语言流畅,有逻辑性;(3)不超过400字。

3.根据给定资料3,请你对画线句子"借用人的'慧',打造物的'智'"加以分析。(15分)

要求:(1)观点明确,紧扣资料,有逻辑性;(2)不超过300字。

4.根据给定资料4,谈谈你对"想象力经济"的理解。(10分)

要求:(1)准确、全面;(2)不超过200字。

5.请深入思考给定资料5画线句子"科学、艺术和古文化对于想象力都起着非常重要的作用,构成了想象力的源泉",自拟题目,自选角度,联系实际,写一篇文章。(40分)

要求:(1)观点明确,见解深刻;(2)参考给定资料,但不拘泥于给定资料;(3)思路清晰,语言流畅;(4)字数1000—1200字。

四、申论的答题要求

(一)题型

申论考试的具体题型千变万化,往往让考生们非常头疼。其实,归纳起来,申论考试的题型主要是:概括题、判断分析题、理解分析题、对策题、阐述题、应用文和议论文七个题型。

(二)答题要求

1. 题干信息

(1)确定材料阅读范围。

每个小题都会告诉我们所用的材料,此时说明本题的答案就源于这则指定材料。普遍来说,历年的国考和联考大部分都是针对性阅读,阅读难度相对较低。

例:"给定资料4"反映了转型期青年人在心理方面存在的问题,请指出这些问题具体表现在哪些方面。(10分)

要求:全面、准确。不超过150字。

(2)确定材料与答题的关系。

申论的题干中一般都给出了"针对、根据、依据、按照、结合、参考"等字样。不同的用语实际给出了不同信息,考生应注意辨别。

例1:加拿大女作家门罗曾经说过:"幸福始终充满着缺陷。"请**结合**你对给定资料的思考和对这句话的领悟,自拟题目,写一篇文章。(40分)

要求:(1)自选角度,立意明确;(2)联系实际,不拘泥于"给定资料";(3)思路清晰,语言流畅;(4)总字数1000—1200字。

例2:给定资料9中提到,"文化不是化石,化石可以凭借其古老而价值不衰。文化是活的生命,只有发展才有持久的生命力,只有传播才有影响力。只有有影响力,国之强大才有持续的力量。"请**根据**你对这句话的思考,参考给定资料,自拟题目,写一篇文章。(50分)

要求:(1)中心明确,思想深刻;(2)内容充实,有说服力;(3)语言流畅,1200字左右。

"根据"一词语义上表示关联度更高,表明作文的中心内容必须符合画线句子的意思,因此画线句子是作文的主题句;而"结合"只要求作文中的某些内容涉及画线句子,画线句子不一定是作文的主题思想。

2. 要求信息

申论答题要求会明确写出若干要求,这是考生答题的指针,考生应注意分析其中包含的信息。(见表4-1)

表4-1 申论答题要求

要求	说明
全面/完整	涵盖全部核心信息,通常有多个逻辑要素或多个主体
准确/得体	用词恰当规范
简明/简洁/扼要	用规范词句,不用长句子,忌口语化
逻辑性强/条理清楚	分门别类(同类合并、异类罗列),分点分条
分析透彻/深刻	透过现象看本质
观点鲜明	先表明观点,再分析说明
层次分明	有总分关系/有两个以上层次
有针对性	针对存在问题或原因
建议具体/合理可行	对策符合实际、法律法规、伦理道德,对策具有实际操作的可能性
字数	字数上限;以250字为界,向下不用分段,向上可以考虑分段答题。

有些要求是通行要求,有些是特定要求,考生应特别注意特定要求。

例:为推进休闲生活旅游城市建设,A市政府准备召开市民代表、专家学者参加的座谈会,市长将在会上作开篇讲话,请你结合资料2-3,为市长草拟一份会议讲话提纲。(30分)

要求:(1)切合主题,内容具体;(2)条理清楚,层次分明;(3)不超过300字。

答题要求中的"条理清楚,层次分明"是特定的要求,表明评判时会非常看重条理和层次,"层次分明"表明应当有两个以上的层次,如果考生答题只有一个层次,那得分就会很低了。

五、申论的测评内容

申论考试的题型变化多样,但其基本测评内容是确定的。我们可以看到历年中央机关的申论考试大纲都没有大的变化。

我们可以把申论的基本测评内容概括为下面几项:

(1) 要求能够对材料反映的社会问题准确理解和归纳总结;

(2) 要求能够准确分析社会问题形成的原因,提出解决问题的政策措施;

(3) 能够阐述对社会问题的认识和理解。

当然,由于不同层次的职位选拔的标准有所不同,所以在申论科目中,不同职位的考试大纲的具体测评要求有一定的差别。我们以中央机关及其直属机构 2018 年度考试录用公务员申论考试大纲来作分析:

1. 省级以上(含副省级)综合管理类职位申论考试测评要求:

阅读理解能力——要求全面把握给定资料的内容,准确理解给定资料的含义,准确提炼事实所包含的观点,并揭示所反映的本质问题。

综合分析能力——要求对给定资料的全部或部分的内容、观点或问题进行分析和归纳,多角度地思考资料内容,作出合理的推断或评价。

提出和解决问题能力——要求借助自身的实践经验或生活体验,在对给定资料理解分析的基础上,发现和界定问题,作出评估或权衡,提出解决问题的方案或措施。

文字表达能力——要求熟练使用指定的语种,运用说明、陈述、议论等方式,准确规范、简明畅达地表述思想观点。

2. 市(地)以下综合管理类和行政执法类职位申论考试测评要求:

阅读理解能力——要求能够理解给定资料的主要内容,把握给定资料各部分之间的关系,对给定资料所涉及的观点、事实做出恰当的解释。

贯彻执行能力——要求能够准确理解工作目标和组织意图,遵循依法行政的原则,根据客观实际情况,及时有效地完成任务。

解决问题能力——要求运用自身已有的知识经验,对具体问题做出正确的分析判断,提出切实可行的措施或办法。

文字表达能力——要求熟练使用指定的语种,对事件、观点进行准确合理的说明、陈述或阐释。

比较起来,两者的不同要求是:

(1)在阅读理解能力方面。

省级以上(含副省级)综合管理类要求看得透、深。要求揭示所反映的本质问题,对抽象理解能力要求高。

市(地)以下综合管理类和行政执法类要求看得准、清。一般对抽象理解能力要求比较低,而要求对材料能准确理解。

(2)在综合分析能力方面。

省级以上(含副省级)综合管理类要求能多角度地思考问题,要进行判断和评价。反映在题型上,比较容易出分析和阐述题。

市(地)以下综合管理类和行政执法类要求的是贯彻执行能力,即准确理解目标和找到达成目标的合理途径。比较容易出理解题。

(3)文字表达能力方面。

省级以上(含副省级)综合管理类要求表达思想观点的能力,要求考生能够把问题剖析得透,重论证。写作上比较倾向于写议论文,重分析、论证。

市(地)以下综合管理类和行政执法类要求考生能够把问题说清楚,重说明、阐释。写作上比较倾向于写策论文。

一般地方公务员招考的测评要求比较近似于执法类。

六、申论的思维方式

注重思维能力的检测是申论考试的重要特征,也是申论区别于传统知识型考试的根本所在。这种表述过于宽泛,没有揭示出申论的典型思维特征。其实申论的思维方式是一种典型的问题思维模式。

问题思维是一种以问题为导向的实践主义、实用主义思维方式。它以发现问题为起点，以解决问题为终点。这种思维方式和医生看病是一样的：首先是根据各种问题表现、现状，判断问题是什么，然后分析产生问题的原因，寻找解决问题的合理方法，最终达到解决问题的目的。所以，做申论就如良医治病，不过治的是"社会的病"。

简单地说，可以把申论的逻辑归结成以下几点：

（1）发现问题（能够清楚问题的具体表现）；

（2）分析问题（能够分析产生原因、造成结果）；

（3）总结问题（能够总结问题的本质以及现象背后的规律、事理）；

（4）解决问题（能够找到解决问题的有效方法）。

简言之，所有申论材料都有一条内在的逻辑线索：问题（表现）——本质——原因——结果——解决方法。

掌握了申论材料的逻辑线索，我们就可以按此解剖所有申论材料，也可以按此完成申论的主要题型。

问题思维要求人要发挥主观能动性，能够独立思考问题，分析问题，妥善处理现实问题。因此，申论考试要选拔的人才不是那种只会背死书、照本宣科、高谈阔论的人。考生必须培养自己善于发现问题、善于思考和分析问题的能力。

七、申论的试卷评阅

作为一种能力测评考试，申论在考题设计时明显有测评标准开放的特点。但由于在我国参加公务员考试的人数众多，为了公平和客观，申论的评阅标准已经基本严格标准化。

为了保证评阅的公正性，申论每一题都是两人评阅，成绩按两人评阅分数的平均值确定。两个评阅成绩误差不能超过本题分数的10%方有效。超过本题分数的10%的，将交第三人评阅。

第二节　申论能力培养

申论考试与我们现行教育中的知识性测试有很大区别。最让考生犯难的是完全不知道申论怎么复习，怎么准备。把握申论考试的内在规律和特点，是迅速提高考试成绩的重要方式。

一、提高综合素质

申论是一种综合性能力测试，要取得考试的成功就必须分析这种考试的特点，熟悉这种考试的内容，摸索这种考试的答题要领，总结这种考试的高分经验。申论考试对考生的素质要求很高，而这种要求又恰恰是现行教育的薄弱环节，因此考生会感到申论很难。考生要从根本上提高自己的综合素质，才能以实力应对申论题型和题材的千变万化。如何提高综合素质呢？可以从以下两方面入手。

（一）广泛涉猎社科知识，提高综合素质

政府是社会的管理者、服务者，要与社会各阶层、各行业打交道。在政府工作不能"两耳不闻窗外事"，而要"事事关心"，公务员最需要的是广博的综合知识。因此，申论考查的重点之一是考生综合知识的掌握状况。

因此，申论非一日之功，突击性训练可能会帮助你提高一时的成绩，但缺乏良好的综合素质依然是一个病态的躯体。因此考生应注意自己平时综合素质的培养，博览群书，广泛涉猎，关注时政。这才是稳保申论高分的根本之"道"。知识的综合性既是申论测试的科学性所在，也是申论准备的难点。

行政管理学、法学、政治学、社会学、经济学等学科的普适性比较强，了解这些学科的基本知识是提高综合素质的重要方法。我们特别建议考生去浏览一下行政管理学、法学和政治学的通俗读物，这些学科与申论联系特别紧密。多年的考试结果也显示，这些学科的考生申论成绩普遍较高。

(二) 多看新闻,积累社会经验

综合素质的提高更需要积累丰富的社会经验。社会经验来源于人们在社会生活中的积累与总结,它是知识的另一种形态。一般考生最缺乏的就是社会经验。

其实,在信息化时代,社会经验的积累可以通过报刊、电视、网络等新闻媒介完成。社会新闻的信息量非常大,而且涉及面也非常广,因此多看新闻,关心社会生活,是提高综合素质的根本路径。例如,关于物价上涨问题,新闻媒体的各种文章五花八门,有分析物价上涨原因的,有提出控制物价建议的,有介绍外国稳定物价经验的,还有反对政府干预物价的……民众、专家、官员都有自己的声音,考生看了后会从中学到很多知识,也积累了很多经验。如果申论考试中遇到这样的材料,那就容易入手了。

申论考试的材料全部来源于当今的现实生活,考生多看新闻势必事半功倍。

二、培养问题思维能力

申论考试要选拔的人才不是那种只会背死书、照本宣科、高谈阔论的人,申论要求考生要善于动脑筋,能够思考问题,分析问题,妥善处理现实问题。它注重的是知识的掌握和运用。死记硬背绝不是备考申论的基本方法。

(一) 培养思考、分析问题的习惯,不教条化、机械化

善于思考,具备运用知识的能力是申论的"灵魂"。"病万变,药亦万变",考申论不能机械照搬,不能背死书。我国大部分考生受到的独立思考的教育比较少,考生习惯了抄笔记、背死书。考生必须纠正自己的行为习惯,培养自己善于发现问题、善于思考分析问题的能力。

申论的思维逻辑是问题思维,这种思维是紧紧围绕问题的表现、原因和解决方法展开的。每个申论材料涉及的具体问题不同,其表现、原因和解决方法也不同,既不能照搬以往的经验,也不可能有一种解决所有问题的"万能良方",因此考生不能抱有完全依赖别人的经验

总结的思想，这样只能靠运气获得成功。要真正具备应对申论的实力，就必须培养独立思考的习惯，训练独立思考的能力。

（二）审问、慎思、明辨

如何才能培养独立思考的能力呢？其实古人早已给我们提供了学习方法。儒家认为正确的学习方法是：博学、审问、慎思、明辨、笃行。博学是接受知识的过程，审问、慎思、明辨就是对知识独立思考的过程，笃行是实践的阶段。知识必须经过独立思考的过程才能转化为实践能力。审问、慎思、明辨过程的要点就是质疑、反思、鉴别，根本就是要会自我思考。学习不能人云亦云，接受知识一定要自我思考，带着问题去思考。

例如，一则关于物价上涨的材料，有人认为政府应该降低农副产品价格，才能从源头上抑制物价，保障民生。那考生就不能简单地一看就接受这种观点。必须对这种观点质疑、反思、鉴别，如思考：农副产品价格低了，农民利益又如何保障？

（三）围绕问题训练思维能力

申论的逻辑思维方式是问题思维，是医治"社会的病"，所以，结合社会问题思考、分析是取得申论高分的重要途径。申论考试的材料都是来源于当今的现实生活，绝大多数还是社会生活中的热点问题，平时注意通过新闻媒体了解这些问题并且思考这些问题，对培养和锻炼考生的问题思维能力很有好处。

因此，考生关注社会问题不能单纯停留在积累知识、积累社会经验的层面上。考生对社会新闻不仅要"看"，还要"思"。"看"是获取信息，"思"是对获得的信息进行自己的判断和分析。

一般说来，考生可以用这样一种思维路径去思考社会热点问题：

（1）分析社会问题的产生背景、形成原因。例如，高油价形成的国际、国内背景原因是什么？再如，我国矿难频发的原因是什么？带着这些问题去看社会热点。

（2）归纳社会问题的具体表现。例如，我国乳品行业质量安全存在哪些具体的问题？在哪些方面表现尤其突出？

（3）分析社会问题的正面和负面的后果。例如，我国提高个人所得税免征额产生的社会积极效应是什么，消极效应又是什么？

（4）政府和社会各方面已经采取了哪些措施。例如，我国政府为控制物价稳定采取了什么办法？哪些办法的成效好，哪些措施的成效差？政府、专家、社会各界有些什么建议？

（5）自己对解决这个社会问题的建议。

三、提高写作能力

虽然不能把申论看成是写作考试，但考生的观点、看法都是通过文字表达出来的，写作能力对申论成绩的影响还是非常大的。因此，注意训练良好的写作能力和培养好的写作习惯是取得申论高分的重要途径之一。

语言表达能力的提高非一朝一夕之功，它需要长年累月的积累。训练语言表达能力的主要方式无非有两个：一是多读，二是多写。

（一）多读

多读的意义在于可以通过模仿提高语言能力。申论有自己相对特定的语言风格，即深刻、准确、简练、朴实。申论语言"质"（思想内涵）胜于"文"（语言技巧），申论内容上讲究言之有物，重理性分析，重逻辑条理；形式上重表达清晰准确，言简意赅，而不尚文字华丽。

因此考生可以多读一些和申论语体风格比较接近的文章。考生可以多读以下几类文章：

一是报纸杂志的评论文章，例如《半月谈》的"半月评论"，新华社的评论文章，《人民日报》《中国青年报》《瞭望》《北京日报》《南方日报》的评论文章。这类文章和申论文章最接近。

二是优秀的申论范文。许多有关申论的教材、网站上都有一些申论的优秀范文。多看这些文章可以借鉴别人的长处，汲取写作申论的经验。

三是中外著名思想家、作家的经典随笔。

（二）多写

写作是一种实践活动，多写才能下笔有神、得心应手，要多写才能切实提高自己的语言表达能力。考生可以有感即发,不论长短,有意识地培养自己的写作习惯。当然,在考试前更应该有针对性地习作几篇模拟作文,检测自己定时完成作文的能力。

在申论考试中,有许多考生因为写作习惯不好而严重影响了自己的成绩,这种情况是非常不应该的,考生应注意培养好的写作习惯。概括起来,写作习惯差的主要表现是:

(1)写作不规范:不正确划分段落,标点符号不规范等;
(2)书写不工整,字迹潦草,涂改太多;
(3)不按格式要求写作;
(4)不规范地使用英文、网络词语、简称等。

第三节　申论复习与应试方法

一、申论复习备考方法

(一)找薄弱环节,点面结合,重点突出

每个考生的能力素质不同,有各自的优势和弱势。考生在复习准备过程中要能迅速找到自己的薄弱环节和主要问题。复习时注意点面结合,突出重点,在全面复习的同时,针对薄弱环节重点强化。

(二)平时训练和模拟实战结合

提高申论水平的主要方式是多练习,做练习要讲方法。平时的练习重在提高自己的水平,平时练习可以灵活一些,有时间就做题,不讲形式,不定时间。但考生在考前一定要定时做两次模拟题,模拟实战可以检测自己在实际考试中会遇到的各种情况,以采取有效办法解决问题。

(三)不迷信教材

考生往往容易迷信教材、参考资料,认为教材、参考资料的答案就是标准答案,范文就是优秀的。现在申论的教材很多,良莠不齐的现象很突出。有些教材编写得非常粗糙,参考答案甚至是严重偏离答题要求和答题规范的。对所谓的"权威"教材也不能迷信,有许多所谓的

"权威"教材的真题答案也是不可信的。在平时练习中考生一定不能迷信教材,否则很可能会误入歧途。考生要学会思考和鉴别,当自己的答案和教材参考答案不同时,要仔细分析各自的合理性,取长补短。

（四）做真题、看模拟题

复习申论的基本技巧是做真题、看模拟题。真题设计相对较规范,一般真题的参考答案也有较好的参考价值,做真题对理解申论、掌握答题方法很有帮助。模拟题设计虽然差一些,但模拟题的内容新颖性好一些,模拟题的材料一般是没有考过的,对开阔视野、广泛获取社会问题信息很有帮助。

（五）假想出题者和评阅者思维

申论练习中形成两个思维很重要：

一是出题者思维。假想出题者思维就是思考——要我答什么？出题者的思维是通过作答要求表现出来的,假想出题者思维对明确答题要求很有帮助。

二是评阅者思维。假想评阅者思维就是思考——评分点是什么？思考和摸索评分点才能理性指导答题。

二、树立正确的考试心态

（一）考生要有正确的面对问题的心态

这里说的心态是指人的主观情感倾向态度。心态往往决定了人的认识角度和认识结论,以不同的心态看待同一问题会产生不同的看法和结论。要写好申论必须要有一个正确的主观情感倾向态度。

申论材料往往反映的是我国社会生活中存在的一些问题,如何看待这些我国在经济、社会发展过程中的落后面、不足面和消极面反映了一个社会公民的心理成熟度。面对问题的不同心态往往决定了考生对待问题的观点和思维逻辑。例如,面对一则食品安全问题的材料,有的考生表现出愤怒和悲观失望;有的考生则是司空见惯、麻木不仁;有的考生又盲目乐观。这些不正确的心态都会严重影响考生得出正确的观点和结论。

一般对待问题有三种典型心态：积极心态、回避心态和悲观心态。我们认为，一个成熟的社会公民对待问题的心态应是一种积极心态。简单地说，积极心态是面对问题时重视问题、不回避问题、不否认矛盾，同时又着眼于解决问题，消除矛盾，具有承担问题、解决问题的责任心。考生在申论答题中的思维心态就应该是这种积极心态。考生养成一种思维心态对把握申论答题的尺度非常重要。

回避心态往往是不敢正视矛盾、掩盖问题、粉饰太平，往往不深入剖析问题，喜欢高唱赞歌、空泛议论、套话连篇、言之无物。

悲观心态是面对矛盾和问题时悲观绝望，一味发泄对现实的不满，缺乏积极解决矛盾问题的信念和责任心。这类申论文章往往牢骚满腹、偏激幼稚、非白即黑，甚至辱骂政府，把申论写作当成了情绪的发泄。

（二）克服不良的备考心态

复习备考时的良好心态很重要，它会直接影响考生的复习效果。这几年的公务员考试竞争越来越激烈，许多考生因此产生了一些不良的心态。概括起来，以下几种心态较典型。

1. 畏难情绪和自卑心理

认为公务员考试竞争太激烈，竞争对手太多，自己不够好，由此产生了紧张、害怕、担心、自卑和恐惧，产生了畏难情绪。

考生要树立自信心才能克服复习和考试中的各种困难。其实，对考生来说，最重要的是自己复习准备得怎么样，而不是竞争有多大，要有"狭路相逢勇者胜"的勇气。另外，考生也可以多参加几次考试，这样对积累经验和消除恐惧心理都有好处。

2. 厌倦、烦躁心理

许多考生开始复习准备时很积极、很认真，但时间一长就产生了厌倦、烦躁心理，不想看书、不愿做题。这其实是缺乏毅力和坚强意志的表现。考生要有克服困难的信心和毅力，才能坚持不懈。

3. 侥幸心理

许多考生参加公务员考试都抱有这种心理，认为参加公务员考试就是凭运气。不积极准备、不认真复习,抱着碰运气、试一试的想法去复习和应考。这种心理对考生的行为影响很大。

4. 过分乐观心理

还有一些考生在考试中又有过分乐观的问题,盲目自信,不认真思考、分析就答题,考完后自我感觉很好,结果成绩并不理想。从以往考试看,考题简单时这种心理特别突出。俗话说"水涨船高",考生因考题简单就沾沾自喜是错误的,必须保持头脑冷静。

第五章　申论答题的技巧与方法

第一节　阅读理解的技巧与方法

阅读和理解材料是申论答题的基础。考生必须通过阅读材料,领会出题人的观点、看法,从而得出正确的观点和看法。对材料包含的意思理解错误或未能理解,就可能导致考生得出错误的观点、结论或遗漏关键的答题点,这样考试成绩肯定不高。因此,阅读理解是申论最重要的环节,理解材料的深度与全面性决定了得分高低。

考生容易忽视阅读与理解环节,由于申论考试时间较紧,许多考生就在阅读理解上节省时间,一些考生参加考试时花 10—20 分钟就完成了阅读理解,这种做法是极其错误的。一般阅读理解还是控制在 40 分钟左右为宜。

一、申论材料的构成

一般来说,申论材料的内容由以下部分构成:
(1) 取得的成绩;
(2) 存在的问题:包括问题的表现、事件、问题概述;
(3) 问题导致的危害、后果;
(4) 问题产生的原因、背景;
(5) 解决问题的意义、重要性;
(6) 措施:包括有关人士的建议,其他地区、国家的做法、经验;
(7) 各方对问题和措施的观点、看法;

（8）问题本质（主题）的理论阐述。

二、阅读理解的任务

阅读理解的任务就是要把材料读懂。读懂就是要准确、完整地理解材料要表达的意思。一般来说，理解包括要完成对材料具体层次的理解和抽象层次的理解两个方面。

具体层次的理解，是对材料局部内容的逐一理解，其主要内容是：每则材料的具体观点是什么？材料反映的问题的具体表现、原因、结果和解决方法有哪些？

抽象层次的理解，是对材料整体观点、主题的理解，其主要内容是：材料隐含的总体观点（作者或编者的基本观点）是什么？问题的本质、反映的事理是什么？观点、矛盾是什么？即界定问题，评价问题，总结问题。

具体层次理解和抽象层次理解是局部和整体的关系，具体层次的理解是抽象层次理解之基础，抽象层次的理解是具体层次的理解之升华。

三、具体层次的理解

对材料具体层次的理解是对局部材料的理解和把握，包括：每个段落的意思，问题的具体表现、具体原因是什么，造成了哪些后果，有些什么措施做法，各方的观点是什么。具体层次阅读的基本要求是：

（1）带着问题思维阅读：在材料中找出问题、原因、结果（意义）、对策、本质等关键要点；

（2）高度关注材料中的议论性语言，分析编者的观点、主张；

（3）产生对关键词（关键句）的敏感度；

（4）勾画、批注出关键词（关键句）。

（一）具体层次的理解的基本手段

具体层次的理解的基本手段是找关键词（关键句），进行勾画、批注。

1. 勾画

勾画材料中直接表明观点、问题表现、原因结果和措施的词语和句子。考生切忌乱勾画，以免给自己造成混乱。

关键句可以用双引号勾画出来；关键词可以用括号勾画。

同时，应在勾画处注明问题、原因、结果或措施等内容词，方便归纳总结。

2. 批注

批注是把材料没有直接点明的关键词（句）写出来。许多时候材料的概括程度不高，要寻找的关键词（关键句）没有直接出现，考生就需要自己总结出关键词（关键句），并把它批注出来。

我们以下面这则材料为例简要说明一下如何批注：

有着上千年历史的传统佳节和这些"洋节"最大的不同就在于各自拥有不同的文化内涵。尽管喜欢圣诞节的年轻人绝大多数并非出于宗教信仰，但他们表示，一提起圣诞节，就有种欢快放松的感觉，是一个可以和朋友尽情"HAPPY"的日子，而传统节日无外乎给人团聚、吃喝的印象。

解析：不难看出材料讲的是"洋节"和传统节日有不同的文化内涵，因此"不同的文化内涵"应是关键词。那么"洋节"和传统节日各自的文化内涵是什么呢？材料是描述性的，"洋节"用的词语是"有种欢快放松的感觉""和朋友尽情'HAPPY'的日子"；传统节日用的词语是"无外乎""给人团聚、吃喝的印象"。考生就要用总结性语言归纳出两者不同的文化内涵，我们可以把"有种欢快放松的感觉"总结为注重精神享受，"吃喝"总结为注重物质满足，"和朋友尽情'HAPPY'的日子"总结为以个人为中心，"团聚"总结为以家庭为中心，"无外乎"总结为形式较单调、缺乏创新。因此我们可以批注"洋节"的文化内涵是以个人为中心、注重精神享受；传统节日的文化内涵是以家庭为中心，注重物质满足，形式较单调、缺乏创新。

(二) 具体层次的理解的技巧与方法

1. 看重首尾句

一般来说,写文章总是要讲究起承转合,因此60%左右的材料都能从首句或尾句中找到段落大意或中心思想。考生要特别注意每段材料的首句和尾句。

例如:

据中国汽车工业协会统计,去年1至7月,汽车全行业完成工业总产值3723.32亿元,同比增长29.44%;产品销售收入3598.88亿元,同比增长31.05%;利润总额221.90亿元,同比增长51.14%。主要经济指标增长幅度都比较大,实现了增产增收。1至7月,16家重点汽车企业(集团)完成工业总产值2036.4亿元,同比增长33.66%;产品销售收入284.31亿元,同比增长29.36%;利润总额113.71亿元,同比增长46.38%,利润总额的增长超过产值和销售收入的增长,均取得了良好的经济效益。汽车产业作为国民经济支柱产业的地位也越来越突出。据悉,去年8月份交通运输设备制造行业对工业增长的贡献率首次跃升至40个工业行业之首。以汽车制造为主的交通运输设备制造业取代电子信息通信业,已成为名副其实的领头羊。

显然这段材料的关键句是尾句。

2. 看重关联词

因为人们在表达观点时,常常使用论述语言,而论述语言的逻辑性很强,直接表现为经常使用表示转折、因果、递进等关系的关联词语,所以很多时候关联词出现的地方往往是关键信息出现的地方。在阅读材料的过程中,对关联词要保持足够的敏感性。

一是转折关系的连词,例如"但是""然而""不过"等。在材料中只要出现转折连词的地方,一定有很重要的信息点出现。转折连词出现的地方,强调的一定是该连词后面的内容。

二是因果关系的连词,例如"因为……所以""由于……因此"等。申论的内在逻辑就是表现、原因和对策,出现原因的部分一定是非常重要的部分,出现结果的部分一定是表示结论的部分。

三是递进和并列关系的连词,例如"不但……而且""同时""此外""还"等。一般在罗列现象和结果时出现。

例如:

一直以来国家都很重视科学,科学几乎成了最终的价值判断标准。如果说某事科学,就意味着绝对正确而且靠谱,反之,就是垃圾,但奇怪的是,到今天,一些民众不仅没有具备起码的日常科学理性,连常识都没有。科学常识,早就被丢在十万八千里之外,不信科学,信邪说,越邪越信,一些缺乏科学修养和理性判断的媒体工作者热衷于用"神秘现象""一夜成名"等传奇性、娱乐性的"新闻"吸引公众眼球。

显然,这段话的关键句是:"一些民众不仅没有具备起码的日常科学理性,连常识都没有。"

3. 看重观点性论述

阅读申论材料时要着力把握其基本观点,因为观点就是主旨。申论材料一般都有有关人员谈对问题的见解和看法。这些话通常是理解材料的关键。

在阅读中,应注意那些与表达观点密切相关的词,如"经调查""资料显示""反映出""看出""告诉""据报道""据分析""强调""指出""认为"等。这些词语后面的话往往就是关键词句。

不过需要注意的是申论材料往往也会把正确和错误的观点同时表达出来,考生还需要完成鉴别工作。

材料中的观点表达者一般可以分为三类:隐形身份(第一人称)、集体身份、个体身份。

隐形身份(第一人称):实际就是隐藏着的材料编写、整理者。申论材料从编写到整理,都是有意图的,都包含了思想和观点性。而这种思想和观点就是材料的主题。因此隐形身份观点表达者的观点通常是正确的,通常表述为:"据报道""据分析""经调查""反映出""或者记者""笔者认为"。

集体身份:一般是人数众多的人士。一般观点的众多人数正确性也比较高,通常表述为:"专家们认为""有关人士指出""业内人士指出"。

个体身份一般可以分为三类：政府部门及官员的观点、学者的观点和老百姓的观点。

政府部门及官员的观点是最重要的。一般级别越高，正确度越高，基层政府及官员观点有时会有偏颇。学者的观点应该辩证地分析，一般专业性较强，但可能脱离实际、较为理想化。老百姓的观点两面性较强：一种是部分群众的短识浅见，是暴露出的问题，需要通过宣传、教育等方法加以解决；另一种是群众在表达自己的利益需求和呼声，需要通过制定政策满足这种利益需求。

如果用"强调""指出"这些肯定性很强的词，观点正确度一般很高。

例如下面材料的关键词句：

"低水价是造成水的超消费和浪费的重要原因。"该专家指出，水价提高10%，将使家庭用水降低3%—7%。他介绍了某大城市用水量价格弹性系数研究。该研究表明，水价每增加10%，需水量将下降3.8%；居民年收入每增加10%，除去水价影响，用水量需求将增加2.2%。据分析，水费支出占家庭收入1%时对心理影响不大；占2%时开始关注用水量；占2.5%时注意节水；占5%时认真节水；占10%时考虑水的重复利用。

这段话有两个中心意思：一是低水价是造成水的超消费和浪费的重要原因；二是适当提高水价有利于节约用水。

4. 看重政策文件、名人名言

申论材料中常常出现法律、文件、会议报告等政策文件，它们往往表明了政府态度、工作目标、政策措施，它们是关键内容。申论材料中还会出现一些名人名言，这些名人名言多是对材料问题的总结分析，也是关键内容。

例1：

2010年7月16日，国务院召开第六次全国人口普查电视电话会议，中共中央政治局常委、国务院副总理、第六次全国人口普查领导小组组长李克强出席会议并讲话。他强调，人口普查是一项重大的国情国力调查,要按照科学发展观的要求,坚持依法科学普查,客观摸清人口信息,全面把握基本国情,为促进经济社会全面协调可持续发展提供重要依据。

李克强的讲话阐述了人口普查的重要意义,是把握全篇材料的关键。

例2:

保护动物福利,还体现了动物对于人类的精神价值,达尔文就认为:关心动物是一个人真正有教养的标志,一个社会的文明程度越高,其道德关怀的范围就越广。提倡维护动物福利和善待动物,正是创造一个和谐文明的社会的需要。在现代社会的公共评价尺度内,人们所要建立的社会主义和谐社会,应该是民主法治、公平正义、诚信友爱、充满活力、安定有序、人与自然和谐相处的社会。用法律来保障人与动物和谐相处是构建和谐社会的一个重要内容。

达尔文的话阐述了关爱动物和人类文明的关系,是把握全篇材料的关键,也是准确理解材料主题的关键。

四、抽象层次的理解

对材料抽象层次的理解是对宏观的、整体的理解和把握,即对材料逻辑关系的认识和对材料背后的本质、事理的认识。对每个申论材料都必须完成抽象层次的理解,它决定了概括题的准确度和精炼程度,决定了议论文的论证深度。

抽象层次的理解具体包含两项内容:

一是把握住材料的主题、观点。申论材料看似零乱,其实每篇材料都有一个基本主题、观点。这个主题、观点就是材料编者对社会现象的认识和理解。因此考生必须要透过材料的具体内容弄明白材料的基本观点和主题是什么。简单说就是一个"抓主题"的过程。

二是抓住材料提供出的答题线索。申论出题者出于考试需要,故意把材料安排得很零乱,故意把材料反映的问题、作者的观点隐藏起来,这是技术需要。考生必须在阅读过程中勾勒出材料的主线,才能握住材料的主题、观点。简单说就是一个"抓主干"的过程。

考生一般应从下面几个方面去宏观把握材料。

（一）对材料主题的认识

申论材料都有一个或关联的几个主题,掌握材料的主题对全面准确地理解材料、梳理材料间的逻辑关系很有帮助。申论材料的主题多是一个,以中央机关公务员试题为例,2017年是城市水系建设问题,2018年是智能制造问题。但申论材料也可能会出现两个甚至多个相关的主题,如2016年重庆试题涉及家风建设和企业文化建设两个关联主题。

（二）挖本质：挖掘问题背后的本质、事理

对材料主题的认识实际上只完成了对材料表面性的认识。要深刻理解材料反映的问题,还必须把材料"吃透",所谓"吃透"就是要认识到问题背后反映出的事物的本质、事理和规律。只有深刻理解了问题背后的事理,才能深刻剖析问题,才能有针对性地论证问题。例如2016年中央机关公务员考试（地市级）的主题是政策与公民素质的关系。在现代社会中,好的政府政策不仅关系到国家秩序的稳定、国民生活水平的提高,还起到滋养公民理性和德行的作用。一个有担当、懂善治的政府要能够用政策引领社会发展,提升公民理性,涵养公民德行,维护社会和谐。只有从这个层面去理解材料,才能真正做到"吃透"材料。

对本质、事理的认识是主观抽象、判断、推理的结果,从认识论上讲它是认识的飞跃。挖本质抛开了事物的具体表现,是对事物的根本判断,是对事理的总结。

挖本质的思维要点是：

(1) 现象→本质。

(2) 结果→根源。

(3) 表象→事理。

（三）抓主干：对材料的逻辑关系的梳理

申论的材料看似凌乱,但其主旨是存在的,因此各材料间存在逻辑上的关联性。理清材料的逻辑关系才能正确理解材料的主题观点。

申论的材料逻辑就是问题思维逻辑,即问题表现、原因(背景)、造成的结果(积极的、消极的)、措施(做法)。这些就构成了材料的逻辑线索,阅读理解的最终任务就是把这条线索抓出来。一般可以按这一思路去梳理材料。

五、申论阅读步骤

考生的能力不同,申论阅读的步骤和时间分配也因人而异,这里推荐一个适用于大多数人的阅读步骤。

(一)快速浏览材料、看答题要求

这一步5分钟内完成。这一步只需要对材料涉及的内容有大致的了解,同时分析答题要求,明确各部分材料和答题要求间的关系,为带着问题阅读做好准备。例如,答题要求之一是概括材料第2—8段,那么在阅读第2—8段时,就应该注意按概述的要求阅读。

(二)细读材料,完成具体层次理解

这是最重要的环节,其基本任务有两个:一是初步明确材料的主题,理清材料间的逻辑关系;二是完成对材料具体层次的理解,勾画和批注出各段的关键词句。这一步一般需要15—25分钟。

这一步需要对材料进行解剖式阅读,有两种解剖式方法:

一是根据答题要求解剖材料。特别适用于答题要求有指定段落的,一般长的材料多是这样。

二是按问题逻辑结构解剖材料:按问题表现、原因、结果(积极的、消极的)、做法(事例)、反映的事理解剖文章。

(三)思考、分析材料主题和逻辑主线

这一步是要完成对材料的抽象层次的理解,从整体上把握材料。第二次阅读是把材料分开来阅读的,思维是局限在具体文字中的。要真正理解材料,还必须从整体角度分析材料间的逻辑关系,理出材料的逻辑框架,思考材料的主题、反映的事理。这部分阅读一般需要5—10分钟。

六、粗读与细读

阅读申论材料不是逐字逐句地读,而应该根据表述的内容分别粗读与细读。一般而言,叙述性的语言可粗读,说明性、议论性语言可细读。具体可以按下面的方法选择粗读与细读。

(1)申论材料的许多内容可粗读:如事例、事件、情况描述、其他国家或其他地方的解决方法。

(2)细读的内容主要是:出现的问题、导致问题的原因、各方的观点等。

七、阅读中易犯的错误

(一)阅读不仔细,断章取义导致错误理解材料的意思

许多考生阅读不仔细,没有认真分析编者的意思,对材料断章取义,往往导致错误理解材料的意思。

下面是较多考生容易错误理解的一段材料:

劳动和社会保障部(现为人力资源和社会保障部)的一位官员介绍说,为了培养我国的技能人才,国家在全国设有3790多所技术学校。但是,许多家长和学生认为,当工人收入低,社会地位低,因此学生不愿上职业技术类学校。每年招生时大多数这类院校门庭冷落,有的竟然无人报考。其实按国家规定,技术工人应享受同级工程技术人员待遇。据调查,有35.1%的企业高级工收入比助理工程师高,只有7%的企业出现相反现象。在技师、高级技师与工程师、高级工程师的比较中,多数是基本相同或略高于同级的工程技术人员。

这段话有3个关联词出现,考生不仔细分析就容易错误理解材料,形成错误的观点。前面"但是"和"因此"两个词合起来说明了学生和家长不愿读技术学校的原因——"当工人收入低,社会地位低"。考生往往就此就得出了导致问题的原因之一是"工人收入低"。但要注意后面的"其实"一词说明了学生和家长的这种看法是一种认识错误,与客观现实不符合。所以真正的原因是"学生和家长对工人的收

入有误解"。

(二)先入为主、经验主义导致错误理解

这种问题的出现往往是考生用自我的一些经验性认识来分析材料,导致对作者想说的意思产生错误理解。

例如下面这段材料:

中国传统节日,是我们民族文化的根。但是这些年来,传统节日却在被轻视甚至被冷落。与传统节日的寂寞形成强烈的反差,过"洋节"却成为一些年轻人的时尚。比如"情人节"的玫瑰卖疯了、"愚人节"作弄人的短信漫天飞舞、"圣诞节"各式各样洋七洋八的"party"……常常会引来一些人的追捧。有人指出,年轻人热衷于过洋节,更多还是为了追求一种独特的西方文化情调,而"土节"不可能带给他们这些。因此,我以为,为传统节日放上一天假,当然可以不时提醒人们还有这么个节日,但是,如果不注意挖掘传统节日的文化价值,不为传统节日赋予适合年轻人的文化内涵,想让传统节日不走向衰落是很难的。

许多考生读了这段材料后往往认为传统节日被轻视、冷落的原因是年轻人追求时尚,其实材料的最后一句话才是核心句,编者想阐述的核心问题是传统节日缺乏创新,没有适合年轻人的文化内涵,所以才走向衰落。

(三)被干扰性信息误导

申论材料中有些信息是编者故意设置的干扰性信息,目的就是考查考生的判断力。例如2011年地方联考的一次考题:

据悉,本次人口普查的调查表比上一次普查增加了一些项目,如"本户住房建筑面积"和"本户住房间数"。国家统计局表示,要充分利用第六次全国人口普查获取住房空置情况的相关信息,将继续统计和发布房地产开发企业的住房代售率,在部分城市抽选一批住宅小区,进行空置房调查。

本来人口普查的内容不包括住房情况,但这次普查时,为节约成本,添加了住房调查,材料用了"充分利用"一词,考生没有认真分析就会被误导。

（四）认为所有信息都是有用的

申论材料编写时，为加大阅读难度，可能添加大量垃圾信息。所以不是所有信息都有用，有些信息只是相关信息，仅与主题有关联，但不是重要信息。这需要考生认真分析材料构成，厘清材料主题和主线，准确判断垃圾信息。

（五）按材料多少判断主题

这几年申论出题的重要变化就是加大阅读难度，编者故意把材料主题隐藏，所述文字材料也不多；相反，可能其他边缘性质的材料占较大篇幅，所以要求考生冷静判断材料主题，不要被干扰。

练习题

勾画、批注下面的材料

张悟本的神医骗局被拆穿，其"行医"场所悟本堂也很快被拆除，一个靠着绿豆汤、白萝卜、长茄子"理论"忽悠民众的假专家，终于无法再混迹江湖了。包括张悟本在内，一些所谓"神医""养生明星"的发迹，固然与其本人骗术高超、媒体包装炒作推波助澜，以及政府部门监管不力有关，但是，他们之所以能受到群众如此的追捧，从另一侧面反映了群众对普及养生保健知识的需求。随着生活水平的提高，人们对健康养生方面的信息越来越关注。我们周围有许多货真价实的医学专家，他们在理论素养、临床经验方面都有上乘水准，也出了不少论著。但是，他们往往忙于教学、诊疗、写论文、做研究，活动范围仅限于学术圈，没有将学术知识转化为群众需要的、通俗易懂的养生常识，或者说这种转化的力度还不够。所以，假神医才占有了市场。

第二节 概括题解题技巧与方法

概括题看似简单，实际上是申论中难度最大的题型之一。概括思维是典型的归纳、总结性思维。一般而言，概括就是把抓主干、抓本质两个步骤通过简明的语言表述出来，因此阅读理解过关，概括成功的可能性就很大。

概括要有两种能力：

（1）抽丝剥茧——挖本质；

（2）删繁成简——抓主干。

一、概括题的题型与内容构成

（一）题型

申论的概括题变化很多，答题要求也有不同。概括题答题的要求对答题内容影响很大，从中央和地方公务员考试的情况看，概括题字数要求最多的达到500字左右，而最少的要求在100字以内。因此，考生要有良好的归纳总结能力和语言表述能力才能应对各种概括题。下面先简单归纳一下概括题的题型和答题主要内容。

1. 概括材料反映的主要问题

这种题最多，一般答题内容为：出现的问题（原因、表现、结果），对问题本质的总结。

2. 概括材料的主要内容

它和概括材料反映的主要问题很接近，但答题内容和答题的思维逻辑还是有一些差别，答题内容多了解决措施、思路这项内容。所以，这类题的答题内容一般为：出现的问题（原因、表现、结果），对问题本质的总结，解决措施（各地做法）。

概括主要信息、撰写情况综述、情况汇报和领导参阅材料等题型都属于概括主要内容的范畴。

3. 概括不同观点

这类题的答题内容一般较明确，包括争议内容（表现）和争议实质（本质）两项，但这种题对归纳、总结思维的要求更高，很不容易答好。

（二）概括题的逻辑构成

概括题对语言的逻辑性、连贯性要求较高，概括的逻辑就是抓主干，答题的语言一般可以按"主干"逻辑来组织。概括题的语言组织一般可按以下两种逻辑来组织。

1. 问题式逻辑

问题式逻辑即按出现的问题（原因、表现、结果）、对问题本质的总结分析、解决问题的措施来组织表述内容和语言。绝大多数题都可以按这种思维来答。

2. 两分式逻辑

两分式逻辑即按成绩和问题两项来组织内容和语言。这种题一般适用于概括材料的主要内容这类题。一般说来材料的内容多是反映某个行业、某项工作的情况。例如，2004年中央机关公务员考试的概括题——"概括我国汽车工业的现状和趋势"就应按这种逻辑来组织答题内容。再如2007年北京市公务员考试，材料内容涉及我国听证制度发展的情况，做概括题时也最好用这种逻辑来组织答题内容。

二、概括题的评分要点和答题要求

（一）评分要点

概括题的评分点一般包括几项：一是内容分值，二是语言的条理性、通顺性分值，三是文字表达规范性分值。

1. 内容分值

内容分值即是否答出了答题点，一般是按点给分，答到给分，没有答到就没有这一点的分。内容分值所占分最高，一般是该题分数的70%—80%左右。以20分的题为例，内容分值一般占14—16分。内容分值的具体给分标准的主要根据是概括的准确程度，如果准确答出了评分点得满分；如果答到点准确度不高，一般为本点的1/2或1/3的分。

2. 语言条理性、通顺性分值

这一分值是对语言表达能力的评分，一般占该题分数的10%—20%左右。以20分的题为例，语言的条理性、通顺性分值一般占2—4分。

3. 文字表达规范性分值

这一分值主要是对字数、错别字和其他文字规范的评分，一般占该题分数的5%—10%左右。以20分的题为例，语言的条理性、通顺性分值一般占1—2分。

（二）答题要求

概括题的基本答题要求是：全面、准确、客观、简明。

1. 全面

一般概括题分解成问题（本质）、表现、原因、结果几个评分要点，按点给分。因此答中点很重要，而不是在细枝末节上花笔墨，不是过多地在组织文字上浪费时间，即使逻辑性差一点也不太要紧。能否正确判断答题内容，答到所有答题点很重要。

特别要说明的是概括全面是指能把材料的核心内容或者主干内容全部答出，而不是一定要把所有材料段落的内容都包括进去，许多考生把全面概括理解为毫无遗漏是错误的。

2. 准确

概括题对准确程度要求比较高。所谓准确是用最恰当的词把某一个内容的意思表达出来。它要求考生用准确的词语把材料的内容表现出来。一般应注意抓事物的特征、本质。

准确性一般体现在表明材料内容的关键词语上。因此评分点一般会简化成关键词，能把这些关键词提炼出来非常重要。准确度不高一般只能得到相应点的30%—50%左右的分。

3. 客观

客观是指在做概述题时，应尽量考虑用简练语言表达材料原意，一般不要引申和发挥，也不应有过多的主观评论。如果材料的关键语句的概括程度本身就比较高，也可以使用材料的原话。客观还要求表述语言应该是中性的、白描的。

4. 简明

概括就要有归纳、总结思维。简明有两个意思：一是内容是"主干"内容，而不能事无巨细；二是语言简练，要用总结性的语言，而不是描述性的语言，就是要能做"一言以蔽之"。

三、提炼关键词

概括题要求能简明准确地概括材料内容，因此考生应学会用一些关键性的词语来概括材料的内容。用一些很精炼的、恰当的关键语来概括，是答概括题的要领。

申论的关键词是反映材料中问题(特征、表现)、原因、结果、解决途径、观点主题的词。关键词通常是总结性、抽象性、内涵较丰富的词。"一些""许多""各种"等模糊性词语一般不可能成为关键词。

注意关键词一般是能够清晰表明问题(本质)、表现、原因、结果的词，它要求能准确反映材料某项内容。关键词有时候是文章的原词，也可能是提炼出来的词。

关键词有时候会在材料中直接出现，考生要形成一种阅读语感，对材料中的一些词语高度敏感。

练习题

1. 材料反映了什么问题？

扼守渤海海口的 W 市曾被联合国有关机构授予"宜居城市"称号。W 市为了进一步建设"宜居城市"，准备扩大城市的"宜居"范围，决定把污染海水的养殖业逐步取消或迁出市区，此项计划已进入实施阶段。如 W 市城区东侧的海湾，以前有成片的养殖区，雨水、污水冲刷着垃圾堆，向大海扑下来，沙滩脏得没处下脚，海水散发出扑鼻的恶臭，新码头的修建已经动工，眼下正在用建筑垃圾填海，渔港码头搬迁到这里，引起了当地村民的不满。村民们说，它们会转移污染，会把这里的海水弄脏、村子弄脏，村里的小渔船也将没有生存空间。另外，远遥村的村民们还养着几千亩扇贝，等渔港搬后，这项生产也难以为继了。W 市对海岸环境的整治，是从"景观治理"的角度来搞的，而市区的渔村，没有主打的旅游项目，常年以传统的渔业、海水养殖业为经济支柱。"远遥村的人也是 W 市人呀，他们什么时候也能过上'宜居'的日子？"

解题提示：找到材料中的关键词。

很多时候关键词有时候不会在材料中直接出现，需要考生提炼总结。

2. 概括材料的内容

经济社会的快速发展，给社会成员造成了各种压力，从而较易引发心理问题。当今青年由于出生和成长在较优越的生活环境当中，所以，其心理承受力便显得相对较弱，而这一点又会成为导致心理疾患的重要原因。有关调查表明，目前全国约有3000万青少年存在不同程度的心理问题。其中,中小学生中的心理障碍者占21%—32%;大学生中的心理障碍者占16%—25%,而且还呈现上升趋势。心理问题不仅会影响人格发展,严重时还会导致自杀等极端行为的出现。因此,增强青年的心理承受力,减少心理问题的发生,无疑成为需要社会各个方面给予关注的重要课题。

解题提示:注意分析材料的逻辑结构,抓住关键词概括问题。

四、概括题常见的问题

（一）只会描述不会总结

概括是什么？概括的实质是用简练的语言作总结、作结论。比如说一个人的面貌,如果用"柳叶眉,水灵的眼,瓜子脸"那是在描述她,而说"漂亮"则是下结论。而概括一个人的相貌就应该用简练的语言作总结、作结论,说"漂亮"就可以了。所以,概括材料就是要把材料的内容总结出来。

下面是某次考试中一个学生的答题:

我国学术界浮躁虚假之风大肆盛行,学术腐败、泡沫论文、虚假奖项等现象泛滥,许多科技工作者不能够脚踏实地地开展工作。

点评:考生是用的描述性语言表述我国学术界造假的状态特征,而总结性语言应是:我国学术界造假现象具有普遍性、严重性。

（二）认为概述就是浓缩、精简材料

概括不是面面俱到,其实重要的是提炼、总结出材料的主题和逻辑主线,把问题的各个要素都提炼出来。答概括题的关键是要有抽象总结能力和宏观把握能力,要把材料吃透。

（三）缺乏归纳

归纳就是要把问题的一个方面合并在一起,许多同学答了几点,其实是一点。

例如,有位考生在归纳做好老年工作的举措时回答了下面三点,其实就是一点,明显缺乏归纳:

（1）开办了老年人书画、音乐学习班。

（2）开设了老年人文化、科学学习课程。

(3) 组织了老年人门球、羽毛球活动。

五、概括题的基本结构

概括题的内容不同、答题要求不同,作答内容差别也大,下面给考生提供一个基本答题思路作为参考。

(一) 总括句

它是用一句话高度概括材料,一般直接指出问题或问题的本质。一般写作:"材料反映了……问题""……的事反映出……的问题"。

(二) 分述句

1. 问题表现:"这个问题主要表现在……""这些问题主要体现为……""这个问题具体表现在以下几个方面……"。

2. 原因:"造成这些问题的主要原因是……""造成这个问题的原因是多方面的……"。

3. 结果:"其结果是……""这些问题导致……"。

4. 措施:"各级政府相关部门应该采取……措施""因此有必要采取……所以应当加强……必须采取有效措施防止类似问题再度发生"。字数少的概括,一般只需要点出解决问题的意义、重要性。

不同性质的材料,其原因、表现、结果的含量不同,哪些是重点要善于区分。假如,在材料中没有提及原因或者结果,则不需要自由发挥。

练习题

3. 概括材料的内容

有关部门的调查显示:目前,我国城镇企业共有1.4亿名职工,其中技术工人7000万。在技术工人中,初级工占60%左右,中级工占35%,高级工仅为3.5%。而发达国家技术工人中高级技工占35%以上,中级工占50%以上,初级工占15%。我国产业大军中的主流——技工,其技术水平绝大多数还达不到现有技术等级所规定的标准。

解题提示:应怎样总结我国技术工人的状态特征?

4. 简要概括我国劳动力市场中的问题

据人力资源和社会保障部估算,我国在"十二五"期间,每年需要就业的城镇劳动力超过2500万人,而经济在正常增长条件下,就业岗位每年只能安排1200万个左右,劳动力供大于求的矛盾相当突出。

2011年全国新进入人力资源市场的劳动力将达到1500万人,其中高校毕业生将达到660万人,是10年前的5倍多,就业形势不容乐观。此外,我国农村还有1亿多富余劳动力,每年需要转移的大约800万—900万人;2亿多农民工当中还有很多工作岗位并不稳固。而同时,"招工难"现象已逐渐从东南沿海波及更多地区,甚至一些内陆省份。数据显示,在2.4亿的农民工中,技术工人严重缺乏。

第三节 原因分析题解题技巧与方法

一、原因的分类

做原因分析题的基本思路是按不同的类别去寻找导致问题的原因。导致事物(问题)产生的原因一般可分为:

(一) 内因

内因是导致事物结果的自身原因。一般内因是根本原因、主要原因,分析原因时首先要找到内因。所以在阐述分析时可以略微详细一些。

(二) 外因

外因是导致事物结果的外部条件、环境的原因。外因可分为两类:

1. 客观原因

一般是客观环境、社会背景等,即所谓大环境。它有长期性、复杂性的特点。一般与人们的主观意识和行为无关。

2. 主观原因

主观原因按主体分有:政府原因、社会组织原因(企业、事业单位等)、社会个体原因、社会原因(社会观念、传统习俗)等。

主观原因按内容分有：思想观念原因、政策法律原因（制定和执行）、组织管理原因（财力、人力、领导）、体制原因、利益原因、监管原因等。

二、原因的分析方法

（一）主体分析法

根据材料出现的不同主体进行分析。例如，导致我国农副产品价格上涨的原因，就可以从政府方面（税收太高）、生产者方面（生产方式落后、效率低下）、销售者方面（销售环节多，层层加价）等主体去分析。值得注意的是，主体分析法一般只能分析到主观原因，对客观原因和内因一般难以分析出来。

（二）利益分析法

利益分析法是研究人类社会现象的根本方法。人的需求产生利益，利益引发动机，动机支配行为，行为导向利益目标。这就是人的思想行为源于利益而又指向利益的规律。使用利益分析法的前提是主体分析。例如，房价居高不下的原因，就可以从地方政府、开发商、炒房者的不同的利益角度去分析原因。

（三）因果分析法

原因分析的思维是由果及因，追根溯源的因果分析法是查找问题原因的根本方法。一般是从材料中的结果表述去反推原因。

（四）内外因分析法

把原因分为内外因，并逐一分析内因有哪些，外因有哪些。

（五）综合分析法

综合分析法即综合运用以上的方法去分析。

三、原因分析题的答题要求

原因分析题的答题要求是：全面、具体、准确、简明。

（一）全面

一般按原因分解成几个评分要点，按点给分。因此分析全面、答重点很重要。

（二）具体

原因分析题的概括程度没有概括题高，其答题内容要更具体一些。例如，某省公务员试题中要求分析导致我国大豆价格上涨的原因，其中一个原因是"生产成本上涨"，但这样太概括，考生还必须具体答出"柴油、化肥等农资价格上涨，农村劳动力价格上涨"。

（三）准确

准确是用最恰当的词把某一个内容的意思表达出来。考生必须把准确表明内容的关键词语答出来。

（四）简明

用简洁的词语表达意思。

练习题

《渤海碧海行动计划》近期目标难以实现有多方面的原因。请依据"给定资料"分别进行概括。要求：准确、全面。不超过 **200 字**。

海洋是人类家园的组成部分，为人类社会的发展提供了丰富而宝贵的资源。海洋资源包括旅游、可再生能源、油气、渔业、港口和海水六大类。我国海域内，有海洋生物两万多种，其中，海洋鱼类 3000 多种。天然气资源量 14 万亿立方米，滨海砂矿资源储量 31 亿吨，海洋可再生能源理论蕴藏量 6.3 亿千瓦。海洋石油资源量约 240 亿吨。

随着工业化、城市化的快速发展和人口数量的增长，全球海洋污染愈益严重。海洋污染的治理难度非常大，特别是像渤海这样的内海。海水封闭性强，自身交换能力差，一旦污染，它的自我更新周期至少需要 15 年。渤海素有我国"鱼仓""盐仓"和"海洋公园"的美誉，但近 30 年来污染加剧，情况堪忧。调查显示，1983 年渤海鱼类有 63 种，2004 年只有 30 种，带鱼、鲳鱼、真鲷、银鲳等几乎绝迹。2000 年至 2007 年，渤海发生赤潮灾害 87 次，累计赤潮面积 2.05 万平方公里。

2001 年，国务院正式批准由国家环保总局、国家海洋局、交通部等有关部门和天津、河北、辽宁、山东四省市联合制定的《渤海碧海行动计划》（以下简称《碧海计划》），旨在促进渤海近岸域海洋环境质量的改善，努力实现海洋生态环境良性循环。《碧海计划》总投资 500 多亿元，实现项目 427 个，主要包括城市污水处理、海上污染应急、海岸生态建设、船舶污染治理等内容。实施区域包括天津、河北、辽宁、山东辖区内的13个沿海城市和渤海海域,以每五年为一个阶段实施。近岸海域环境保护拟分阶段推进,分为近期、中期和远期目标。2001年至2005年要实现的近期目标是:渤海海域环境污染得到初步控制,生态破坏的趋势得到初步缓解。

科学调查与监测结果证明,陆源污染对渤海威胁最大,入海河流流域周边的生活污水、工业废水、农药及化肥污染是三大陆源污染源;此外,船舶石油泄漏、海上石油开采和海水养殖中的添加剂也会对海洋造成严重污染。在近期治理阶段,为遏制陆源排污,政府做了大量工作,但我国四大海区中,渤海沿岸超标排放的入海排污口最多,比例高达90%以上。渤海沿岸有分属在三省一市的13个城市,渔、盐、农、航运、石油、旅游、工业等众多行业在渤海进行经济开发活动,海洋、环保、农业、交通等政府管理的不管治理,"管治理的管不了排污"。众多主体分享渤海的环境效益与经济效益,这就使渤海成为典型的"公地",直接影响沿海地方政府治理的积极性,造成治理工作效率低下。《渤海计划》只是一个政策性文件,不具有法律强制性效应,在执行过程中,难以借助法律手段实现管理体系、监测体系、投资体系、统计体系、评价体系的对接统一,这也直接影响了治理的效果。有关权威部门发布的2004年渤海环境质量公报显示:污染范围比上年扩大。未达到清洁海域水质标准的面积约2.7万平方公里,较上年面积增加约0.6万平方公里,占渤海总面积的35%。其中,轻度污染、中度污染和严重污染海域面积较上年分别增加了44%、56%和57%,污染程度明显加重。近几年的连续监测结果显示,进入21世纪以后,渤海环境污染仍未得到有效控制,轻度、中度和严重污染海域面积呈上升趋势。显然,《碧海计划》近期目标难以如期实现,但是很多专家也指出,不能否定实施《碧海计划》的积极意义,它毕竟为其后《海渤环境保护总体规划(2008—2020年)》的制定提供了可借鉴的经验教训。

2008年11月,国务院批准了《渤海环境保护总体规划(2008—2020年)》。规划确定了加强重点环节和关键领域保护与防治,建立渤海污染与生态保护系统;面源点源治防联动,建立陆域污染源控制和综合治理系统;全面实施节水治污战略,建立流域水资源和水环境综合管理与整治系统等五大主要建设任务,体现了渤海环境保护任务的综合性、战略性与长期性,并强调在海洋洋开发过程中,全面推进节水、节能、节地、节材和综合利用,确保引入项目为低耗、低排放、低污染和高效益的企业和产品,促进海洋环境的可持续利用。

第四节 对策题解题技巧与方法

对策题是申论的基本题型,也是综合考查考生运用知识能力的一种经典题型。对策题一般要求针对指定材料出现的问题提出解决方案。有时也能见到变化题型,如"提出城市规划应遵循的原则",或修正、补充材料中的对策。

一、对策题解答的基本思维——探究病因、对症下药

许多考生缺乏独立思考能力,加上对政府解决问题的基本措施方法又缺乏了解,所以做对策题往往喜欢照搬。其实对策题并不难,从三方面入手就可以较好地提高自己的对策能力:一是多关注政府解决问题的基本方法;二是多做一点对策练习;三是形成正确的解答对策题的思路。

下面是解答对策题的基本思维步骤:
(1)归纳材料问题的具体表现。
(2)分析导致问题的原因。找到问题产生的各种原因,深层挖掘问题产生的根源,这是能够对症下药地提出解决问题的对策的关键。
(3)思考解决问题的目标。
(4)针对具体问题和原因提出可行方案。
(5)筛选整理方案。

二、解答对策题的基本方法

(一)借鉴提炼法

把材料已有的经验、方法整合提炼。材料一般会给出一些其他国家或地区的做法,往往这些做法都是可以用的。但考生还是应注意到要对这些方法加以归纳整理,一般不能完全照搬。

例如下面这段申论材料:

由于建议把弘扬敬老传统、是否孝敬父母纳入干部考核体系,李

宝库被人们称为"孝官"。李宝库把关注的目光投向了孩子。这一次,李宝库委员的提案之一是把敬老故事列入中小学和幼儿教材。

在一些城市,政府部门已经将敬老的子女作为模范进行表彰。江苏、山西等省份的一些城市在考察任用领导干部时会走访他们的家庭、亲友和邻居,了解后备干部对待父母的情况,并将考察结果作为选拔的参考因素。一些学校也开始注重传统价值观中的"孝道"。一些学前班会向孩子们教授尊敬师长、善待父母等内容;一些高校也将中国传统文化列为必修课,使以"孝"为荣的民族传统复归。

这段材料对如何弘扬敬老传统给出了两点对策:加强"孝文化"的宣传、表彰;把"孝"作为干部考核任用的标准之一。我们可以把加强"孝文化"的宣传整理为:"加强传统'孝文化'的宣传教育,让'孝文化'进课堂、进书本;大力表彰敬老典型,形成以孝为荣的社会风尚。"

(二)寻因法

在材料中寻找导致问题的各种原因,根据事务的因果关系,分析导致问题的原因,针对原因提出相应政策。

例如下面这段材料:

近年来,在发展边境少数民族地区教育的过程中,地处西南边境的L县坚持"调整一些不合理校点布局,逐步推进寄宿制办学"的工作思路。撤并教学点,意味着自己的子女要去更远的地方读书,来回的交通又不方便,难免会让家长心存疑虑。L县充分利用报纸、广播、电视等宣传媒体,开辟"创建"专栏,还利用挂横幅、张贴标语、出板报等形式大力宣传创建寄宿制学校的重要意义,动员社会各方面的力量都来关心、支持创建工作。

通过材料分析我们不难发现推进寄宿制办学有困难的原因是"子女要去更远的地方读书,来回的交通又不方便,难免会让家长心存疑虑"。"家长心存疑虑"是表面现象,家长的疑虑是孩子离家远了和"来回的交通又不方便","来回的交通又不方便"则成了最根本的原因。因此从这段材料看,要推进寄宿制办学的措施应该有两个:一是材料已经给出的"通过各种形式大力宣传创建寄宿制学校";二就是针对"来回的交通又不方便",考生应拟写出"开设校车接送学生上学放学"。

（三）对症法

在材料中找出具体问题出来,就如何解决具体问题去考虑拟写对策方案。例如下面的材料：

某报刊载某司机意见：市政建设就像等待大手术的病人,谁知道明天哪条路又要开膛破肚？听说全市目前有14项在建重大工程,道路施工工地遍布中心城区和周围主要地区,对车辆通行影响很大。有时车开到交叉路口,主干道的交通全被施工工地阻断,一堵就能堵上好几个钟头。

材料反映出的问题是两个：一是缺乏合理安排的市政施工影响了交通；二是缺乏信息公布严重影响了交通。要解决问题,第一就应该从规范、合理安排市政施工入手提出解决对策；第二就要从公布信息、引导车辆合理选择道路入手提出解决对策。

三、对策题的答题规范

对策题一般要求学生概括出材料反映的问题,然后再针对问题提出解决对策。一般有两种写法：

（一）分别列举出主要问题,然后分别提出对策

1. 材料反映出的问题有：

（1）……

（2）……

2. 针对材料反映出的这些问题,解决的对策有：

（1）……

（2）……

（二）先简单概述问题,再一并提出解决方案

材料反映出了……问题,针对这些问题,解决的对策有：

1. ……

2. ……

四、对策题的答题要求和评分要点

（一）对策题的评分要点

（1）按点给分,答到相应点给分,一般不超过8个评分点。一般不倒扣分。

（2）阐述准确、具体得全分,缺乏具体操作性一般只给1/3分。

（3）一般要求表述措施针对的问题。不表述问题会扣分。

（4）对策要有可行性。可行性对策有两个限制条件:一是要符合虚拟人物的身份;二是符合政府职能,具有可操作性。

（二）答题要求

（1）文章提出的对策必须符合社会的伦理道德规范、国家的法律法规、党和国家的路线、方针和政策。

（2）每一项措施一般应包含措施（做什么）和方法（怎么做）。处理好"虚"（宏观）与"实"（具体）的关系。措施既具体、有针对性,又不琐碎。

完整的对策构成包括四个方面内容:原因（为什么做）、措施（做什么）、方法（怎么做）、目标。一般原因和目标可以不写,但有些措施和方法比较模糊时,可以用原因和目标指明行动内容。例如:

要切实保障低收入群体的生活,要通过开拓就业途径、提高最低工资标准、发放现金补助、减免社会保障金个人缴纳部分等多种政策,使他们真正受益,生活有保障。

这一对策中"要切实保障低收入群体的生活"是做什么;"开拓就业途径,提高最低工资标准,发放现金补助,减免社会保障金个人缴纳部分"是具体怎么做;"使他们真正受益,生活有保障"是措施的目标。

（3）条理清楚。一般按先主后次、先原则后具体、先目前后长远的顺序。

五、对策题答题参考模式

（一）模式一

（1）思想上:通过教育、宣传、培训、倡导等手段树立某种观念。

(2) 法律上(制度上)：完善法律制度；建立某种制度(如问责制)。

(3) 组织上：包括机构设置、人事(调整和培训)、财力、领导。

(4) 措施上：包括各种具体的治标和治本措施。

(5) 监督上：建立何种监督机制或如何加强监督。

(6) 借鉴上：借鉴其他国家、地区的先进经验。

(7) 科技上：运用何种先进技术，提高何种技术水平。

(二) 模式二

(1) 增强……的意识；倡导……的理念。

各级领导干部要高度重视，树立正确的政绩观，密切关注……问题。

(2) 加强宣传，营造……氛围。

电视、报纸、网络等媒体要通过各种形式宣传……提高广大人民群众对……的认识；实行典型示范；在全社会营造关于……良好氛围。

(3) 教育培训、提高素质。

通过……教育培训，提高广大领导干部、人民群众的……素质。

(4) 健全政策法规、完善制度。

建立健全各项制度(法律)，做到有法可依。如，信息反馈制度、公示制度、听证制度、专家咨询制度、责任追究制度。

(5) 增加财政投入(人力投入)。

增加对……的财政和贷款支持；加大人才引进(补充)力度。

(6) 充分研究(利用)……技术，大力发展科学技术水平。

(7) 加强监管、全面落实。

加强社会舆论监督；设立举报热线(举报信箱)；严厉查处和惩处责任人；完善评价、考核的指标体系。

(8) 借鉴国内外的各种先进经验。

练习题

1. 阅读下列材料，拟写一条治堵措施

当发达国家的人们开始过上"轮子上的生活"时，也曾面临或正在面临堵车的烦恼。对此，国外不同城市各自祭起种种招数：

纽约——私家车一律停郊外。到纽约曼哈顿的上班族,从家里开车到市郊地铁站或火车站,换乘地铁或火车进入市区,然后在市内乘公共汽车、地铁或出租车去上班、办事。曼哈顿的许多街道,只有持特殊牌照的车辆才能停车上下货和上下客,其他车辆不得停放。

巴黎——由于私家车急剧发展,到20世纪70年代初,巴黎的城市交通几近瘫痪。于是,法国政府开始下大力气重点优先发展公共交通。如今,巴黎设置了480多条全天或部分时间禁止其他车辆使用的公共汽车专用道。对于小汽车,巴黎市政府规定,每逢无风日,采用分单双号车牌形式来限制轿车进城。

东京——东京人的家用汽车平日放在车库里,上下班人们还是乘地铁。一则是因为乘地铁才能准时上下班,二则是公司里只有总经理和董事长才有车位。

伦敦——政府发出交通白皮书公告市民,为了限制轿车数量,减少堵车和空气污染,从2000年起提高停车费用,同时城市内原有的各大公司、公共场所的免费停车场一律改为收费停车场。

2. 针对材料反映的问题,提出解决问题的措施

某报记者在调查食品安全领域问题时,发现了一个地下黑加工点。记者暗访了该加工点利用过氧化氢、工业碱等有害添加剂,发制、漂白百叶、毛肚等食品的全过程。记者发现,雇用工小张的工作就是用煮、晾、泡等工艺制作百叶、茄参、毛肚等水发食品。据小张讲,利用工业碱、过氧化氢等食品添加剂,制作水发产品,在这个行业不是少数。另外,在其他行业也有类似运作。

这个地下黑加工点,有自己的运货车、批发点、销售点,有毒、有害的水发制品从生产到销售只需要两天时间。每天生产1000斤左右的水发制品,在凌晨三四点钟用专门的运货车将成品运到老板指定的海鲜市场出售。"我知道做这项工作是昧良心和不道德的,实际上也是违法的,整日生活在恐惧中。但看着老板不断地加薪,我的心又开始活动了,我从心里也在说服我自己,不就是加点添加剂,吃的时候用高温水烫一下也就没事了。况且干了这么长时间,政府也没有一个单位有人来管。"小张向记者坦言。

这个地下黑加工点一个月就销售非法加工的茄参1.3万千克,销售额30余万元,毛利润能达到10万元。记者向有关单位反映地下黑加工点的情况时,发现处理此事牵涉工商、质监、农委、公安等多家单位,"三个和尚没水吃",在实际管理过程中,出现了"好事人人都管""坏事人人管不了"的现象。

第五节 理解分析题、阐述题解题技巧与方法

理解分析题和阐述题是两类相近但又有区别的题型。

理解分析题一般是要求解释、说明某个词语或某段话的意思。它要求准确说明对象的内容、意思，客观性较强。考查的是考生的理解能力和分析、说明能力。理解分析题的字数要求一般较少，在200字以内。

阐述题要求分析阐述某个问题，有一定的主观性，考查的是考生的认识能力和阐释能力。阐述题的字数要求一般较多，在200字以上。

一、理解分析题

（一）理解分析题的评阅标准

理解分析题的评阅标准一般是按点给分，比较接近于概述题。但理解分析题与概述题的思维方式完全不同，概述题运用的是归纳概括思维，而理解分析题运用的是分析思维。理解分析题的评分一般会从理解的全面、准确程度和语言表述的逻辑性、条理性去评分。

（二）理解分析题的答题

理解分析题一般是要求解释、说明某个词语或某段话的意思，它考察的是考生的认识、理解能力。理解分析题实际上是做解释工作。材料给考生的往往是隐晦的、含混的、表象的、比喻的表达，而要让考生做出明白的、准确的阐释。

1. 透彻：要运用抽象思维

理解分析题给的都是具体的现象、表象，而通常作答要求对这些现象、表象进行理性总结。因此考生必须完成对现象、表象的抽象、逻辑认识，要把现象、表象后面的事理说出来，并且要使用理论总结性的语言，而不是描述性语言。

例如2008年中央机关公务员考试题：

"给定资料7"引用了上海某研究所G所长的话,"美国人民把搁浅的鲸推入大海,这值得赞扬;鲸被非洲难民捕食,这也应赞扬,因为它救活了一群人"。请说明,这表达了G所长怎样的观点。

显然,G所长这句话是表达了一种关于处理经济发展和生态保护的观点,考生应该把这个观点用理论性的话总结出来。

2. 客观:要结合材料分析

理解分析题的客观性很强,不是让考生自己发挥和阐释,而是对"原文"的解读,考生分析的词语和某段话都是在具体语言环境中的,不能把它和材料割裂开孤立理解,一定要放在材料中理解。

3. 全面:要完整表达意思

通常申论理解分析题给出的话不一定完整,由于种种原因,会省略某些内容,但作答要求是要完整表达。考生在做理解分析题时首先应注意要把原话的意思逐一解释说明;其次,如果原文隐藏了意思,也必须补充完整。

4. 准确:要能够准确说明原文的意思

准确的要义在于要仔细体会原文表述的意思,用最贴切的词语表达出来。例如:某省一次考试在材料中叙述了流水线上的装配工人高度紧张,得非常留心盯住手里的活儿,稍不注意待装品就从眼前错过了。许多考生把这段话总结为:装配工人承受的心理压力大。但准确的表述应该是:装配工人承受的劳动强度太大。"心理压力大"通常用来表述因责任大、后果严重带来的心理负担。而此段材料反映的是流水线速度快、工作节奏快带来的紧张感,所以用"劳动强度太大"更准确。

二、阐述题的答题

阐述题要求分析阐述某个问题,有一定的主观性,考查的是考生的认识能力和阐释能力。和理解题一样,阐述题最重要的是要运用抽象总结思维,要能够分析和阐述某种道理、观点。

阐述题一般有两种,一是阐述某种观点,二是谈启示。

阐述某种观点的题要求考生对某种观点的正确性做出判断,并能分析其原因和阐述其意义。

"启示"题实际是让考生总结经验教训,是对策题的变形。基本思路是两点:

(1)肯定成功经验:别人做了什么?(措施和方法);起到的积极的效果;如何借鉴。

(2)吸取教训:别人的问题和不足是什么?分析原因;应当如何完善?

练习题

1. "给定资料"中环保专家认为"兵库县堪称'环保错位'的典型。"请结合资料内容,对"环保错位"的实质进行阐释。要求:准确、简明。不超过150字。

兵库县是日本重要的工业区和港口区,沿海岸线的许多地区,工厂林立,许多海岸都被砌成了高大笔直的混凝土大坝,而这些工厂所在的陆地,很多都是填海形成的。20世纪中期,日本经济高速发展,人口迅速增加,国土面积狭小的日本开始规划填海造地,从1945年到1975年,日本政府总计填海造地11.8万公顷(相当于两个新加坡的面积)并统一进行工业布局,将炼油、石化化工、钢铁和造船等资源消耗型企业配置于东京湾以南的沿太平洋带状工业地带上,使原料码头与产品码头成为工厂的一部分,减少中转运输费用。日本有关专家指出,港口与工业区紧密结合在一起的布局不仅使能源消耗量大的钢铁、水泥、制铝、发电和汽车业等成本下降,促进了这些行业以及造船、机械和建筑等工业部门的发展,而且使以石油为原料的石油冶炼、石油化学合并。但最明显的问题是海洋污染,很多靠近陆地的水域里已经没有生物活动。整个日本的近海海域经历了20世纪六七十年代的严重工业污染,尽管后来政府立法要求工厂和城市限制排污,情况得到了一些缓解,但要恢复到以前的情况非常困难。由于工厂和城市长期排放污染物,海底大量滋生细菌,导致赤潮频发。同时,滩涂减少了约3.9万公顷,后来每年仍然以约2000公顷的速度消失。过度填海还导致日本一些港外航道的水流明显减慢,天然湿地减少,海岸线上的生物多样性迅速下降,由于海水自净能力减弱,水质日益恶化。因此,日本政府现在又不得不投入巨资,希望能够恢复生态环境,国家为此设立了专门的"再生补助项目"基金,并且引导地方政府、居民、企业、民间组织等社会各界积极参与改变和修复被破坏的海洋环境。例如20世纪80年代,地处神户地区的日本钢铁公司搬走后,兵库县大型钢铁厂变成了一块综合性绿地。在治理工作中,兵库县政府还鼓励大家在自己的家周围和工厂区种植植物,所有费用都由政府提供,并且在树木种植之后政府还提供三分之一的管理经费给一些民间公益组织进行维护和管理。当地官员表示:"我们计划用100年来彻底改变和恢复这一地区的生态环境。"难怪环保专家这样说:"兵库县堪称'环保错位'的典型。"现在,日本的各种海洋环保研究机构正在不断进行各种试验,希望能够找到恢复海洋生态环境的更好的方法,这些实验包括人造海滩及人造海岸、人造海洋植物生存带等。经过把各种技术组合起来进行实验,各种小鱼小虾、贝壳和海洋微生物已经出现在人造海滩、海岸周围,显示着环境的改善。日本专家介绍说:"我们已经感受到这项工作的难度,这是一项非常漫长的工作,而且所需要的资金和技术投入巨大。"关于恢复海洋环境的工作思路,日本专家表示:"必须充分考虑自然、海洋和人类三者的和谐,恢复生物的多样性的生态环境。"

2. 练习:以下材料对搞好水电开发有哪些启示?

(1)漫湾水电站开发中的第一期工程。现在国家财政每年可从漫湾电厂获得1亿多元,其中,云南省财政获得5000多万元,所涉及的4县获得5000多万元。漫湾电厂和云南省电力公司共获得1.2亿多元。漫湾电站对国家的贡献是巨大的,但对移民的扶持显得十分微弱。漫湾电站实际移民7260人,移民经费实际支出5500万元,其前期补偿严重不足,人均不到8000元,远远不能满足实际需要。据调查,在库区淹没前,漫湾地区移民人均纯收入曾高出全省平均值11.2%,1997年库区淹没后,这些移民人均纯收入仅为全省平均值的46.7%,收入大幅下降。

田坝村距离漫湾电站大坝800米,漫湾大坝截流,村庄被淹,村民们不得不东一家西一家地搬至群山众壑之间。有的村民说:"以前在河边的土地灌溉很方便,而现在山上的土地没有水,种不了粮食,要抽水上山就必须买设备、付电费,可是我们哪里有钱呢?"由于无工可做,无地可耕,一些人只能翻山越岭背井离乡去打工,有的人只能依靠捡电厂的垃圾为生。

漫湾水电站规划在计划经济时期,修建在计划经济向市场经济转轨时期,运行在市场经济时期。漫湾电站的周边地区,类似田坝村的例子还有很多,他们的困难悬在空中,反映、上访多次都得不到解决。

漫湾水电站建成后出现的许多问题,超出了工程建设者的预料。移民普遍搬到了山上,开垦地,砍伐树木,导致环境退化,水土流失加剧,滑坡与泥石流等灾害频发。在1993年蓄水后的很短时间内,就发生了100多处崩滑坡,财政拮据的当地政府找电厂交涉,电厂认为这是后期滑坡,自己没有责任。

(2)田纳西河位于美国东南部,是密西西比河的二级支流,流域面积10.5万平方公里,干流全长约1050公里,地跨弗吉尼亚、密西西比、田纳西和肯塔基等7个州。在20世纪二三十年代,该地区经济落后,工业基础薄弱,由于森林被破坏,水土流失严重,洪水泛滥成灾;加之交通闭塞、水运不通,环境恶化,疾病流行,文化落后,成了美国最贫困的地区之一。1933年,该流域的人均收入不足全国平均水平的一半。

在第二次世界大战期间,美国国会立法,成立田纳西河流域管理局(Tennessee Valley Authority,通称TVA),开始了规模宏大的田纳西流域治理工程,从在田纳西流域建设水电设施开始,到40年代末,TVA成为全国最大的电力供应者。目前,TVA电力经营年收入达57亿美元。TVA通过植树造林等措施,保持水土,改善生态环境,控制洪水泛滥,扩大灌溉面积,通过航道建设,形成了1000多公里的水运通航能力。1945年以来,水道吸引了30多亿美元的私人投资,加速了地区工业的发展。河流两岸的工厂为当地居民直接提供了44000多个就业机会以及更多的服务机会。

经过40多年的规划和建设,田纳西流域的自然资源得到了综合和合理的开发,区域经济得以振兴。到1977年,全流域平均国民收入比1933年增加了34倍。可以说,正是从水电工程建设开始,TVA改变了田纳西人的生活,把一个贫穷的田纳西,建设成了以工业为主,全面发展的现代化的田纳西。水电工程带动了田纳西流域农、林、渔、煤矿、旅游等行业全面发展,彻底改变了这里的贫困落后面貌,使其成为经济充满活力的地区之一。

第六节 公文的解题技巧与方法

近年来申论考公文已经成为一种趋势。申论考公文的要求和传统的公文写作考试的要求有一些不同之处。首先,申论考试涉及的文体往往更为广泛和灵活,除典型的公文外,这几年申论考试中还出现了写编者按、提纲、目录等不常用的文体,甚至还有写微博、网络回帖等新兴文体;其次,申论考试一般不注重文体格式要求,有时还在答题要求中明确写明不作格式要求,可见申论测评的重点是公文的内容而非格式规范。

本教材已经对公文写作的知识有详尽的阐述,这里我们只就申论考试中公文写作的答题要点略作介绍。

一、公文的评分要点

分格式和内容评分。一般内容和格式分比例为 3∶1 或 4∶1。

(一) 格式评分

申论对公文格式要求一般不高。一般评分点在标题、层次和语言上。

除答题要求给了主送机关外,主送机关一般不要求。但讲话稿、信函要求写称谓。

落款一般不作要求,写明"二〇一八年三月二日"或"×年×月×日"。

(1) 标题:应用文标题必须写明事由,比如"关于做好农民增收工作的报告"。

(2) 语言:公文语言要求简明、得体,不同的语体环境语言要求不同。给百姓的就要求通俗,给下级布置工作就要求态度鲜明、坚决。

(3) 层次:这是重要评分点,不仅反映在格式上,还反映在内容上。格式上对层次的要求是结构完整,一般要有项目符号。注意项目符号层次是"一、""(一)""1.""(1)"。

(二) 内容评分

评分按公文结构分别给分。

一般申论公文的基本结构是:

(1) 开头(导语、引言):包括发文原因(现状)、依据(政策、法律)、目的三项内容。如"由于……为了……根据……现就有关问题通知如下:"。

(2) 主体部分:一般内容是措施方法和具体工作安排(步骤)。这部分写作一定要注意结构层次。

(3) 结语:一般是倡议、号召(对百姓)、执行要求(对下级)、礼仪性结语(对上级或有关部门)。

二、公文的答题要求

(一)注意分析写作目的和写作对象

公文的写作内容是根据具体写作目的和写作对象而定的。因此考生必须结合材料分析出具体写作目的和写作对象,并准确判断写作内容。例如有一年地市级国家公务员考试中要求考生以市政府名义写作一篇治理海洋污染的宣传纲要。考生应当从材料分析出这篇宣传纲要的写作对象是企业和市民,写作目的是向他们倡导如何行动起来保护海洋环境。因此写作中就应分两个部分,分别写出对企业倡导什么,对市民倡导什么。

(二)准确判明文体要求

不同的公文文体有不同的内容要求。给群众的公文一般是向他们宣传、解释政策,向下级的公文一般是提出工作措施,给上级的公文一般是汇报情况、提出工作建议。考生要分析文体要求,以正确决定写作内容。

(三)合理借用材料信息

考生在写作公文内容时要注意运用材料给出的已有信息,要把这些信息合理运用到自己的文章中去。不能完全脱离材料写作。

练习题

阅读材料,为了维护M县的声誉,挽回虐猫事件造成的负面影响,请以M县政府的名义就虐猫事件的处理情况写一份宣传稿,在县人民政府网上公布。

要求:1. 态度诚恳,对象明确;

2. 内容全面,合理清楚;

3. 不超过500字。

有网民公布了一组虐猫视频截图:一女子用尖尖的高跟鞋鞋跟对一只小猫肆意践踏,手段极其残忍,这就是轰动一时的M县女子虐猫事件。"虐猫事件"一夜之间成为各大网站的热帖,评论成千上万,数天内席卷了国内几乎所有的主流媒体。网友们愤慨万分,对虐猫女子声讨谴责,誓言要揪出凶手。网上掀起"缉凶"狂潮,经过网友收集信息、搜索、排查,"疑犯"身份陆续曝光——除了虐猫女,M县有关单位工作人员也参与了虐猫拍摄过程。

虐猫视频中关键人物被披露后,引起了 M 县的高度重视。县政府当即派出工作人员对虐猫事件当事人展开调查,并召开了紧急专题会议,纪检、宣传、检察、法制、监察、公安、文化等部门参加了会议,对虐猫事件调查处理情况作了汇报。从调查情况看,虐猫事件拍摄现场为 M 县一沿江风景区,参与者中有一名已经主动承认了事实。虽然参与者参与的原因、动机以及是否被其他组织引诱、利用还有待进一步查证,但此事在 M 县发生并有 M 县人参与,县政府对此表示愤慨、谴责和遗憾。"考虑到参与者的行为已经严重违背了社会公德,其行为与其从事的职业极不相称,所以,从即日起当事人所在单位应立即停止其工作,使其接受调查。鉴于其中一名可能参与事件的嫌疑人不知去向,责成其所在单位和有关部门采取多方面、有力度的措施,尽快取得联系,使其主动返回本单位,就本事件做出明确的解释。"有关部门汇报道。据称,在这次会议上,M 县人民政府还对可能涉及的法律问题进行细致研究,并向上级主管机关和法律权威部门请求协助,为今后参与者进行处理提供事实依据和给网民一个满意的交代。

第七节 申论作文的写作技巧与方法

申论作文一般是议论性质的文章,字数一般要求在 800—1200 字之间。申论作文要求结合材料进行写作,属于材料作文类,考生不能脱离材料自行写作。

一、申论作文的文体

申论作文一般以考议论性质的策论文和政论文居多。需要说明的是,申论一般在答题要求中只笼统地说写"议论文",但实际上因材料性质和答题要求不同,会形成两种略有区别的文体——策论文和政论文。

策论文的重点是对策,表达方式主要是说明,重点是怎么办,文章内容显得很"实"。政论文的重点是阐述做的原因和意义,是论证、阐释道理,表达方式主要是议论,文章内容显得很"虚"。

两种文章的评阅重点也不同:策论文的评分重点是对策是否合理,文章结构体系的完整;而政论文是观点和论证的深度、严谨程度。

一般从题目和材料类型就可以看出要求写哪种文章。如"人与自然"是典型的政论文,而"洋垃圾控制与治理中的政府作用""政府在城市房屋拆迁中的地位和作用"是典型的策论文。中央机关考试中,一般副省级以上职位的试卷多考政论文,而地市级和行政执法类的试卷多考策论文。

二、申论作文的评阅标准

申论作文一般按写作要求分等次评分,同时题目规范、格式规范、错别字、字数要求、书写工整程度都会占一定比例的分数。

下面是某省作文评阅的参考标准:

一类:审题准确,观点明确,结构完整,层次清晰,论证充分,语言畅达,条理清楚。(40—45分)

二类:审题准确,观点明确,结构较完整,层次较清晰,论证较充分。(36—39分)

三类:审题准确,观点明确,结构较完整,层次较清晰,论证不够充分,语言不简洁,条理较清楚。(30—35分)

四类:审题不准确,观点不明确,结构不完整,层次不清晰,论证不充分,语言不简洁,条理不清楚。(24—29分)

五类:审题错误,观点错误;照抄材料。(20—23分)

三、议论文写作的基本知识

议论文是作者对某个问题或某件事进行分析、评论,表明自己的观点、立场、态度、看法和主张的一种文体。议论文也叫说理文,是一种剖析事物、论述事理、发表意见、提出主张的文体。作者通过摆事实、讲道理、辨是非,以确定其观点正确或错误,树立或否定某种主张。议论文应该观点明确、论据充分、语言精练、论证合理、有严密的逻辑性。

（一）论点

论点就是作者在文章中所要发表的议论、阐述的观点和申明的主张。审题不清、扣题不紧是申论作文大忌之一。题目是靶心，内容是箭，一定要"万箭中的"，申论文章结构就是围绕主题展开的：点题（提出问题）——破题（分析问题）——解题（措施）。

1. 提炼论点的要求

（1）深刻：立意、观点要深刻。要能从全局的角度和理论的角度去认识材料反映的问题。

（2）正确：考生对申论中论点的把握应做到成熟、中肯，不偏激、不浅薄。当然这和考生的认识能力有关。所以古人说"功夫在诗外"，考生应从根本上提高自己的认识理解能力，才能写出好文章。考生还要注意申论文章的写作不能追求标新立异，有新意固然好，但不能刻意求新。

（3）概括：申论文章观点要精练。考生要注意提炼自己的观点，总结成简短的语言，不能说了很多话还说不到最关键的点上。这需要考生的概括总结能力。考生还应注意观点的概括性，最好观点的包容范围大一些，大题小做，防止出现跑题、偏题。

（4）鲜明：观点的表达应该肯定，不能模棱两可、含混不清。许多考生害怕说错话，故意把观点模糊表达，这样会严重影响得分。

2. 突出论点的方法

申论文章的论点表达非常重要，论点表达不清楚或者不明显往往容易出现评阅时被遗漏。突出论点的基本规则是前后照应。具体可以用下面的方法突出论点：

（1）文章的题目就是论点。

（2）第二段单独成段，点明论点。第一段概述材料的主要内容，紧接着第二段要点明论点。

（3）文章的每个分论点要扣住总论点，每段开头或结尾回扣总论点。

（4）最后一段总结总论点。

当然,这几处照应最好不要单调地重复论点,应注意用灵活的语言进行表述。

(二) 论据

论据是论点得以存在的基础,是用来证明论点的材料、依据,它是文章的支撑。好的论据不仅能够很好地支持论点,而且能使整个论述过程更加轻松自如,同时也能够增强文章的可信性。论据大致分两类:事实材料和理论材料。

1. 事实材料

包括具体的事例、数据、调查结果、概括的事实、亲身经历和感受等。

2. 理论材料

包括经典著作、至理名言、民间谚语和俗语、科学上的公理和规律等。

(三) 论证

论证是用论据来证明论点的过程。论证的方法有:

1. 举例论证

列举确凿、充分、有代表性的事例来阐明观点。这也是申论写作最常用的方法。要注意所选取的材料要和中心论点保持一致,有代表性、可引申,并进一步发掘材料的深意。

2. 理论论证

也叫引用论证,是引用古今中外名人的名言警句以及人们公认的定理公式等来证明论点。引用导师、先贤和名人的有关论述,一定要持严谨的科学态度,不可有错漏,更不能断章取义。

3. 对比论证

拿正反两方面的论点或论据作对比,在对比中证明论点。对比论证可以增强论证的鲜明性,使读者清楚作者赞成什么、反对什么。对此论证一般有三种方法:

(1) 横向:此事和彼事、个别事物和一般事物之间的比较。

(2) 纵向:按时间顺序,对事物发展的不同历史阶段进行联系和比较。

（3）对照：将相反、相对的两种事物、人物、观点、做法或同一客观事物的相对的两个方面放在一起论述。

4. 比喻论证

用人们熟知的事物做比喻来证明论点。

5. 类比论证

这是从已知的事物中推出同类事例的方法，即从一般到特殊的论证方法。

6. 因果论证

它通过分析事理，揭示论点和论据之间的因果关系来证明论点。因果论证可以用因证果，或以果证因，还可以因果互证。

7. 归谬论证

先假定某个观点是正确的，然后根据逻辑推理，指出其违背事实、与公理相悖的荒谬结论。

四、申论文章的写作要点

（一）认真审题

（1）审明文体：政论文、策论文、应用文。

（2）注意写作要求：写作角度、标题要求、身份、字数等。

（二）拟写大纲

大纲是文章的主要内容和逻辑框架。拟写大纲是必要步骤，在这一步必须明确写作的观点和论证的结构。大纲应该包括以下几项内容：

（1）标题。

（2）观点。

（3）逻辑层次（分论点）。

（4）字数大致分配。

（三）拟写标题

申论的标题很重要，申论标题拟写的基本要求是要能反映文章主题、观点。申论的标题力求清晰、醒目、简练，最好不超过10个字，不一定要在巧妙、创新上下大功夫。

1. 常见的写标题方式

（1）介词短语式。

例："以科学发展观统领……"。

（2）动宾式：动词+宾语。

例：《树立以人为本的安全观》《转变政府职能，切实依法行政》《多管齐下，切实维护社会公正》。

（3）主谓式：主语+谓语。

"……的核心是……的关键在于……"

例：《利用外资的关键在于提高质量》《追求有质量效益的速度是经济工作的重点》。

2. 万能标题

"多管齐下，抓好……"

"为……开方抓药"

"论政府在……的作用"

"以人为本，做好……"

（四）安排好文章结构

申论文章写作有相对较固定的结构安排方式，但有些议论文也不能照搬固定结构，考生在考试中应根据文章题目性质、写作要求判断如何安排文章结构。下面是申论文章的一般结构：

1. 开头（引）：占全文字数的 20%—30%

第一段：引材料，点明问题。这部分最好单刀直入，开门见山，直接揭示文章主题。

写开头常用的方法：

（1）概述开头：概述申论材料的主要内容或反映的主要问题引出文章。

（2）引言开头：名人名言，引出论点。

第二段：略作分析总结，表明观点。

(1) 分析总结。

这部分非常重要,一定要对概述的材料作分析、评价,指出其中的问题实质、危害性、重要意义等。多数同学容易忽略这部分,说明对材料缺乏总结性认识。缺乏这部分容易产生扣题不紧、分析不够深入的问题。

这部分可以这样写作:"这些问题充分说明了/反映出……"。

(2) 摆观点。

可以这样写作:"因此,我认为……至关重要。"

开头的万能句式:

近年来,××现象频繁出现,导致/造成……这些问题充分说明了/反映出/暴露出……由此,我认为……迫在眉睫/应当提上议事日程/应该重视……/我们必须……/刻不容缓/势在必行。

2. 主体(论):占全文字数的60%—70%

主体一般包括两项内容:

第一部分:分析问题原因,阐述解决问题的重要性。可从正反两方面论证,解决好了有什么结果,放任问题发展会有什么后果。(议论文这部分是重点,占全文字数的40%—50%)

第二部分:提出解决问题的政策措施。如果是议论文只需要阐述处理问题的基本方针和严重及重要措施。(策论文这部分是重点,占全文字数的40%—50%)

3. 结尾(结):占全文字数的10%

深化主题,照应开头,呼吁和倡议。

结尾的万能句式:

综上所述/总而言之/从以上的分析我们知道/有效解决……的问题/建设……的社会/对推动我国经济社会发展转入科学发展轨道、走上社会和谐之路,推进全面建成小康社会,意义重大而深远。

(五) 正确使用过渡语

写作申论文章处理好过渡语很重要。过渡语是用在文章内容或结构转换时表示过渡的词语和句子。有过渡语,文章的结构才显得清晰;缺乏必要的过渡,会给人以表达混乱的感觉。

申论常用的过渡句式有:

(1)"材料反映了……问题""反映的主要问题是……""说明了一个重要现象:……"。

(2)"这个问题主要表现在……""这些问题主要体现为……""这个问题主要有以下几个表现……"。

(3)"造成这些问题的主要原因是……""主要是以下问题导致了这些现象的发生……""造成这个问题的原因是多方面的……"。

(4)"党和政府/各级政府/相关部门应该采取相应措施及时克服这些问题……"。

五、申论作文的高分技巧

(一)结构严谨

第一,文章整体要结构完整。

结构是骨骼,是框架,反映了作者的基本思路,这是大局,写作前一定要写提纲,把架子立起来。

第二,论证一定要清晰。

层次清晰非常关键,一定要用"第一,第二;首先,其次"这样表明层次的词语。段首句很重要,一定要紧扣观点。文章结构转换时一定要用过渡语。

(二)扣题要紧

第一,审好题,定好题。

自拟题目的标题应该是中心论点,或者反映中心论点。主题力求醒目、简练。定题作文一定要审好题,以题确定文章结构和内容。

第二,论证一定要集中。

所谓论证集中就是论证始终围绕文章观点,死死扣住主题进行论证,不偏离主题。论证集中是逻辑严密的表现。

(三)要做到"深""博""实"

1."深"

一是立意、观点要深刻。要给人醍醐灌顶、茅塞顿开的效果。议论文是通俗的学理,论证的学理性和通俗性都应该有。

二是论证深入、透彻。议论文是以理服人,论证要深入,切忌蜻蜓点水。要正反论证、要举例、要进行理论分析。

如果文章要论述的问题较多,可以选择一两个重要的方面重点论述,切忌平均用墨。

2."博"

"博"是指论证思维开阔,旁征博引,论证方法多样(举例、数字、对比、比喻等),语言大气磅礴(不是浮华艳丽)。

3."实"

"实"是要有具体实在可感的东西。

申论要注意虚实相生,虚是理论论证,理论论证不能太多,几句精辟的论证就可以了,反复进行理论论证让人生厌,失去了可读性。

要善于运用形象思维表达抽象理论,要善于运用比喻论证、对比论证、举例论证。要向庄子、孟子学习,越是抽象的论题越要写得实。

(四)点面结合,重点突出

"点"是重点,重点突出才能给人论证深入的印象。例如解决措施有四点,但可选择一个重点阐述,而其他三个可适当略一些。有重点、论证深入是得高分的重要标准。

"面"是论述全面,不能只抓重点,忽视"面"。申论作文应注意面面俱到,防止被判偏题。

申论范文:

提高心理健康水平,筑牢国之精神根基

古人言:人心安、天下安;人心平,家国平。

"马加爵杀人案""复旦投毒案"和"厦门公交车焚烧案",一次次血的教训在警示我们:社会个体心理不健康,轻则自伤自残,重则殃及亲友、伤害社会。个体心理状况是社会稳定的基石,倘若人人幸福快乐,社会必然安宁有序;倘若人们心理不健康普遍,社会必定祸乱百

出。所以,我以为:要筑牢中华民族之精神根基,必须提高国民心理健康水平。

中国正处在复杂多变的社会转型时期,心理健康状况尤其令人担忧:升学压力、就业压力、竞争压力导致抑郁症发病率高居不下;资源拥有的倒错规律,让金钱焦虑成为普遍状态;青年一代现实感强大、心理承受能力弱,面对挫折难以完成心理调整;价值观多元导致青年困惑感加深……

治国如良医治病,下药需把准脉。细缕起来,导致我国社会心理不健康问题既有现代社会异质性、变迁性、复杂性的深层次背景因素,也有我国缺乏精神健康立法,心理疏导机制不健全,心理健康教育水平不高,没能树立起正确的价值观、人生观的问题。

"欲流之远者,必浚其泉源。"提升民族心理健康水平,营造充满幸福感的社会要举措得力、标本兼治。

一要大力推进精神卫生立法。法律是治国治世之重器,心理健康工作必须要依靠法律保障才能推进有序、实施有据。2013年《精神卫生法》颁布,填补了我国在这一领域的法律空白。但我们也要认识到,精神卫生法律体系还不完善、法律规范还不细密,与西方国家相比还显滞后。我们要大力推进心理健康立法建设,充分调动法律界、医学界各方参与,科学论证、系统设计,规范精神障碍的防御、诊断、治疗工作,保障患者权益,让精神健康卫生工作运行在法制的轨道上。

二要完善社会心理疏导机制。由于文化传统等因素的影响,我国精神健康治疗起步很晚。心理诊所、社区心理咨询站稀少,精神科医生数量严重不足,开设精神卫生课的大、中学校不多见,导致我国还处于有心理疾病无法及时获得公助、互助,只能自救的落后状态。所以当务之急是要抓紧建设心理治疗机构,完善心理疏导机制,让精神健康卫生工作运行在专业的轨道上。

三要提高心理健康教育水平。生活原本就是美好和残缺的统一,困惑、迷茫、颓废心理源于对世界和现实的悲观性认知,所以树立正确的价值观、幸福观是心理健康建设的"金钥匙"。学校、家庭、社会要共同建立全方位、立体型的价值观教育体系,引导青少年以平和、健康的心态对待挫折,增强心理调适能力,减少心理问题的发生。

诺贝尔文学奖获得者、加拿大作家门罗有句名言"幸福始终充满着缺陷"。挫折和磨难贯穿了人类的发展史,只有勇于面对困难、勇于接受挑战才能抵达幸福的彼岸。只要我们不断加强幸福观教育,完善心理疏导机制,提升心理健康水平,才能筑牢中华民族的精神根基,汇聚起实现中国梦的磅礴正能量!

范文点评:

这篇申论文章总的说来是不错的。

首先,文章论点鲜明。作者针对心理健康问题,提出要筑牢中华民族之精神根基,必须提高国民心理健康水平的论点。文章标题清晰地揭示了论点,让人一目了然。

其次,文章结构清晰,论证有条理。作者以阐释主题——问题分析——原因分析——措施为主线安排文章结构。第二段概述了面临的问题,第三段分析了心理健康状况不良的原因。第六至第八段分别从推进精神卫生立法、完善社会心理疏导机制、提高心理健康教育水平等三方面论述了如何提高国民心理健康水平。

最后,文章语言简练。文章分析论证具体,措施切实可行,没有空话、套话,给人以具体、实在之感。恰当的古语引用和简练的语言表现出作者较好的文字功底。

附录一 党政机关公文处理工作条例

第一章 总 则

第一条 为了适应中国共产党机关和国家行政机关(以下简称党政机关)工作需要,推进党政机关公文处理工作科学化、制度化、规范化,制定本条例。

第二条 本条例适用于各级党政机关公文处理工作。

第三条 党政机关公文是党政机关实施领导、履行职能、处理公务的具有特定效力和规范体式的文书,是传达贯彻党和国家方针政策,公布法规和规章,指导、布置和商洽工作,请示和答复问题,报告、通报和交流情况等的重要工具。

第四条 公文处理工作是指公文拟制、办理、管理等一系列相互关联、衔接有序的工作。

第五条 公文处理工作应当坚持实事求是、准确规范、精简高效、安全保密的原则。

第六条 各级党政机关应当高度重视公文处理工作,加强组织领导,强化队伍建设,设立文秘部门或者由专人负责公文处理工作。

第七条 各级党政机关办公厅(室)主管本机关的公文处理工作,并对下级机关的公文处理工作进行业务指导和督促检查。

第二章 公文种类

第八条 公文种类主要有:

(一)决议。适用于会议讨论通过的重大决策事项。

(二)决定。适用于对重要事项做出决策和部署、奖惩有关单位和人员、变更或者撤销下级机关不适当的决定事项。

(三)命令(令)。适用于公布行政法规和规章、宣布施行重大强制性措施、批准授予和晋升衔级、嘉奖有关单位和人员。

(四)公报。适用于公布重要决定或者重大事项。

（五）公告。适用于向国内外宣布重要事项或者法定事项。

（六）通告。适用于在一定范围内公布应当遵守或者周知的事项。

（七）意见。适用于对重要问题提出见解和处理办法。

（八）通知。适用于发布、传达要求下级机关执行和有关单位周知或者执行的事项，批转、转发公文。

（九）通报。适用于表彰先进、批评错误、传达重要精神和告知重要情况。

（十）报告。适用于向上级机关汇报工作、反映情况，回复上级机关的询问。

（十一）请示。适用于向上级机关请求指示、批准。

（十二）批复。适用于答复下级机关请示事项。

（十三）议案。适用于各级人民政府按照法律程序向同级人民代表大会或者人民代表大会常务委员会提请审议事项。

（十四）函。适用于不相隶属机关之间商洽工作、询问和答复问题、请求批准和答复审批事项。

（十五）纪要。适用于记载会议主要情况和议定事项。

第三章　公　文　格　式

第九条　公文一般由份号、密级和保密期限、紧急程度、发文机关标志、发文字号、签发人、标题、主送机关、正文、附件说明、发文机关署名、成文日期、印章、附注、附件、抄送机关、印发机关和印发日期、页码等组成。

（一）份号。公文印制份数的顺序号。涉密公文应当标注份号。

（二）密级和保密期限。公文的秘密等级和保密的期限。涉密公文应当根据涉密程度分别标注"绝密""机密""秘密"和保密期限。

（三）紧急程度。公文送达和办理的时限要求。根据紧急程度，紧急公文应当分别标注"特急""加急"，电报应当分别标注"特提""特急""加急""平急"。

（四）发文机关标志。由发文机关全称或者规范化简称加"文件"二字组成，也可以使用发文机关全称或者规范化简称。联合行文时，发文机关标志可以并用联合发文机关名称，也可以单独用主办机关名称。

（五）发文字号。由发文机关代字、年份、发文顺序号组成。联合行文时，使用主办机关的发文字号。

（六）签发人。上行文应当标注签发人姓名。

（七）标题。由发文机关名称、事由和文种组成。

（八）主送机关。公文的主要受理机关，应当使用机关全称、规范化简称或者同类型机关统称。

（九）正文。公文的主体,用来表述公文的内容。

（十）附件说明。公文附件的顺序号和名称。

（十一）发文机关署名。署发文机关全称或者规范化简称。

（十二）成文日期。署会议通过或者发文机关负责人签发的日期。联合行文时,署最后签发机关负责人签发的日期。

（十三）印章。公文中有发文机关署名的,应当加盖发文机关印章,并与署名机关相符。有特定发文机关标志的普发性公文和电报可以不加盖印章。

（十四）附注。公文印发传达范围等需要说明的事项。

（十五）附件。公文正文的说明、补充或者参考资料。

（十六）抄送机关。除主送机关外需要执行或者知晓公文内容的其他机关,应当使用机关全称、规范化简称或者同类型机关统称。

（十七）印发机关和印发日期。公文的送印机关和送印日期。

（十八）页码。公文页数顺序号。

第十条　公文的版式按照《党政机关公文格式》国家标准执行。

第十一条　公文使用的汉字、数字、外文字符、计量单位和标点符号等,按照有关国家标准和规定执行。民族自治地方的公文,可以并用汉字和当地通用的少数民族文字。

第十二条　公文用纸幅面采用国际标准 A4 型。特殊形式的公文用纸幅面,根据实际需要确定。

第四章　行　文　规　则

第十三条　行文应当确有必要,讲求实效,注重针对性和可操作性。

第十四条　行文关系根据隶属关系和职权范围确定。一般不得越级行文,特殊情况需要越级行文的,应当同时抄送被越过的机关。

第十五条　向上级机关行文,应当遵循以下规则:

（一）原则上主送一个上级机关,根据需要同时抄送相关上级机关和同级机关,不抄送下级机关。

（二）党委、政府的部门向上级主管部门请示、报告重大事项,应当经本级党委、政府同意或者授权;属于部门职权范围内的事项应当直接报送上级主管部门。

（三）下级机关的请示事项,如需以本机关名义向上级机关请示,应当提出倾向性意见后上报,不得原文转报上级机关。

（四）请示应当一文一事。不得在报告等非请示性公文中夹带请示事项。

（五）除上级机关负责人直接交办事项外,不得以本机关名义向上级机关负责人报送公文,不得以本机关负责人名义向上级机关报送公文。

（六）受双重领导的机关向一个上级机关行文,必要时抄送另一个上级机关。

第十六条　向下级机关行文,应当遵循以下规则：

（一）主送受理机关,根据需要抄送相关机关。重要行文应当同时抄送发文机关的直接上级机关。

（二）党委、政府的办公厅（室）根据本级党委、政府授权,可以向下级党委、政府行文,其他部门和单位不得向下级党委、政府发布指令性公文或者在公文中向下级党委、政府提出指令性要求。需经政府审批的具体事项,经政府同意后可以由政府职能部门行文,文中须注明已经政府同意。

（三）党委、政府的部门在各自职权范围内可以向下级党委、政府的相关部门行文。

（四）涉及多个部门职权范围内的事务,部门之间未协商一致的,不得向下行文；擅自行文的,上级机关应当责令其纠正或者撤销。

（五）上级机关向受双重领导的下级机关行文,必要时抄送该下级机关的另一个上级机关。

第十七条　同级党政机关、党政机关与其他同级机关必要时可以联合行文。属于党委、政府各自职权范围内的工作,不得联合行文。党委、政府的部门依据职权可以相互行文。部门内设机构除办公厅（室）外不得对外正式行文。

第五章　公文拟制

第十八条　公文拟制包括公文的起草、审核、签发等程序。

第十九条　公文起草应当做到：

（一）符合党的理论路线方针政策和国家法律法规,完整准确体现发文机关意图,并同现行有关公文相衔接。

（二）一切从实际出发,分析问题实事求是,所提政策措施和办法切实可行。

（三）内容简洁,主题突出,观点鲜明,结构严谨,表述准确,文字精练。

（四）文种正确,格式规范。

（五）深入调查研究,充分进行论证,广泛听取意见。

（六）公文涉及其他地区或者部门职权范围内的事项,起草单位必须征求相关地区或者部门意见,力求达成一致。

（七）机关负责人应当主持、指导重要公文起草工作。

第二十条　公文文稿签发前,应当由发文机关办公厅（室）进行审核。审核的重点是：

（一）行文理由是否充分，行文依据是否准确。

（二）内容是否符合党的理论路线方针政策和国家法律法规；是否完整准确体现发文机关意图；是否同现行有关公文相衔接；所提政策措施和办法是否切实可行。

（三）涉及有关地区或者部门职权范围内的事项是否经过充分协商并达成一致意见。

（四）文种是否正确，格式是否规范；人名、地名、时间、数字、段落顺序、引文等是否准确；文字、数字、计量单位和标点符号等用法是否规范。

（五）其他内容是否符合公文起草的有关要求。

需要发文机关审议的重要公文文稿，审议前由发文机关办公厅（室）进行初核。

第二十一条　经审核不宜发文的公文文稿，应当退回起草单位并说明理由；符合发文条件但内容需作进一步研究和修改的，由起草单位修改后重新报送。

第二十二条　公文应当经本机关负责人审批签发。重要公文和上行文由机关主要负责人签发。党委、政府的办公厅（室）根据党委、政府授权制发的公文，由受权机关主要负责人签发或者按照有关规定签发。签发人签发公文，应当签署意见、姓名和完整日期；圈阅或者签名的，视为同意。联合发文由所有联署机关的负责人会签。

第六章　公文办理

第二十三条　公文办理包括收文办理、发文办理和整理归档。

第二十四条　收文办理主要程序是：

（一）签收。对收到的公文应当逐件清点，核对无误后签字或者盖章，并注明签收时间。

（二）登记。对公文的主要信息和办理情况应当详细记载。

（三）初审。对收到的公文应当进行初审。初审的重点是：是否应当由本机关办理，是否符合行文规则，文种、格式是否符合要求，涉及其他地区或者部门职权范围内的事项是否已经协商、会签，是否符合公文起草的其他要求。经初审不符合规定的公文，应当及时退回来文单位并说明理由。

（四）承办。阅知性公文应当根据公文内容、要求和工作需要确定范围后分送。批办性公文应当提出拟办意见报本机关负责人批示或者转有关部门办理；需要两个以上部门办理的，应当明确主办部门。紧急公文应当明确办理时限。承办部门对交办的公文应当及时办理，有明确办理时限要求的应当在规定时限内办理完毕。

（五）传阅。根据领导批示和工作需要将公文及时送传阅对象阅知或者批示。办理公文传阅应当随时掌握公文去向，不得漏传、误传、延误。

（六）催办。及时了解掌握公文的办理进展情况，督促承办部门按期办结。紧急公文或者重要公文应当由专人负责催办。

（七）答复。公文的办理结果应当及时答复来文单位，并根据需要告知相关单位。

第二十五条　发文办理主要程序是：

（一）复核。已经发文机关负责人签批的公文，印发前应当对公文的审批手续、内容、文种、格式等进行复核；需作实质性修改的，应当报原签批人复审。

（二）登记。对复核后的公文，应当确定发文字号、分送范围和印制份数并详细记载。

（三）印制。公文印制必须确保质量和时效。涉密公文应当在符合保密要求的场所印制。

（四）核发。公文印制完毕，应当对公文的文字、格式和印刷质量进行检查后分发。

第二十六条　涉密公文应当通过机要交通、邮政机要通信、城市机要文件交换站或者收发件机关机要收发人员进行传递，通过密码电报或者符合国家保密规定的计算机信息系统进行传输。

第二十七条　需要归档的公文及有关材料，应当根据有关档案法律法规以及机关档案管理规定，及时收集齐全、整理归档。两个以上机关联合办理的公文，原件由主办机关归档，相关机关保存复制件。机关负责人兼任其他机关职务的，在履行所兼职务过程中形成的公文，由其兼职机关归档。

第七章　公文管理

第二十八条　各级党政机关应当建立健全本机关公文管理制度，确保管理严格规范，充分发挥公文效用。

第二十九条　党政机关公文由文秘部门或者专人统一管理。设立党委（党组）的县级以上单位应当建立机要保密室和机要阅文室，并按照有关保密规定配备工作人员和必要的安全保密设施设备。

第三十条　公文确定密级前，应当按照拟定的密级先行采取保密措施。确定密级后，应当按照所定密级严格管理。绝密级公文应当由专人管理。公文的密级需要变更或者解除的，由原确定密级的机关或者其上级机关决定。

第三十一条 公文的印发传达范围应当按照发文机关的要求执行;需要变更的,应当经发文机关批准。涉密公文公开发布前应当履行解密程序。公开发布的时间、形式和渠道,由发文机关确定。经批准公开发布的公文,同发文机关正式印发的公文具有同等效力。

第三十二条 复制、汇编机密级、秘密级公文,应当符合有关规定并经本机关负责人批准。绝密级公文一般不得复制、汇编,确有工作需要的,应当经发文机关或者其上级机关批准。复制、汇编的公文视同原件管理。复制件应当加盖复制机关戳记。翻印件应当注明翻印的机关名称、日期。汇编本的密级按照编入公文的最高密级标注。汇编,确有工作需要的,应当经发文机关或者其上级机关批准。复制、汇编的公文视同原件管理。

复制件应当加盖复制机关戳记。翻印件应当注明翻印的机关名称、日期。汇编本的密级按照编入公文的最高密级标注。

第三十三条 公文的撤销和废止,由发文机关、上级机关或者权力机关根据职权范围和有关法律法规决定。公文被撤销的,视为自始无效;公文被废止的,视为自废止之日起失效。

第三十四条 涉密公文应当按照发文机关的要求和有关规定进行清退或者销毁。

第三十五条 不具备归档和保存价值的公文,经批准后可以销毁。销毁涉密公文必须严格按照有关规定履行审批登记手续,确保不丢失、不漏销。个人不得私自销毁、留存涉密公文。

第三十六条 机关合并时,全部公文应当随之合并管理;机关撤销时,需要归档的公文经整理后按照有关规定移交档案管理部门。

工作人员离岗离职时,所在机关应当督促其将暂存、借用的公文按照有关规定移交、清退。

第三十七条 新设立的机关应当向本级党委、政府的办公厅(室)提出发文立户申请。经审查符合条件的,列为发文单位,机关合并或者撤销时,相应进行调整。

第八章　附　　则

第三十八条 党政机关公文含电子公文。电子公文处理工作的具体办法另行制定。

第三十九条 法规、规章方面的公文,依照有关规定处理。外事方面的公文,依照外事主管部门的有关规定处理。

第四十条　其他机关和单位的公文处理工作,可以参照本条例执行。

第四十一条　本条例由中共中央办公厅、国务院办公厅负责解释。

第四十二条　本条例自 2012 年 7 月 1 日起施行。1996 年 5 月 3 日中共中央办公厅发布的《中国共产党机关公文处理条例》和 2000 年 8 月 24 日国务院发布的《国家行政机关公文处理办法》停止执行。

附录二 党政机关公文格式(国家标准)

(GB/T 9704-2012 代替 GB/T9704-1999,2012 年 7 月 1 日实施)

前　言

本标准按照 GB/T 1.1-2009 给出的规则起草。

本标准根据中共中央办公厅、国务院办公厅印发的《党政机关公文处理工作条例》的有关规定对 GB/T 9704-1999《国家行政机关公文格式》进行修订。本标准相对 GB/T 9704-1999 主要作如下修订：

　　a) 标准名称改为《党政机关公文格式》,标准英文名称也作相应修改；

　　b) 适用范围扩展到各级党政机关制发的公文；

　　c) 对标准结构进行适当调整；

　　d) 对公文装订要求进行适当调整；

　　e) 增加发文机关署名和页码两个公文格式要素,删除主题词格式要素,并对公文格式各要素的编排进行较大调整；

　　f) 进一步细化特定格式公文的编排要求；

　　g) 新增联合行文公文首页版式、信函格式首页、命令(令)格式首页版式等式样。

本标准中公文用语与《党政机关公文处理工作条例》中的用语一致。

本标准为第二次修订。

本标准由中共中央办公厅和国务院办公厅提出。

本标准由中国标准化研究院归口。

本标准起草单位：中国标准化研究院、中共中央办公厅秘书局、国务院办公厅秘书局、中国标准出版社。

本标准主要起草人：房庆、杨雯、郭道锋、孙维、马慧、张书杰、徐成华、范一乔、李玲。

本标准代替了 GB/T 9704-1999。

GB/T 9704-1999 的历次版本发布情况为：

——GB/T 9704-1988。

党政机关公文格式

1 范围

本标准规定了党政机关公文通用的纸张要求、排版和印制装订要求、公文格式各要素的编排规则，并给出了公文的式样。

本标准适用于各级党政机关制发的公文。其他机关和单位的公文可以参照执行。

使用少数民族文字印制的公文，其用纸、幅面尺寸及版面、印制等要求按照本标准执行，其余可以参照本标准并按照有关规定执行。

2 规范性引用文件

下列文件对于本标准的应用是必不可少的。凡是注日期的引用文件，仅所注日期的版本适用于本标准。凡是不注日期的引用文件，其最新版本（包括所有的修改单）适用于本标准。

GB/T 148 印刷、书写和绘图纸幅面尺寸

GB 3100 国际单位制及其应用

GB 3101 有关量、单位和符号的一般原则

GB 3102（所有部分）量和单位

GB/T 15834 标点符号用法

GB/T 15835 出版物上数字用法

3 术语和定义

下列术语和定义适用于本标准。

3.1 字 word

标示公文中横向距离的长度单位。在本标准中，一字指一个汉字宽度的距离。

3.2 行 line

标示公文中纵向距离的长度单位。在本标准中，一行指一个汉字的高度加 3 号汉字高度的 7/8 的距离。

4 公文用纸主要技术指标

公文用纸一般使用纸张定量为 60 g/m^2—80 g/m^2 的胶版印刷纸或复印纸。纸张白度 80%—90%，横向耐折度 ≥15 次，不透明度 ≥85%，pH 值为 7.5—9.5。

5 公文用纸幅面尺寸及版面要求

5.1 幅面尺寸

公文用纸采用 GB/T 148 中规定的 A4 型纸,其成品幅面尺寸为:210 mm×297 mm。

GB/T 9704-2012

5.2 版面

5.2.1 页边与版心尺寸

公文用纸天头(上白边)为 37 mm±1 mm,公文用纸订口(左白边)为 28mm±1mm,版心尺寸为 156 mm×225 mm。

5.2.2 字体和字号

如无特殊说明,公文格式各要素一般用 3 号仿宋体字。特定情况可以作适当调整。

5.2.3 行数和字数

一般每面排 22 行,每行排 28 个字,并撑满版心。特定情况可以作适当调整。

5.2.4 文字的颜色

如无特殊说明,公文中文字的颜色均为黑色。

6 印制装订要求

6.1 制版要求

版面干净无底灰,字迹清楚无断划,尺寸标准,版心不斜,误差不超过 1 mm。

6.2 印刷要求

双面印刷;页码套正,两面误差不超过 2 mm。黑色油墨应当达到色谱所标 BL100%,红色油墨应当达到色谱所标 Y80%、M80%。印品着墨实、均匀;字面不花、不白、无断划。

6.3 装订要求

公文应当左侧装订,不掉页,两页页码之间误差不超过 4 mm,裁切后的成品尺寸允许误差±2 mm,四角成 90°,无毛茬或缺损。

骑马订或平订的公文应当:

a) 订位为两钉外订眼距版面上下边缘各 70 mm 处,允许误差±4 mm;

b) 无坏钉、漏钉、重钉,钉脚平伏牢固;

c) 骑马订钉锯均切在折缝线上,平订钉锯与书脊间的距离为 3 mm—5 mm。

包本装订公文的封皮(封面、书脊、封底)与书芯应吻合、包紧、包平、不脱落。

7 公文格式各要素编排规则

7.1 公文格式各要素的划分

本标准将版心内的公文格式各要素划分为版头、主体、版记三部分。公文首页红色分隔线以上的部分称为版头；公文首页红色分隔线(不含)以下、公文末页首条分隔线(不含)以上的部分称为主体；公文末页首条分隔线以下、末条分隔线以上的部分称为版记。

页码位于版心外。

7.2 版头

7.2.1 份号

如需标注份号，一般用6位3号阿拉伯数字，顶格编排在版心左上角第一行。

7.2.2 密级和保密期限

如需标注密级和保密期限，一般用3号黑体字，顶格编排在版心左上角第二行；保密期限中的数字用阿拉伯数字标注。

7.2.3 紧急程度

如需标注紧急程度，一般用3号黑体字，顶格编排在版心左上角；如需同时标注份号、密级和保密期限、紧急程度，按照份号、密级和保密期限、紧急程度的顺序自上而下分行排列。

7.2.4 发文机关标志

由发文机关全称或者规范化简称加"文件"二字组成，也可以使用发文机关全称或者规范化简称。

发文机关标志居中排布，上边缘至版心上边缘为35 mm，推荐使用小标宋体字，颜色为红色，以醒目、美观、庄重为原则。

联合行文时，如需同时标注联署发文机关名称，一般应当将主办机关名称排列在前；如有"文件"二字，应当置于发文机关名称右侧，以联署发文机关名称为准上下居中排布。

7.2.5 发文字号

编排在发文机关标志下空二行位置，居中排布。年份、发文顺序号用阿拉伯数字标注；年份应标全称，用六角括号"〔〕"括入；发文顺序号不加"第"字，不编虚位(即1不编为01)，在阿拉伯数字后加"号"字。

上行文的发文字号居左空一字编排，与最后一个签发人姓名处在同一行。

7.2.6 签发人

由"签发人"三字加全角冒号和签发人姓名组成，居右空一字，编排在发文机关标志下空二行位置。"签发人"三字用3号仿宋体字,签发人姓名用3号楷体字。

如有多个签发人,签发人姓名按照发文机关的排列顺序从左到右、自上而下依次均匀编排,一般每行排两个姓名,回行时与上一行第一个签发人姓名对齐。

7.2.7　版头中的分隔线

发文字号之下4mm处居中印一条与版心等宽的红色分隔线。

7.3　主体

7.3.1　标题

一般用2号小标宋体字,编排于红色分隔线下空二行位置,分一行或多行居中排布;回行时,要做到词意完整,排列对称,长短适宜,间距恰当,标题排列应当使用梯形或菱形。

7.3.2　主送机关

编排于标题下空一行位置,居左顶格,回行时仍顶格,最后一个机关名称后标全角冒号。如主送机关名称过多导致公文首页不能显示正文时,应当将主送机关名称移至版记,标注方法见7.4.2。

7.3.3　正文

公文首页必须显示正文。一般用3号仿宋体字,编排于主送机关名称下一行,每个自然段左空二字,回行顶格。文中结构层次序数依次可以用"一、""(一)""1.""(1)"标注;一般第一层用黑体字、第二层用楷体字、第三层和第四层用仿宋体字标注。

7.3.4　附件说明

如有附件,在正文下空一行左空二字编排"附件"二字,后标全角冒号和附件名称。如有多个附件,使用阿拉伯数字标注附件顺序号(如"附件:1.×××××");附件名称后不加标点符号。附件名称较长需回行时,应当与上一行附件名称的首字对齐。

7.3.5　发文机关署名、成文日期和印章

7.3.5.1　加盖印章的公文

成文日期一般右空四字编排,印章用红色,不得出现空白印章。

单一机关行文时,一般在成文日期之上、以成文日期为准居中编排发文机关署名,印章端正、居中下压发文机关署名和成文日期,使发文机关署名和成文日期居印章中心偏下位置,印章顶端应当上距正文(或附件说明)一行之内。

联合行文时,一般将各发文机关署名按照发文机关顺序整齐排列在相应位

置,并将印章一一对应、端正、居中下压发文机关署名,最后一个印章端正、居中下压发文机关署名和成文日期,印章之间排列整齐、互不相交或相切,每排印章两端不得超出版心,首排印章顶端应当上距正文(或附件说明)一行之内。

7.3.5.2　不加盖印章的公文

单一机关行文时,在正文(或附件说明)下空一行右空二字编排发文机关署名,在发文机关署名下一行编排成文日期,首字比发文机关署名首字右移二字,如成文日期长于发文机关署名,应当使成文日期右空二字编排,并相应增加发文机关署名右空字数。

联合行文时,应当先编排主办机关署名,其余发文机关署名依次向下编排。

7.3.5.3　加盖签发人签名章的公文

单一机关制发的公文加盖签发人签名章时,在正文(或附件说明)下空二行右空四字加盖签发人签名章,签名章左空二字标注签发人职务,以签名章为准上下居中排布。在签发人签名章下空一行右空四字编排成文日期。

联合行文时,应当先编排主办机关签发人职务、签名章,其余机关签发人职务、签名章依次向下编排,与主办机关签发人职务、签名章上下对齐;每行只编排一个机关的签发人职务、签名章;签发人职务应当标注全称。

签名章一般用红色。

7.3.5.4　成文日期中的数字

用阿拉伯数字将年、月、日标全,年份应标全称,月、日不编虚位(即1不编为01)。

7.3.5.5　特殊情况说明

当公文排版后所剩空白处不能容下印章或签发人签名章、成文日期时,可以采取调整行距、字距的措施解决。

7.3.6　附注

如有附注,居左空二字加圆括号编排在成文日期下一行。

7.3.7　附件

附件应当另面编排,并在版记之前,与公文正文一起装订。"附件"二字及附件顺序号用3号黑体字顶格编排在版心左上角第一行。附件标题居中编排在版心第三行。附件顺序号和附件标题应当与附件说明的表述一致。附件格式要求同正文。

如附件与正文不能一起装订,应当在附件左上角第一行顶格编排公文的发文字号并在其后标注"附件"二字及附件顺序号。

7.4 版记

7.4.1 版记中的分隔线

版记中的分隔线与版心等宽,首条分隔线和末条分隔线用粗线(推荐高度为 0.35 mm),中间的分隔线用细线(推荐高度为 0.25 mm)。首条分隔线位于版记中第一个要素之上,末条分隔线与公文最后一面的版心下边缘重合。

7.4.2 抄送机关

如有抄送机关,一般用 4 号仿宋体字,在印发机关和印发日期之上一行、左右各空一字编排。"抄送"二字后加全角冒号和抄送机关名称,回行时与冒号后的首字对齐,最后一个抄送机关名称后标句号。

如需把主送机关移至版记,除将"抄送"二字改为"主送"外,编排方法同抄送机关。既有主送机关又有抄送机关时,应当将主送机关置于抄送机关之上一行,之间不加分隔线。

7.4.3 印发机关和印发日期

印发机关和印发日期一般用 4 号仿宋体字,编排在末条分隔线之上,印发机关左空一字,印发日期右空一字,用阿拉伯数字将年、月、日标全,年份应标全称,月、日不编虚位(即 1 不编为 01),后加"印发"二字。

版记中如有其他要素,应当将其与印发机关和印发日期用一条细分隔线隔开。

7.5 页码

一般用 4 号半角宋体阿拉伯数字,编排在公文版心下边缘之下,数字左右各放一条一字线;一字线上距版心下边缘 7 mm。单页码居右空一字,双页码居左空一字。公文的版记页前有空白页的,空白页和版记页均不编排页码。公文的附件与正文一起装订时,页码应当连续编排。

8 公文中的横排表格

A4 纸型的表格横排时,页码位置与公文其他页码保持一致,单页码表头在订口一边,双页码表头在切口一边。

9 公文中计量单位、标点符号和数字的用法

公文中计量单位的用法应当符合 GB 3100、GB 3101 和 GB 3102(所有部分),标点符号的用法应当符合 GB/T 15834,数字用法应当符合 GB/T 15835。

10 公文的特定格式

10.1 信函格式

发文机关标志使用发文机关全称或者规范化简称,居中排布,上边缘至上页边为30mm,推荐使用红色小标宋体字。联合行文时,使用主办机关标志。

发文机关标志下4mm处印一条红色双线(上粗下细),距下页边20mm处印一条红色双线(上细下粗),线长均为170mm,居中排布。

如需标注份号、密级和保密期限、紧急程度,应当顶格居版心左边缘编排在第一条红色双线下,按照份号、密级和保密期限、紧急程度的顺序自上而下分行排列,第一个要素与该线的距离为3号汉字高度的7/8。

发文字号顶格居版心右边缘编排在第一条红色双线下,与该线的距离为3号汉字高度的7/8。

标题居中编排,与其上最后一个要素相距二行。

第二条红色双线上一行如有文字,与该线的距离为3号汉字高度的7/8。

首页不显示页码。

版记不加印发机关和印发日期、分隔线,位于公文最后一面版心内最下方。

10.2 命令(令)格式

发文机关标志由发文机关全称加"命令"或"令"字组成,居中排布,上边缘至版心上边缘为20mm,推荐使用红色小标宋体字。

发文机关标志下空二行居中编排令号,令号下空二行编排正文。

签发人职务、签名章和成文日期的编排见7.3.5.3。

10.3 纪要格式

纪要标志由"××××纪要"组成,居中排布,上边缘至版心上边缘为35mm,推荐使用红色小标宋体字。

标注出席人员名单,一般用3号黑体字,在正文或附件说明下空一行左空二字编排"出席"二字,后标全角冒号,冒号后用3号仿宋体字标注出席人单位、姓名,回行时与冒号后的首字对齐。

标注请假和列席人员名单,除依次另起一行并将"出席"二字改为"请假"或"列席"外,编排方法同出席人员名单。

纪要格式可以根据实际制定。

11 式样

A4型公文用纸页边及版心尺寸见图1;公文首页版式见图2;联合行文公文首页版式1见图3;联合行文公文首页版式2见图4;公文末页版式1见图5;公文

末页版式 2 见图 6;联合行文公文末页版式 1 见图 7;联合行文公文末页版式 2 见图 8;附件说明页版式见图 9;带附件公文末页版式见图 10;信函格式首页版式见图 11;命令(令)格式首页版式见图 12。

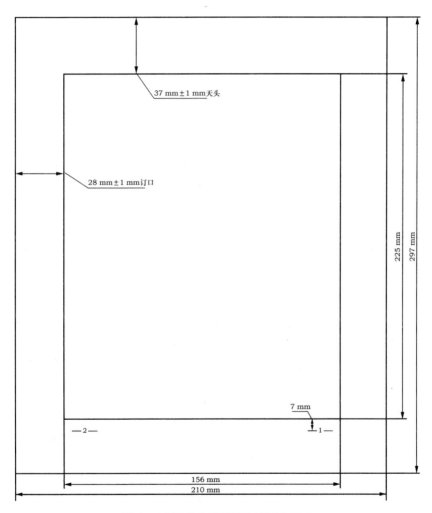

图 1　A4 型公文用纸页边及版心尺寸

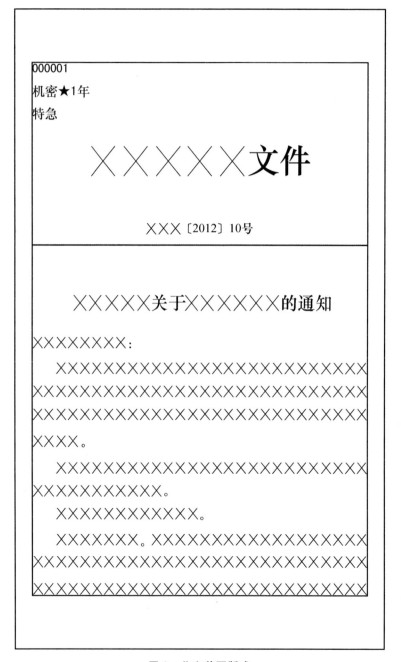

图 2　公文首页版式

注：版心实线框仅为示意，在印制公文时并不印出。

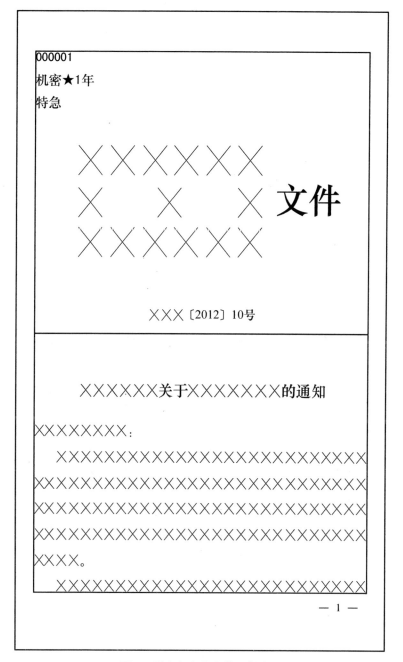

图 3　联合行文公文首页版式 1

注：版心实线框仅为示意，在印制公文时并不印出。

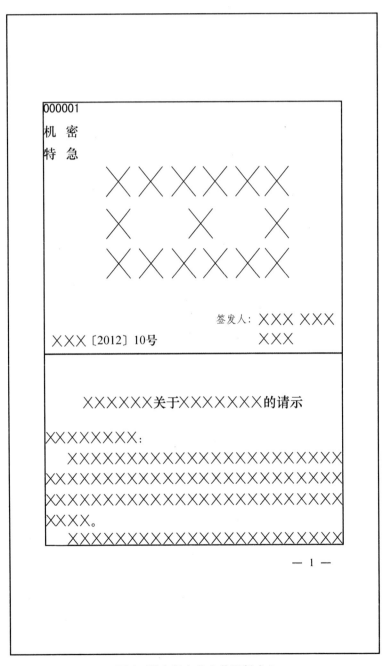

图 4　联合行文公文首页版式 2

注：版心实线框仅为示意，在印制公文时并不印出。

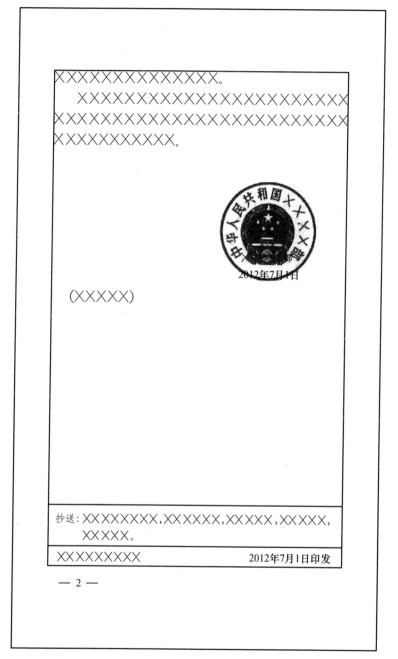

图 5　公文末页版式 1

注：版心实线框仅为示意，在印制公文时并不印出。

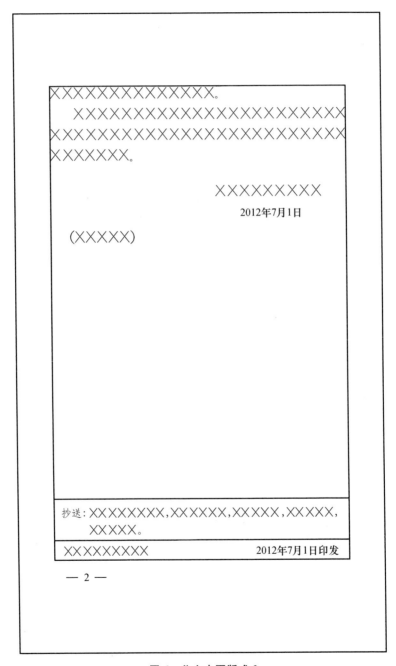

图 6　公文末页版式 2

注:版心实线框仅为示意,在印制公文时并不印出。

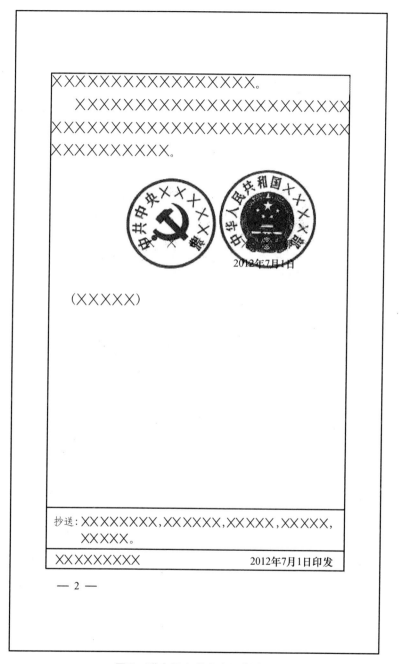

图 7　联合行文公文末页版式 1

注：版心实线框仅为示意，在印制公文时并不印出。

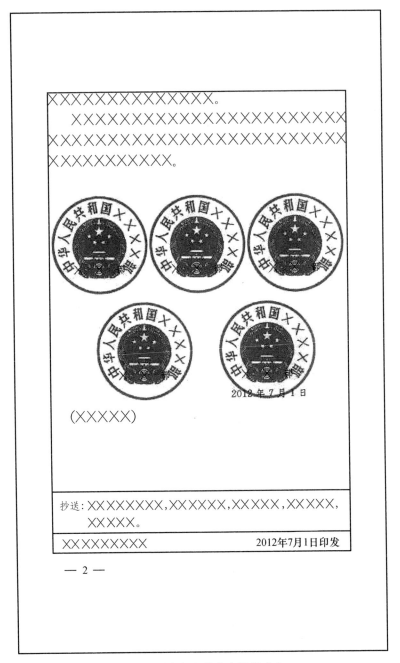

图8 联合行文公文末页版式2

注:版心实线框仅为示意,在印制公文时并不印出。

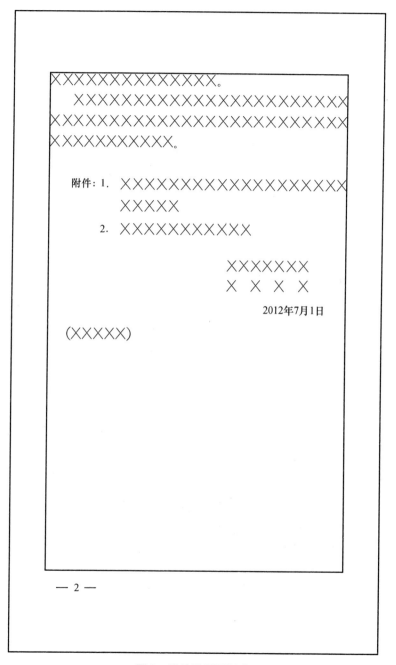

图 9　附件说明页版式

注：版心实线框仅为示意，在印制公文时并不印出。

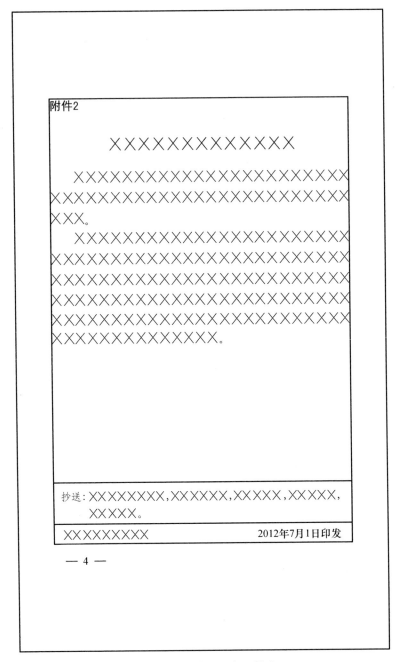

图 10　带附件公文末页版式

注：版心实线框仅为示意，在印制公文时并不印出。

附录二 党政机关公文格式(国家标准) 331

中华人民共和国×××××部

000001　　　　　　　　　　×××〔2012〕10号
机　密
特　急

　　　　×××××关于×××××××的通知
×××××：
　　××××××××××××××××××××××
×××××××××××××××××××××××
×××××××××××××××××××××××
×××××××××××××××××××××××
　　×××××××××××××××××××××
×××××××××××××××××××××××
×××××××××××××××××××××××
×××××××××××××××××××××。
　　×××××××××××××××××××××
×××××××××××××××××××××××
×××××××××××××××××××××××
×××××××××××××××××××××××
×××××××××××××××××××××××
×××××××××××××××××××××××
×××××××××××××××××××××。

图11　信函格式首页版式

注：版心实线框仅为示意，在印制公文时并不印出。

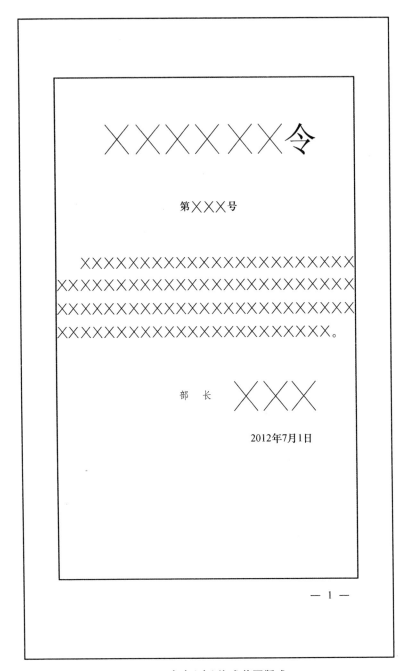

图 12 命令(令)格式首页版式

注:版心实线框仅为示意,在印制公文时并不印出。

后　　记

《公文写作》第一版2013年6月问世，第二版2015年出版，其间一、二版多次重印，现已是第三版了。

《公文写作》受到广大师生和公文写作爱好者的欢迎、市场认同度较高，这既是作者不断总结公文写作课程教学经验、广泛收集资料、反复研究分析、认真编写的收获，也是重庆大学公共管理学院赵泽洪教授、贺芒教授、重庆警察学院盛江虹主任等专家的悉心指导的结果，同时也受惠于同行相关的教学成果，在此恕未能一一列出，谨一并感谢！

北京大学出版社的耿协峰、谢佳丽、武岳对本书的编写提出了宝贵的意见。武岳对本书的第二版、第三版从内容到格式都进行了认真、细致和专业的审阅。在此，对凡为本书编辑和出版做出贡献的所有同志表示感谢！

新版《公文写作》有三个突出特点。

第一，新增了2019年2月28日中共中央印发的《中国共产党重大事项请示报告条例》的相关内容。这是党政公文写作遵循的新原则，是公文写作课必不可少的新教学内容。

第二，更新了老版中大部分的例文和案例，强化了公文写作的时代性、规范性、操作性，凸显了写作工具书的实用价值。

第三，超越了传统纸质书只能阅读的局限性，读者可以扫描书中的二维码，免费获得作者有关《公文写作》教学相关的心得体会的音频资料。

本书各章的编撰人员是:

第一、三章:淳于淼泠;

第二章:冯春;

第四、五章:祝伟。

作为本书的撰稿者,我们虽然不断地尽最大的努力来编写、改进本书,但由于水平有限,疏漏不妥之处在所难免,敬请同行学者和读者惠予批评指正,以便今后我们进一步提高本书的质量。

作 者

2019 年 3 月

教师反馈及教辅申请表

北京大学出版社本着"教材优先、学术为本"的出版宗旨,竭诚为广大高等院校师生服务。为更有针对性地提供服务,请您认真填写完整以下表格后,拍照发到 ss@pup.pku.edu.cn,我们将免费为您提供相应的课件,以及在本书内容更新后及时与您联系邮寄样书等事宜。

书名		书号	978-7-301-	作者	
您的姓名				职称职务	
校/院/系					
您所讲授的课程名称					
每学期学生人数	_____人		_____年级	学时	
您准备何时用此书授课					
您的联系地址					
联系电话(必填)			邮编		
E-mail(必填)			QQ		
您对本书的建议:					

我们的联系方式:

北京大学出版社社会科学编辑部
北京市海淀区成府路 205 号,100871
联系人:武　岳
电话:010-62753121 / 62765016
微信公众号:ss_book
新浪微博:@未名社科-北大图书
网址:http://www.pup.cn

各章习题参考答案

本书作者教学心得体会